Employment Management of En

企业
用工管理

主　编 ◎ 周湖勇
副主编 ◎ 陈光海
　　　　杨均成

厦门大学出版社　国家一级出版社
XIAMEN UNIVERSITY PRESS　全国百佳图书出版单位

图书在版编目（ＣＩＰ）数据

企业用工管理 / 周湖勇主编. -- 厦门：厦门大学
出版社，2022.7
　　ISBN 978-7-5615-8598-6

　　Ⅰ．①企… Ⅱ．①周… Ⅲ．①企业管理－人事管理
Ⅳ．①F272.92

中国版本图书馆CIP数据核字(2022)第081437号

出 版 人	郑文礼
责任编辑	李　宁　郑晓曦

出版发行　厦门大学出版社

社　　　址	厦门市软件园二期望海路 39 号
邮政编码	361008
总　　　机	0592-2181111　0592-2181406(传真)
营销中心	0592-2184458　0592-2181365
网　　　址	http://www.xmupress.com
邮　　　箱	xmup@xmupress.com
印　　　刷	厦门市竞成印刷有限公司

开本	720 mm×1 020 mm　1/16
印张	13.5
插页	2
字数	236 千字
版次	2022 年 7 月第 1 版
印次	2022 年 7 月第 1 次印刷
定价	58.00 元

厦门大学出版社
微信二维码

厦门大学出版社
微博二维码

前　言

加强用工管理须从企业端来思考和谐劳动关系的构建,坚持劳动争议的源头治理意义重大。

从国家层面而言,加强用工管理是构建和谐劳动关系的需要。劳动关系是生产关系的重要组成部分,是最基本、最重要的社会关系之一,只有构建和谐劳动关系,才能构建和谐社会。随着社会经济的迅猛发展和科技进步的日新月异,劳动用工的方式日趋多样化,新业态不断涌现,尤其是平台经济的发展对传统用工方式提出新的挑战,劳动关系调整日趋复杂,为此需要变更传统用工管理模式,既能适应新形势对用工的需求,又能维护职工的合法权益。用工的规范化、法治化是经济发展的必然趋势。

从地方层面而言,加强用工管理是以浙江为代表的发达地区经济社会转型的需要。浙江中小企业、民营企业众多,其中以温州企业为典型代表。近年来,温州的劳动关系日趋复杂,传统的用工模式和管理方式正在进行深刻调整,劳动关系调整正走向规范化道路,需要进一步提高用人单位的法治意识,用法治思维和方式来管理用工,转变用工管理模式。

从企业层面而言,一方面,加强企业管理是对传统劳动关系管理和人力资源管理的超越。传统的劳动关系管理包括劳动合同的签订、变更、解除、终止,劳动争议解决等内容,是人力资源管理六大模块(人力资源规划、招聘与配置、培训与开发、绩效管理、薪酬福利管理、劳动关系管理)的一个模块。从企业的人力资源管理角度来讲,劳动关系管理是人力资源管理的一种手段和工具,贯穿于员工"选、用、育、留、退"的全生命周期管理中,也贯穿于HR的招聘、培训、绩效、薪酬、规划与配置等人力资源管理工作中。无论是劳动关系管理还是人力资源管理,他们更重视如何进一步融合企业资源管理,提升劳动力的工作效率,从而进一步提升企业的经济价值,用工的合法性、合规性问题不是关注的重点。因此,不仅应强调企业的经济价值,也应关注用工的合规性,进一步规范劳动用工管理,在合规的基础上深入地提升企业的经济价值。

另一方面,加强用工管理,实现从强调职工端发力到强调用人单位端发力的转变。传统用工管理主要从职工端着力,即通过提升劳动者的法律意识,从立法、执法、司法等环节加强对劳动者的倾斜保护,以此倒逼用人单位规范用工。虽然这种方式很有必要,也取得了成效,但仍然没有从根本上解决用工的规范化问题。因此,不但要从职工端入手,而且要从用人单位端发力,提高用人单位的法律意识,规范其用工管理,由此才可能达到应有的效果。因此,人社部门和工会等有关部门改变了传统的策略,从改变用人单位的入手,提高其法律意识,督促其规范用工,实现劳动关系调整的法治化、规范化。

目　录

第一章　员工招聘阶段管理

一、用工方式选择

(一)常见用工方式

1.常规用工方式:全日制用工

全日制用工是企业的常规用工方式。根据劳动合同期限的不同,常规用工方式分为三种:一是与劳动者订立有固定期限劳动合同的用工方式;二是订立无固定期限劳动合同的用工方式;三是订立以完成一定工作任务为期限的劳动合同的用工方式。固定期限劳动合同用工和以工作任务为劳动合同期限的用工方式是企业以往惯用的用工方式,但根据《劳动合同法》的规定,签订两次固定期限劳动合同的,或者在用人单位连续工作满 10 年的,应当订立无固定期限合同。因此,无固定期限劳动合同将成为主要的方式。《劳动合同法》对这种方式作出许多新的规定,被人认为是"铁饭碗",可能会导致企业用工的僵化,使企业失去生机和活力。《劳动合同法》实施前,固定期限劳动合同是主要形式,很多劳动合同都是一年一签。不少单位通过签订短期合同来逃避自己应负的责任。《劳动合同法》为扭转这一状况,借鉴国际通行做法,对用人单位与劳动者签订无固定期限劳动合同提出了更高的要求,鼓励劳动关系双方建立长期、稳定的劳动关系。

和以往相比,《劳动合同法》对用人单位辞退员工的条件规定更为严格、程序更为复杂,违法辞退的成本要翻倍;用人单位须为劳动合同员工支付工资、社会保险、各种福利、招聘费用、培训费用及解除或终止劳动关系所产生的系列费用等,但这也导致员工的忧患意识降低。随着劳动关系的长期化,规范的人性化的管理方法对员工的约束力日趋下降,员工的"铁饭碗"意识将更严重。但是,无固定期限劳动合同并不等于"铁饭碗",其只是劳动合同的期限长短不能确定,但并不是没有终止时间,更不是不能解除和终止。无固定期限劳动合同也是劳动合同的一种类型,一旦出现法律规定的情形或者双方约定的条件,无固定期限劳动合同也同样能够解除,劳动关系也会终止。当法律规定的可以解除劳动合同的条件出现,或当事人在合同中约定的可以解除劳动合同的条件出现时,无固定期限劳动合同和其他劳动合同一样可以依法定条件或约定条件解除。此外,无固定期限劳动合同也不是不能变更的"死合同"。无固定期限劳动合同和其他类型的合同一样,也适用《劳动法》与《劳动合同法》的协商变更原则。

同时,这种方式既有利于劳动者稳定职业,熟练掌握技能,也有利于培养职工对企业的忠诚度,增强企业的凝聚力,培养稳定的企业文化,减少企业频繁换人的损失,使企业获益。尤其这种用工方式对留住核心员工,增加企业核心竞争力具有重要作用。用人单位可以从企业长远发展的需要考虑,放心对员工组织培训教育,帮助员工提升职业能力,这对实现企业和员工协同发展将起到很好的促进作用,既可以为企业储备人才,也可以帮助职工做好人生规划。

2.劳务派遣

劳务派遣是指由派遣机构(用人单位)与派遣劳工订立劳动合同,由派遣机构向要派企业给付劳务,劳动合同关系存在于派遣机构与派遣劳工之间,但劳动力给付的事实则发生于派遣劳工与要派企业之间。劳动派遣最显著特征就是劳动力的雇用和使用分离,"用人的不管人,管人的不用人"。与传统劳动关系不同,劳务派遣存在三方法律关系:劳务输出单位与劳务输入单位是劳务派遣关系;劳务输出单位与劳动者是劳动关系;劳动者与劳务输入单位是劳务服务关系。

《劳动合同法》修订后,对劳务派遣管理要求更高,如何合理规避使用劳务派遣工的风险,是企业面临的新问题。劳务派遣以其诸多明显优势,正被越来越多的企业使用。企业使用劳务派遣可以降低招聘、社保办理等方面的人力资源管理成本。由于用人单位和派遣员工之间不存在劳动合同关系,因此降低了企业的用工风险。这种方式近几年会如此迅速地蔓延,得到众多用人单位的欢迎,一方面是《劳动合同法》的实施,使全日制普通用工更加规范;另一方面是其本身的优点和作用,有利于用人单位降低人力成本和人事管理成本,以及提高企业的经济效益和管理效率。通过劳务派遣,用人单位的信息搜寻成本、招聘成本及管理成本大大降低,有利于降低薪酬支出。由于劳务派遣输入员工薪酬低支出,其往往作为一种激励制度来体现。相对于劳动合同制员工来说,劳务派遣的用工成本较低。同时,劳务派遣用工形式可将各种不确定性的风险有效控制和转移,在一定程度下,企业可避免与被派遣员工直接发生劳动人事纠纷。总体实践看来,其基本可实现"用人不管人,增效不增支"的快捷式用工。同时,劳务派遣用工方式机动灵活,可为企业提供一种及时性人力资源补充和弹性化用人机制,对于企业来说,可以根据自身需求及生产经营的需要,随时要求派遣单位增减派遣员工,有利于企业保持用人的灵活性。但是,这种方式使劳动者缺少安全感,人员流失率高。企业一般是按需配人,一旦生产任务减少导致减员时,劳务派遣员工首当其冲,他们没有安全感,看不到职业发展的前景,因而人员流失率高。而且受派遣员工身处用工企业,劳动关系主体却属劳务派遣公司,身份不同;劳务派遣员工也不属于企业工会成员,不能享受工会福利,由于缺乏归属感,导致他们缺少工作积极性。

企业通过建立长效的劳务派遣机制,除缓解用工以外,还能激励员工从劳务派遣身份转为劳动合同制,也能从劳动合同制转为劳务派遣身份,从而形成有效的用工激励机制,有利于企业聘用贤人,"短中择长"。在受派遣员工和客户企业双方进行互相选择时,企业对满意的员工可重点培养,而后转为直接雇用,实现人力资源使用中的续短为长,提高双向选择的用工意愿。从企业人才储备的角度来看,可将劳务派遣用工打造成企业技能人才储备的资源池。

劳动合同用工是我国企业的基本用工形式,劳务派遣用工是其补充形式,只能在临时性、辅助性或者替代性的工作岗位上实施。临时性工作岗位是指存续时间不超过 6 个月的岗位;辅助性工作岗位是指为主营业务岗位提供服务的非主营业务岗位;替代性工作岗位是指用工单位的劳动者因脱产学习、休假等原因无法工作的一定期间内,可以由其他劳动者替代工作的岗位。使用被派遣劳动者数量不得超过企业用工总量的 10%。

用工单位应当履行下列义务:执行国家劳动标准,提供相应的劳动条件和劳动保护;告知被派遣劳动者的工作要求和劳动报酬;支付加班费、绩效奖金,提供与工作岗位相关的福利待遇;对在岗被派遣劳动者进行工作岗位所必须的培训;连续用工的,实行正常的工资调整机制。用工单位不得将被派遣劳动者再派遣到其他用人单位。尤其是要实现同工同酬。

3.人事代理

人事代理是指由政府人事部门所属的人才服务中心,按照国家有关人事政策法规要求,接受单位或个人委托,在其服务项目范围内,为多种所有制经济尤其是非公有制经济单位及各类人才提供人事档案管理、职称评定、社会养老保险金收缴、出国政审等全方位服务,是实现人员使用与人事关系管理分离的一项人事改革新举措。人事代理的方式有委托人事代理,可由单位委托,也可由个人委托;可多项委托,将人事关系、工资关系、人事档案、养老保险、社会统筹等委托区人才服务中心管理,也可单项委托,将人事档案委托区人才服务中心管理。人事代理可分为单位委托代理和个人委托代理。用人单位将其人力资源管理中非核心部分的工作全部或部分委托专业机构管(办)理,但被托管人员的劳动关系仍隶属于原委托企业。这种情况一般是由于单位所在地的户口不能解决,而要规范用工风险所采取的一种形式,主要包含代收代付社会保险、代发工资、代扣代缴个人所得税、员工档案管理、代办各种人事手续等。

人事代理有利于促进企业人事管理事务的社会化。一些不属于企业人事管理的社会事务,如档案管理、户籍管理、计划生育管理、离退休管理等,随着市场经济发展和各个方面的体制改革,这些事务必须社会化,以减少企业负担。人事代理还有利于促进人事管理事务的专业化。企业所有的活动都要求以最低的成本取得最高的收益,人事代理通过专业化的、优质的人事事务服务,满足了在竞争中降低成本、提高效益的要求,有些人事事务如果由企业自己承担,远不及由专门人事代理机构承担成本低、效果好。

4.劳务外包(业务外包)

劳务外包是指企业将一些非核心的、次要的或辅助性的功能或业务外包给企业外部专业服务机构,利用它们的专长和优势来提高企业的整体效率和竞争力,而自身仅专注于企业具有核心竞争力的功能和业务的一种管理模式。业务外包是一种间接用工方式,企业与承包单位间存在民事合同关系,与承包单位雇用的员工之间没有任何关系。目前,我国法律对这种方式没有明确的规定,鉴于对劳务派遣规制的加强,很多企业的劳动派遣变为外包,由此国家可能会对这种方式作出规制,用人单位应当高度关注国家法律的出台,及时调整用工方式。

企业通过将某些业务进行外包,在降低固定成本的同时,可以将部分风险责任转移给承包商,从而降低企业的经营风险并减少因直接用工可能产生的法律责任。将那些企业自身缺少能力的业务部分外包后,企业可以专注于培养和发挥核心竞争力,以获得持久竞争优势。但是业务外包也会产生一些问题,如外包的成本未必比企业直接生产经营的成本低多少,在有些情况下,甚至会更高;企业对承包单位的控制面临挑战。如果外包企业存在内部管理混乱、员工素质低、业务水平低等问题,造成员工素质、技能不高,将对企业的产品质量、交付率等造成影响。同时,外包可能会导致企业责任外移,管理难度和风险加大。由于在外包经营中缺乏对业务的监控,增大了企业责任外移的可能性,导致质量监控和管理难度加大。还可能导致关键技术、商业秘密外泄,从而失去竞争的领先地位。尤其是外包员工在发包企业场地工作,将给安全管理、劳动关系、公共秩序及现场管理等方面带来更大的难度和风险,一旦发生安全责任事故,发包企业仍将承担连带责任。

5.非全日制用工

非全日制用工是指以小时计酬为主,即劳动者在同一用人单位一般平均每日工作时间不超过 4 小时,每周工作时间累计不超过 24 小时的用工形式。非全日制劳动是灵活就业的一种重要形式,适应企业降低人工成本、推进灵活用工的客观需要。非全日制用工这种协议口头化、关系终止随意化和无补偿化的特点,可以让企业便于管理,与全日制用工相比降低许多风险且便于控制用工成本。近年来,我国非全日制劳动用工形式呈现迅速发展的趋势,特别是在餐饮、超市、社区服务等领域,用人单位使用的非全日制用工形式越来越多。在非全日制用工的情况下,小时工资标准是用人单位按双方约定的工资标准支付给非全日制劳动者的工资,但不得低于当地政府颁布的小时最低工资标准。非全日制用工和全日制用工相比,具有以下特点:

(1)从事非全日制用工的劳动者可以与一个或者一个以上用人单位订立劳动合同;但是,后订立的劳动合同不得影响先订立劳动合同的履行。而全日制用工劳动者一般只与一个用人单位订立劳动合同。

(2)非全日制用工双方当事人可以订立口头协议。而全日制用工双方应当订立书面劳动合同。

（3）非全日制用工双方当事人不得约定试用期。而全日制用工双方,除完成一定工作任务为期限的劳动合同和 3 个月以下固定期限劳动合同外,其他劳动合同可以依法约定试用期。

（4）非全日制用工双方当事人任何一方都可以随时通知对方终止用工。终止用工后,用人单位不向劳动者支付经济补偿。而全日制用工双方当事人应当依法解除或者终止劳动合同。用人单位解除或者终止劳动合同,应当依法支付经济补偿。

（5）非全日制用工不得低于用人单位所在地人民政府规定的最低小时工资标准。而全日制用工劳动者执行的是月最低工资标准。

（6）非全日制用工劳动报酬结算周期最长不得超过 15 日。而全日制用工的,工资应当至少每月支付 1 次。

6.劳务用工方式

劳务合同是指双方当事人约定,在确定或不确定期间内,一方向他方提供劳务,他方给付报酬的合同。企业在使用特殊劳务人员(非法律意义上的劳动者)的时候,即使双方签订了劳动合同,也只产生劳务关系,属于劳务用工。这些特殊员工包括在校学生、离退休人员、达到退休年龄的劳动者、下岗人员、从事兼职的人员等。

劳务关系下企业用工成本一般包括:向劳务人员提供劳务报酬,依法为劳务人员提供劳动保护条件,对劳务提供方提供必要的劳动教育。劳务用工的优势是:劳务报酬一般没有法定的最低标准,法律对劳务报酬支付方式也没有强制性规定;企业不需要为劳务人员缴纳社会保险、住房公积金;企业和劳务人员可以依照双方约定解除劳务关系。但是,劳务用工同样有风险:劳务人员在为企业提供劳务时受到伤害或者致人或物损害的,企业需要根据不同情况承担相应的法律责任。

（二）实务操作

用人单位应当实行多元的用工方式,根据本单位的性质、岗位、发展规划等实行以劳动合同制用工为核心,以劳务派遣、工序（业务）外包、非全日制用工、退休返聘等用工形式为辅,形成多元的、灵活的组合式用工模式,最大限度降低用工成本,提高用工的灵活性,为企业的持续发展提供人力资源保障。其中,常规的劳动合同制适用于关键技术性岗位、职能管理核心岗位及帮助企业实现战略目标、提高企业竞争优势的岗位。劳务派遣制适用于企业中临时性、辅助性、替代性工作岗位和非企业核心竞争力岗位。劳务外包用工适用于企业非关键操作岗位。实习生适用于企业非竞争力的事务性岗位。退休返聘人员适用于涉及专业技术、法律等要求经验丰富的岗位。非全日制用工适用于临时性、事务性或替代性强但具备一定资质或相关经验的岗位,那些灵活用工的岗位比如餐饮、保洁、绿化、后勤等。

企业要引入竞争机制,各种用工形式的灵活转换,对多元化的用工建立多元化的激励政策。用人单位要建立详尽的绩效考核机制,对优秀员工进行奖励,将优秀的劳务用工人员、劳动派遣人员等通过转编成为企业劳动合同制员工,对优秀的实习生提前做好人才的储备。同时,对违纪、业绩平庸的常规用工变为人事代理、劳务派遣等方式,甚至进行淘汰。

无固定期限劳动合同的用工方式尤其适用于那些人力资本价值高且具有稀缺性的核心人才,以避免出现核心员工流动过大给企业运作带来损失的局面。面对法律强制规定的无固定期限劳动合同,企业也可以采取相应的措施来规避。如果企业想少签无固定期限劳动合同,可以考虑用劳务派遣、非全日制用工等用工方式来替代,分散用工风险,减少辞退人员的压力,降低劳动纠纷。企业也可以通过加强绩效考核,解除与那些不能胜任其职务的劳动者的无固定期限劳动合同。

企业在选择派遣机构进行合作之前,应当核实与查证派遣机构的资质和口碑。与派遣单位签订的派遣协议要尽量做到责权清晰、条款完备。在使用劳务派遣员工时,企业要努力消除因用工形式不同所产生的管理边界,使被派遣员工融入企业文化,充分发挥其积极性。对于表现出色的派遣员工,企业根据自身发展需要,可在适当的时机将其转为正式员工,既可以留住优秀人才,也可以对其他派遣员工起到激励作用。

企业采用业务外包时,首先要对自己的核心优势、潜在优势及劣势进行详尽的分析,加强对外包业务的成本、收益和风险的评估,在此基础上再确定业务外包的范围。选择合适承包商并与之保持有效的信息交流和沟通,加强对外包业务的监控,保障产品的质量。同时要加强对企业的核心技术和商业秘密外泄的控制。

用人单位的用工方式和工时制相衔接,在大多数岗位实行标准工时制,在部分岗位实行特殊工时制。标准工时制度是指职工每日工作 8 小时、每周工作 40 小时的工时制度。标准工资支付制度就是计时工资支付制度。如果必要,企业可以根据实际用工情况来采用特殊工时工作制或者特殊工资支付制度。特殊工时工作制主要包括综合计算工时工作制和不定时工作制。

不定时工作制一是针对因生产特点、工作特殊需要或职责范围的关系，二是针对无法按标准工作时间衡量或需要机动作业的职工所采用的一种工时制度。一般适用以下范围：实行年薪制的劳动者；高级管理人员，外勤人员，推销人员，部分值班人员和其他因工作无法按标准工作时间衡量的劳动者；长途运输人员，出租汽车司机，铁路、港口、仓库的部分装卸人员，以及因工作性质特殊需机动作业的劳动者；其他因生产特点、工作特殊需要或职责范围的关系，适合实行不定时工作制的劳动者，如保卫、货运、押运、非生产性值班的劳动者。

由于实行不定时工作制的劳动者劳动时间不确定，无法实行加班加点制度，因此，在实行不定时工作制审批有效期内，除法定节假日工作需支付加班工资外均不需要支付加班加点工资。目前在浙江省范围内，实行不定时工作制的劳动者即便在法定节假日工作，用人单位也无须支付加班工资。

综合计算工时工作制是指针对因工作性质特殊，需连续作业或受季节及自然条件限制的企业的部分劳动者，采用的是以周、月、季、年等为周期综合计算工作时间的一种工时制度，但其平均日工作时间和平均周工作时间应与法定标准工作时间基本相同。如果在整个综合计算周期内的实际工作时间总数不超过该周期的法定标准工作时间总数，只是该综合计算周期内的某一具体日（或周，或月，或季）超过法定标准工作时间，其超过部分不视为延长工作时间，用人单位不需要支付加班加点工资；但整个综合计算周期内的实际工作时间总数超过该周期的法定标准工作时间总数的，超过部分视为延长工作时间，应按150%的比例支付加班工资。综合计算工时工作制的适用范围：交通、铁路、邮电、水运、航空、渔业等行业中因工作性质特殊，需连续作业的劳动者；地质及资源勘探、建筑、制盐、制糖、旅游等受季节和自然条件限制的行业的部分劳动者；其他因生产工作需要，适合实行综合计算工时工作制的劳动者。

企业采用综合计算工时工作制或者不定时工作制来用工，必须满足法定条件。同时，报经有关部门批准也是采取特殊工时工作制的必备条件。企业擅自采用综合计算工时工作制或者不定时工作制会被认定无效。即使企业和劳动者在劳动合同中约定按照综合计算工时工作制或者不定时工作制来用工，不经过有关部门批准也是无效的。如果发生劳动争议，企业采用的未经有关部门批准的特殊工时制度会被认定为标准工时制度,企业会因此承担不利后果。

二、招聘广告的发布

在招聘过程中,HR(Human Resource,人力资源管理)为用人单位招揽优秀合适的人才,但若法律风险防范意识不强、审查把关不严,难免造成最终招聘结果美中不足甚至大打折扣。因此,HR 在招聘流程中注意防范法律风险、全要素严格审核把关,是防止日后出现劳动争议和劳动纠纷的重要保障。

为了避免用人单位 HR 在招聘过程中出现相关的法律风险,笔者对招聘中需要注意的问题作了如下梳理。

(一)用人单位在招聘过程中的注意事项

用人单位在招聘过程中的注意事项包括:不得提供虚假招聘信息、发布虚假招聘广告;不得招用未满 16 周岁的未成年人以及法律、行政法规规定不得招聘的其他人员,不得招用没有取得合法就业签证的外国人及港澳台人员;不得向求职者收取招聘费用;不得要求劳动者提供担保或者以其他名义向劳动者收取财物;不得扣押劳动者的居民身份证和其他证件;以招用人员为名牟取不正当利益或进行其他违法活动;不得以性别、民族、种族、宗教信仰为由,拒绝录用或提高录用标准(国家规定不适合从事的工种和岗位除外);不得诋毁其他用人单位信誉。

(二)用人单位在招聘过程中的告知义务

用人单位招用劳动者时,应当如实告知劳动者工作内容、工作条件、工作地点、职业危害、安全生产状况、劳动报酬,以及劳动者要求了解的其他情况。如果招聘过程中 HR 没有尽到以上必要的告知义务,不仅会影响到劳动者入职后的稳定性,更是一种违反劳动法律规定的行为。

对于薪酬福利、工作地点、工作环境、职业危害等容易产生矛盾与纠纷的问题,HR 必须向劳动者如实、细致、清晰地说明相关情况。

招聘面试中应当给劳动者提问的机会。因为《劳动合同法》已明确规定劳动者有要求了解用人单位情况的权利,HR 应当履行法定告知义务。

如果 HR 在招聘面试环节没有通知到位或者通知有遗漏,那么就一定要把握好入职前的通知环节,并按照事先准备的通知清单逐项与劳动者进行确认。

(三)制作招聘广告的注意事项

1.防止招聘广告中的就业歧视

用人单位在招聘广告中,不得实行性别歧视、民族歧视、地域歧视、年龄歧视、身高歧视,不得歧视农民工和外来务工人员,不得歧视残疾人,也不得无厘头歧视(如"此岗位仅限男性""仅限本地户口""要求身高在 1.65 米以上""只招处女座员工""只招 A 型血员工"等)。《就业促进法》第 3 条规定,劳动者依法享有平等就业和自主择业的权利。劳动者就业,不因民族、种族、性别、宗教信仰等不同而受歧视。同时,该法第 27 条还专门规定不得歧视妇女,国家保障妇女享有与男子平等的劳动权利。除法律、法规规定的不适合妇女的工种或者岗位外,用人单位在招录人员、安排岗位或者裁减人员时,不得歧视妇女,不得以性别为由拒绝录用妇女或者提高对妇女的录用标准。用人单位录用女职工,不得在劳动合同中规定限制女职工结婚、生育的内容。《浙江省女职工劳动保护办法》规定,妇女享有与男子平等的劳动就业权利。在劳动报酬方面,实行男女同工同酬。《就业促进法》第 62 条规定,劳动者遭受用人单位就业歧视,劳动者可直接向法院提起诉讼。

相关案例

某高校在 58 同城网上发布了关于文案职位的招聘要求,未写明招聘人数、性别。2017 年 6 月,郭某(女)在网上向学校投递了个人简历,简历中载明性别"男"、年龄"20",网上显示学校查看了郭某简历。郭某就招聘事宜打电话给学校的联系人,同时说明在所投简历中不小心将其性别写成男性,学校联系人以文案职位需经常与校长出差、校长为男性、出差时间较长等为由回复学校定位只招男性,建议郭某可考虑应聘学校的人事、文员等岗位。

该校又在赶集网上发布招聘文案策划职位的信息,招聘人数 1 人,最低学历大专,工作经验不限(应届生亦可),性别要求为男性。2017 年 6 月郭某在网上向学校投递了个人简历,学校未反馈。郭某就招聘事宜打电话给学校的联系人,学校联系人以文案职位需早晚加班等为由回复不考虑女性,想招男性。

郭某还到学校招聘现场去面试文案职位,学校工作人员仍以文案职位需与校长出差、女性有很多不方便为由回复文案职位招男性、不考虑女性，同时建议郭某可考虑应聘学校的人事、文员等岗位。

2017 年 8 月，郭某诉至法院，请求判令：学校书面赔礼道歉，并赔偿精神损害抚慰金 50000 元。

处理结果

法院判决，学校的行为侵犯了郭某平等就业的权利，对郭某实施了就业歧视，给郭某造成了一定的精神损害，故郭某要求学校赔偿精神损害抚慰金的理由充分，至于具体金额，法院根据学校在此过程中的过错程度及给郭某造成的损害后果酌情确定为 2000 元。

2.招聘广告中的录用条件

劳动者在试用期间被证明不符合录用条件，单位可以立即解除劳动合同。因此，明确的录用条件是用人单位行使合法解除劳动合同权利的前提。《劳动合同法》第 39 条规定："劳动者有下列情形之一的，用人单位可以解除劳动合同：在试用期间被证明不符合录用条件的；……"

（1）用人单位在招聘广告中直接写明"录用条件"，而非"招聘条件"，以期与法律术语表达保持一致。

（2）用人单位的招聘广告应当留存。记载于招聘广告上的录用条件可以与其他载体上出现的录用条件及劳动者的具体表现形成证明劳动者是否符合录用条件的证据链，在劳动争议发生的时候可以作为证据使用。

（四）录用通知（offer）的注意事项

1.录用通知发出后能不能撤回或者撤销？

录用通知的法律性质为要约，根据我国《合同法》的规定，要约在到达受要约人时生效，到达之后即不可撤回。有下列情形之一，要约也不得撤销：①要约人确定了承诺期限或者以其他形式明示要约不可撤销；②受要约人有理由认为要约是不可撤销的，并已经为履行合同作了准备工作。《合同法》第 42 条规定：当事人在订立合同过程中有下列情形之一，给对方造成损失的，应当承担损害赔偿责任：①假借订立合同，恶意进行磋商；②故意隐瞒与订立合同有关的重要事实或者提供虚假情况；③有其他违背诚实信用原则的行为。

2.录用通知发出前的谨慎原则

HR 在发出录用通知之前，应当对招聘岗位的合理性再次确认，并对应聘人员的综合条件与该岗位的匹配度作出审慎考查,同时要向主管领导报告批准后才能发出,尽量避免撤回或者撤销录用通知的情况发生,否则将承担一定的法律风险。此外,用人单位在与劳动者签订劳动合同时,如擅自单方变更录用通知的内容,如降低职位、减少薪酬等,从而造成劳动合同未能顺利签订,用人单位需要承担相应的缔约过失责任。

3.录用通知有约定的条款,劳动合同里却没有相关条款,该条款效力如何?

当录用通知中的条款没有在劳动合同中出现时,就不能完全依据形成时间来确定适用哪一个,关键要看录用通知在劳动合同签订后是否有效。如果并未明确约定录用通知的有效期,则该份录用通知并不因劳动合同的签订而自然失效,仍然对双方有约束力。

HR 在录用通知中注明或在双方签订劳动合同时书面约定,当录用通知内容与劳动合同有矛盾时,以劳动合同为准,或者注明录用通知自双方签订书面劳动合同之日起失效,避免日后双方就录用通知与劳动合同的适用产生争议。

4.录用通知发出的时间

一些用人单位的做法是:录用通知的发出时间在劳动者面试之后、体检之前。此种情形下,一旦劳动者体检不合格或者患有某种传染疾病,将为用人单位解约带来一定的隐患。

从防范法律风险的角度上,用人单位应当在劳动者体检合格后才能向劳动者发出录用通知或者在录用通知中附加需要医院体检合格方能生效的条件。否则,如果体检的结果不符合用人单位的录用条件,用人单位与劳动者解除录用关系就没那么容易。因为这个时候,用人单位只能采取终结录用通知的方法或者是以不符合录用条件为由解除劳动合同。

5.录用通知的责任约定

用人单位在拟定录用通知时,应将双方之前已经协商达成一致的事项约定清楚,如工作内容、劳动报酬、工作地点、到职日期等,并提醒劳动者:如报到日期届满仍未到用人单位报到,录用通知即行失效,用人单位不再承担责任。

签发录用通知后,签订劳动合同、正式用工之前,双方劳动关系并没有建立,因此双方之间的关系受民法、合同法调整。为了保护用人单位的利益,节约招聘成本,建议用人单位在录用通知中约定违约责任,如果劳动者违约,则应承担相应的违约责任。

(五)防范劳动者欺诈

1.防范不法劳动者"碰瓷"

劳动者应聘上班没几天就"蹊跷受伤",伤后婉拒入院治疗,却急于私了索要赔偿;家属、朋友均"精通"相关法律,动不动就以"劳动仲裁更吃亏"进行要挟……近几年,法院审理了多起类似的"工伤"诈骗案件,被告人利用小微用人单位招录不规范、安全意识薄弱等情况屡屡得手,其中反映出的问题值得用人单位吸取教训。

相关案例

2017年12月底,杭州法院对一起诈骗案公开宣判,王某因伙同他人伪装"工伤"实施诈骗,被判处有期徒刑十个月,罚金4000元。2017年6月17日,王某与李某、张某、吴某(均另案处理)经事先预谋,由王某前往杭州下沙经济技术开发区一家化工制造用人单位应聘工作。次日中午,张某趁午休期间,用铁棍将王某左手臂打伤。下午回到工厂后,王某便佯装工作时不慎摔伤,要求厂方送医院治疗。其间,李某、吴某冒充其亲属、朋友与厂方商谈赔偿事宜,厂方向医院预交1.48万元医疗费并将发票原件交给李某等人,后王某与医院结算后将预付款中的1.3万元取出并办理出院手续。7月24日,王某再次前往杭州江干区一家机械制造厂应聘工作,第二天便故技重演佯装"工伤"入院治疗,并由李某等人出面协调赔偿事宜。医生建议马上进行手术治疗,却被王某等人婉拒,并要求厂方一次性支付治疗费用,供他们回老家治疗。据厂方介绍,伤者的家属能说会道,他们讲述外出打工的不易,甚至还从法规政策角度进行了分析。最终,厂方同意支付两万元作为工伤补偿。不过为了保险起见,厂方提出必须签订协议,写清楚再发生任何情况概不负责,并且坚持要去派出所备案。当厂方向民警说明事情原委后,民警发现其中存在诸多疑点。通过系统查询,民警发现王某已经不是第一次发生这样的意外了。经过民警仔细询问,王某等人交代了实施诈骗的犯罪事实。法院经审理认为,王某等人以非法占有为目的,采用虚构事实、隐瞒真相的方法,骗取他人钱财,数额较大,结合部分诈骗未遂的情节,对其以诈骗罪进行了判决。

劳动者工伤诈骗往往以自伤为欺骗手段,而中小用人单位法律意识不强、抗风险能力差,部分小微用人单位还存在用工不规范、未缴纳工伤保险、未签订劳动合同等情形,于是面对这种"劳动碰瓷",很多用人单位宁愿选择"私了",也不愿意通过正规途径解决,犯罪分子正是利用这一软肋屡屡得手。法官介绍,此类案件手法其实并不高明,而且具有比较明显的特征:一般是团伙作案,且有明确分工,一人充当伤者,其余人则扮演亲戚朋友;入职不久便发生"工伤",受伤过程没有目击者;受伤后坚持私了,家属朋友精通相关法律法规;案件多发生在工地、制造、加工等体力劳动岗位。在这里提醒用人单位:发生此类工伤事故案件,用人单位一方面要及时组织救治,另一方面也要注意保留证据,依法通过正当途径解决。同时,用人单位要严把招聘关,适时安排入职体检,及时签订劳动合同,尽快参加社会保险,加强厂区监控设施建设,避免"劳动碰瓷"行为发生。

2.防范劳动者提供虚假材料

用人单位应当明示招聘录用条件,并做好相关材料审查,防止劳动者欺诈。劳动者欺诈的表现主要包括:冒用他人身份证、学历造假、专业造假、年龄造假、伪造资格证书和专业技能证书、编造工作履历、提供虚假的无违法犯罪记录证明、伪造健康证明等手段。

相关案例

2002年3月1日唐某进入上海冠龙公司,从事销售工作。入职时,唐某向冠龙公司人事部门提交了其本人于2000年7月毕业于西安工业学院材料工程系的学历证明复印件,冠龙公司与其签订了期限为2002年3月1日至2002年12月31日的劳动合同。此后双方每年续签一份期限为一年的劳动合同。2007年12月25日,唐某签署《任职承诺书》一份,内容为:"本人作为上海冠龙阀门机械有限公司之员工,特作如下承诺:……本人以往提供给公司的个人材料均是真实有效的,如有做假,愿意无条件被解除合同……"2008年12月23日,冠龙公司与其签订《劳动合同补充协议》,约定原劳动合同有效期限顺延至2011年12月31日。冠龙公司《员工手册》中有如下规定:"新录用的员工报到时应提供以下证明文件的正本供人事部门复核,同时交复印件一份供人事部门存档:(1)身份证;(2)学历证明……""员工有下列任一严重违反公司规章制度情况的,公司将予以解雇,且不给予任何经济补偿:……以欺骗手段虚报专业资格或其他各项履历……"对以上内容,唐某已签字确认知晓。后来,冠龙公司在接到相关举报后查实了唐某学历造假的事实,并发现唐某在工作中存在虚报合同价格从中赚取差价的违规行为,使公司蒙受损失的同时影响了公司的声誉,遂作出解除与唐某劳动合同的通知。

处理结果

一、上海嘉定劳动仲裁委支持冠龙公司合法解除劳动合同;二、上海嘉定区人民法院一审判决冠龙公司解除劳动合同违法,冠龙公司须支付唐某违法解除劳动合同赔偿金181866元;三、上海市第二中级人民法院终审认为我国劳动法律在充分保护劳动者合法权利的同时亦依法保护用人单位正当的用工管理权。唐某伪造学历构成欺诈,判决冠龙公司与唐某解除劳动合同有法律依据,无须支付违法解除劳动合同赔偿金。

用人单位在招聘过程中应当明示招聘岗位的特定要求并履行相应审查义务。如果用人单位基于特殊岗位的特定需求制作招聘广告,且明确列举出招聘岗位的特定要求,而劳动者在自身条件尚未具备的情形下,却以虚构教育经历,甚至造假资历证书等手段欺瞒用人单位,导致用人单位在不知情的情况下与其签订劳动合同,而后用人单位发现劳动者造假,则通常可主张劳动者构成欺诈;如果用人单位在规章制度中已明确将劳动者提供虚假的身份证、学历、专业资格、技能证书、工作经历设定为严重违反用人单位规章制度的,那么用人单位就据此可单方解除与劳动者的劳动合同;但是,同时应当提醒用人单位注意,如果劳动者在应聘中对招聘岗位中某些次要的条件进行适当的夸大,用人单位以此为由主张劳动合同无效的通常缺乏依据,难以获得认可。

HR审查的应聘材料应当包括:身份证明、健康证明、学历学位证书、专业资格证书、外语等级证书、工作经验证明、未受过行政拘留和刑事处罚证明、与原单位解除劳动合同的证明、具备招聘岗位要求的良好能力等;对劳动者提供的应聘材料原件及复印件进行审查核对无误后,要求劳动者在复印件上签署"与原件一致,由×××提供";劳动者提供的所有材料,要求劳动者签字确认。同时,应当与劳动者约定,不符合上述条件的,用人单位概不录用;已经录用的,用人单位有权解除劳动合同。

(六)用人单位招聘后期注意事项

1.用人单位应当建立职工名册

《劳动合同法》第 7 条规定,用人单位应当建立职工名册备查。《劳动合同法实施条例》第 8 条规定,职工名册应当包括劳动者姓名、性别、公民身份号码、户籍地址及现住址、联系方式、用工形式、用工起始时间、劳动合同期限等内容。

用人单位应当按照规定建立职工名册。用人单位违反《劳动合同法》有关建立职工名册规定的,由劳动行政部门责令限期改正;逾期不改正的,由劳动行政部门处 2000 元以上 2 万元以下的罚款。在劳动仲裁或者劳动诉讼中,仲裁机构或者法院有可能要求用人单位提供职工名册作为证据使用,用人单位未能提供的,有可能承担败诉讼的不利后果。

2.尽快与劳动者签订劳动合同

建立劳动关系,应当订立书面劳动合同。已建立劳动关系,未同时订立书面劳动合同的,应当自用工之日起 1 个月内订立书面劳动合同。自用工之日起 1 个月内,经用人单位书面通知后,劳动者不与用人单位订立书面劳动合同的,用人单位应当书面通知劳动者终止劳动关系,无须向劳动者支付经济补偿,但是应当依法向劳动者支付其实际工作时间的劳动报酬。用人单位自用工之日起超过 1 个月不满 1 年未与劳动者订立书面劳动合同的,应当向劳动者每月支付两倍的工资,并与劳动者补订书面劳动合同;劳动者不与用人单位订立书面劳动合同的,用人单位应当书面通知劳动者终止劳动关系,并支付经济补偿。

(1)劳动关系确立后或者正式用工后,HR 应当尽快与劳动者订立劳动合同。同时,劳动合同法规定了 1 个月的劳动合同签订宽限期,便于用人单位和劳动者互相考察。如果在这段时间的考察期内,用人单位觉得劳动者不胜任工作,可以"不符合录用条件"为由直接解除劳动合同。

(2)用人单位一定要把握劳动合同签订宽限期 1 个月的时间节点,务必在 1 个月内与劳动者签订劳动合同。否则,将承担向劳动者支付双倍工资的补偿。实践中,有的劳动者以牟取双倍工资为目的,故意与用人单位不签劳动合同或者拖延签订劳动合同,申请双倍工资仲裁的情况可谓是屡见不鲜。劳动者拒不签订劳动合同的,用人单位 HR 应当及时终止劳动关系,并保留相关证据。

（3）如果确系不可归责于用人单位的原因导致未签订书面劳动合同，劳动者能否要求用人单位支付两倍工资？签订书面劳动合同系用人单位的法定义务，但确系不可归责于用人单位的原因导致未签订书面劳动合同，劳动者因此主张两倍工资的，可不予支持。下列情形一般可认定为"不可归责于用人单位的原因"：用人单位有充分证据证明劳动者拒绝签订或者利用主管人事等职权故意不签订劳动合同的；工伤职工在停工留薪期内的，女职工在产假期内或哺乳假内的，职工患病或非因工负伤在病假期内的，因其他客观原因导致用人单位无法及时与劳动者签订劳动合同的。（参见浙江省劳动仲裁院浙江省高级人民法院民一庭关于审理劳动争议纠纷案件若干疑难问题的解答）

3.招聘试用期的注意事项

劳动合同的试用期长度不得违反法律法规的强制性规定：用人单位与劳动者只能约定一次试用期，不得延长试用期；不得仅约定试用期，劳动合同仅约定试用期或者劳动合同期限与试用期相同的，试用期不成立，该期限为劳动合同期限；不得低于本单位同岗位最低档工资或者劳动合同约定工资的 80%，并重申试用期工资不得低于用人单位所在地的最低工资标准。

（1）在入职时或签订劳动合同时，用人单位应当以书面的形式将录用条件尽量细化成考核指标，并明确试用期考核的部门、时间、方法等，由劳动者签字确认。对于试用期的员工，用人单位应每月都对其进行试用期考核，并且对于考核结果，由劳动者签字确认。

（2）解除劳动合同的决定必须在试用期间作出并且在试用期间内通知到劳动者，超出试用期间就不能再以"劳动者在试用期不符合录用条件"为由解除劳动合同了。

（3）准确填写解除劳动合同的事由为"试用期不符合录用条件"，不要填写成"试用期不胜任工作"。

三、录用条件设计与约定

(一)录用条件的作用

录用条件是用人单位确定所要聘用的劳动者的条件,符合录用条件的,在试用期满时予以转正。用人单位可以自行制订针对不同岗位劳动者的录用条件。录用条件一般为年龄、性别、文化程度、专业知识、技术水平、工作经历、业务能力、身体状况。

根据主体的不同,录用条件有如下作用:对劳动者而言,录用条件是对其开始工作的行为准则;对用人单位而言,录用条件是对新进人员在试用期表现进行考核的标准。用人单位通过试用期考核确定新进人员是否符合录用条件,对不符合录用条件的可以解除劳动合同。录用条件是用人单位在试用期与劳动者解除劳动合同的法律依据;对裁判机关而言,录用条件是裁判用人单位与劳动者解除劳动关系是否合法的主要依据。

根据《劳动法》第 25 条第 1 款规定,"劳动者有下列情形之一的,用人单位可以解除劳动合同:(一)在试用期间被证明不符合录用条件的"。《劳动合同法》第 39 条规定,劳动者有下列情形之一的,用人单位可以解除劳动合同,"在试用期间被证明不符合录用条件的"。用人单位以劳动者在试用期间被证明不符合录用条件为由单方解除劳动合同,不支付任何经济补偿。另外,建立工会的用人单位,解除劳动合同应先通知工会,最迟应在劳动者起诉前补正通知工会程序。所以,用人单位以此为由解除劳动合同,如果不想支付劳动者经济补偿,必须满足两个前提条件:一是证明劳动者不符合录用条件;二是符合一定的程序进行解除。

用人单位在人力资源管理中,必须先规范地设计录用条件。

(二)录用条件与其他标准的区别

1.录用条件与招聘条件

招聘条件是用人单位在招聘时选择劳动者的基本资格要求,录用条件是用人单位确定所要聘用的劳动者的最终条件,二者的概念是不同的。招聘条件可以相对简单,以吸引更多的求职者到用人单位面试;录用条件则应尽量严密、完善,并主要注重对能力的考核,更具有可操作性。

招聘条件不应当代替录用条件,在发生纠纷时,如果用人单位没有录用条件,裁判机关就会把招聘条件视为录用条件。这样,对用人单位是非常不利的。

2.录用条件与绩效考核标准

绩效考核管理是一个综合性的系统工程,一般是用人单位对员工的长期考核指标,它与录用条件的意义完全不同。录用条件是用人单位在相对较短的周期内对所要聘用的劳动者进行综合能力考核的条件。业绩目标考核可以是录用条件的一部分,但不能以业绩目标考核标准代替录用条件。否则,在发生纠纷时,容易造成绩效考核与录用条件混淆,使用人单位面临不利后果。

3.不符合录用条件与不能胜任工作

两者适用的法条不同,《劳动合同法》第 39 条第 1 款规定,劳动者在试用期被证明不符合录用条件的,用人单位可以解除劳动合同。该法第 40 条第 2 款规定,劳动者不能胜任工作,经过培训或者调整工作岗位仍不能胜任工作的,用人单位提前 30 日以书面形式通知劳动者本人或者额外支付一个月的工资后,可以解除劳动合同。前者用的"录用条件",后者用的是"工作岗位"。

(三)对录用条件的规范设计

录用条件无固定格式,仅提供以下建议以便于把握:

(1)合理。录用条件是用人单位对应聘人员所提的最低要求,如果录用条件的设置不合理,应聘人员无法达到要求,则用人单位的目的也无法达到。

(2)具体明确。只有条件明确,用人单位在试用期对劳动者进行考察时才有依据。如明确销售人员的录用要求、技术工人优良产品率的要求。常用的录用条件有:年龄、学历、技术职称、外语或者计算机水平、工作履历,原劳动合同是否终止,是否存在竞业限制,是否受过刑事处罚,是否有不能从事本岗位工作的疾病,能否按时报到、按时签订书面劳动合同,身体状况、劳动技能等。

(3)合法。录用条件中不得有歧视性条款,包括性别歧视、民族歧视、地域歧视等。

(4)建立配套制度。在规章制度中对录用条件进行详细约定。如果把岗位职责等要求作为"录用条件",就必须完善单位的考核制度,明确界定符合岗位职责及不符合岗位职责的具体内容,有明确、可判断、可操作的标准。

(5)公示。"录用条件"应事先向劳动者公示,并保留相应的公示证据。公示方法包括:通过招聘广告来公示,并采取一定方式予以固定和保留;员工入职时,向其明示录用条件,并要求员工签字确认;劳动关系建立以前,在录用通知书中向员工明示录用条件,并要求其签字确认;在劳动合同中明确约定录用条件或不符合录用条件的情形。上述方法,用人单位 HR 可根据本单位的实际情况选择或结合使用。

(四)其他注意内容

用人单位招聘时为防止为以后的工作埋下法律风险,应当在录用条件设计上做好以下几方面工作:

1.应当对"录用条件"作出明确的界定

录用条件的设计一定要明确化、具体化,忌讳泛泛而谈,除了对所有员工的录用条件进行明确外,每个岗位都可以设计个性化的录用条件。千万不要用一刀切式的录用条件,比如身体健康。(什么标准是身体健康?)录用条件不能空泛化、抽象化,比如说符合岗位要求。(什么情况下算符合岗位要求?)而应该把岗位要求是什么,怎么衡量是否符合岗位要求固定下来。

2.要对"录用条件"事先公示

公示,简单说来就是要让员工知道用人单位的录用条件;从法律的角度来说,就是用人单位有证据证明员工知道了本单位的录用条件。公示方法有以下几种:

(1)通过招聘公告来公示,并采取一定方式予以固定,以保留证据。

(2)招聘员工时向其明示录用条件,并要求员工签字确认。

(3)劳动关系建立以前,通过发送聘用函的方式向员工明示录用条件,并要求其签字确认。

(4)在劳动合同中明确约定录用条件或不符合录用条件的情形。

(5)规章制度中对录用条件进行详细约定,并将该规章制度在劳动合同签订前进行公示,并将其作为劳动合同的附件。如果把岗位职责等要求作为"录用条件",还必须完善自己的考核制度,明确界定什么是符合岗位职责,什么是不符合要求,有一个可固化、可量化、可操作的标准。

四、知情权的行使和运用

(一)用人单位的知情权

用人单位对劳动者有知情权,即有权了解劳动者与劳动合同直接相关的基本情况,如劳动者的年龄、性别、学历、专业技术、工作经历、健康状况等。用人单位在招聘新员工时,若须了解员工的身体健康状况、工作经历、知识技能水平、证件情况等重要信息,则应聘者有义务将其真实情况告知给用人单位。如果应聘者提供的是虚假信息,则属于欺诈行为,《中华人民共和国劳动法》第18条规定,采取欺诈、威胁等手段订立的劳动合同无效。同时,需要注意的是,劳动者的告知义务是被动的、附条件的义务。用人单位只能了解劳动者与劳动合同直接相关的基本情况,如果无关则可以拒绝告知,且只有用人单位询问才予以告知,劳动者没有主动告知的义务。

相关案例

2004年11月14日,郑州航空工业管理学院参加原国家人事部举办的全国第六届高级人才洽谈会,刘某刚对该院谎称自己是北京大学在读博士生,声称自己将于2005年7月毕业,并提交了其编造的个人工作简历。在简历中,刘某刚称,其于1994年考入北京大学,1998年考取北京大学经济学专业(硕博连读)。研究生在读期间,曾先后任中国证监会基金部助理研究员、信息产业部电信规划院电信规划咨询师、北京大学经济学院教员、天津开发区管委会主任助理等职,主持过东风汽车与日产合资的改制和并购、上海浦东发展银行股份有限公司股权转让定价说明、中国电信企业的管理方案与投融资策略研究等13项活动,并有科研成果、论文等21项。郑州航空工业管理学院信以为真,即与刘某刚谈招聘事宜。该学院为能让刘某刚毕业后到其学院工作,决定被告人刘某刚毕业前即可上班。

2004年12月,刘某刚被当成高级人才招聘至该院工作。学院按博士待遇付给刘某刚4万元安家费,6000元工资,共计46000元,并分给其一套120平方米的住房。刘某刚上班后多次以自己是北京大学博士生,要进一步提高待遇为由,不断向学院提出需要配置电脑、打印机和科研启动资金等要求,郑州航空工业管理学院经向北京大学查询发现刘某刚未在北京大学攻读博士。2005年2月2日,刘某刚再次向该院提出上述待遇时被抓获。归案后,公安机关追回赃款40630元和分配给他的住房钥匙一套,已发还被害单位。

郑州市二七区法院认为,被告人刘某刚以非法占有为目的,采用虚构事实、隐瞒真相的方法,骗取公共钱财,数额巨大,其行为已构成诈骗罪。被告人刘某刚及其辩护人均认为刘某刚的行为不构成诈骗罪。经当庭查证,被告人刘某刚主观上具有骗取被害单位钱财的故意,客观上采用了虚构事实的方法,以虚假的"在读博士"身份,隐瞒真实情况,骗取公共钱财的行为,其行为符合诈骗罪的构成要件,且数额巨大,应当以诈骗罪追究其刑事责任。故被告人及其辩护人的意见、理由均不成立,法院不予采纳。法院遂依法作出上述判决。

劳动合同作为合同的一种,在订立过程中要遵循诚实信用原则。在合同订立过程中,一方当事人没有履行依据诚实信用原则所应负的义务,有故意隐瞒与订立合同有关的重要事实或者提供虚假情况的欺诈行为,而导致另一方当事人遭受一定的损失,在这种情况下,前者要承担相应的民事责任。在劳动者实施欺诈的情形下,用人单位可以直接发出解除劳动合同通知,如果劳动者有争议的,则由劳动者去申请劳动仲裁以确认劳动合同效力;如果劳动者自知理亏,没有争议,那么在用人单位发出解除通知之日即为双方劳动关系终止之日,用人单位仅需支付该日以前的劳动报酬即可,而无须支付劳动者经济补偿。如果骗取安家费、住房等财物,数额巨大的,可能像刘某刚一样要承担刑事责任。

要注意的是,并不是劳动者提供的所有不实信息都会导致合同无效,对于职工提供虚假信息,只有在员工提供的虚假个人信息严重影响到用人单位对其能力的判断并且规章制度有明文规定的情况下,才可以此为由解除劳动合同。具体包括但不限于:学历造假、曾经有过刑事或其他处罚记录、与原单位签订过竞业限制协议、可能存在影响反腐或其他合规要求的情况等。而有一些信息即使员工未如实提供,亦不可作为解除劳动合同的理由,包括但不限于:婚育情况、家庭成员的情况、朋友的情况、员工所患有的非传染性疾病及其他与劳动关系、个人工作能力或合规要求无关的个人信息等。

(二)员工的知情权

用人单位在与劳动者签订劳动合同时,应当依法告知劳动者相关内容,如劳动者的工作内容、工作条件、工作地点、职业危害、安全生产状况、劳动报酬,以及劳动者要求了解的其他情况等。即使劳动者不提出要求也得主动告知。同时,还应积极采取书面方式保存告知行为的证据。因此,用人单位在招聘员工时,应将用人单位所执行的薪资制度、应聘职位、薪资结构、劳动条件、工作内容、岗位职责等关键信息告知应聘者;在录用员工时,用人单位应将管理制度明确告知员工。应聘者有权要求用人单位提供上述信息,对于不知情的信息,在发生劳动争议时员工可通过法律途径主张权利。

用人单位对应聘人员承担主动告知、如实告知和及时告知义务,不履行这一法定义务,将影响到劳动合同的效力。《劳动合同法》第26条规定,隐瞒真实情况,诱使对方作出错误的判断而签订劳动合同,可以认定为欺诈,因欺诈手段使对方在违背真实意思的情况下而订立的劳动合同可认定为无效劳动合同。对劳动者知情权的轻视,还可能给用人单位带来很大的法律风险,甚至需要承担严重的法律责任。例如不向劳动者告知职业危害,《职业病防治法》规定要对用人单位处以2万至5万元的罚款。

在实践中,可以将告知内容作为劳动合同的条款,也可以单独制作成书面文件,要求员工签字认可已被告知。当然也可以口头告知,但一定要留有员工签名,承认用人单位已向其披露相关信息。若HR工作不规范,发生劳动争议时往往难以举证,致使用人单位败诉。因此在实践工作中,一定要注意留下书面证据。

相关案例

一家燃气公司发布招聘广告,称拟招收10名工人,且男女不限,招满为止,但没有说明从事的工种。王某前往应聘后,才得知公司仅仅招聘送气工,认为自己根本不能胜任,最终未能与之签订劳动合同,可她为应聘花费了车费等并导致误工,遂要求招聘方赔偿。招聘方表示拒绝,理由是王某系自己不愿就职而非公司不愿录用,由此导致的一切后果应当由王某承担。

《劳动合同法》第8条规定:"用人单位招用劳动者时,应当如实告知劳动者工作内容、工作条件及劳动者要求了解的其他情况;用人单位有权了解劳动者与劳动合同直接相关的基本情况,劳动者应当如实说明。"《就业服务与就业管理规定》第11条第2款也指出:"招用人员简章应当包括用人单位基本情况、招用人数、工作内容、社会保险等内容,以及法律、法规规定的其他内容。"本案中,燃气公司在广告中未说明工种,明显是对自身法定义务的违反。

（三）保存证据

知情权的行使必然会产生相应的权利与义务，且在实际操作中，责任划分的难度比较大。为减少用人单位与员工间因知情权所产生的争议，防范相应的法律风险，用人单位应树立证据保存意识。在招聘、录用员工的过程中，用人单位应积极采取书面方式保存告知行为的证据。例如，以书面方式告知应聘者信息，并要求对方签字确认；在审核应聘员工所提交的信息后，在录用环节，设计相应的承诺书，要求被录用者签署。

（四）防范员工可能带来与原单位有关的法律风险

用人单位应确定被录用者已解除与原单位的劳动关系。《劳动合同法》第 91 条规定，用人单位招用尚未解除劳动合同的劳动者，对原用人单位造成经济损失的，该用人单位应当依法承担连带赔偿责任。那么，用人单位在招聘员工时，就应注意防范这种法律风险。用人单位可根据所招聘职位的重要性来建立相关的审核程序，对于中高层管理人员、技术研发人员等重要职位，可要求员工提供其与原单位解除劳动合同的证明材料。在员工无法提供的情况下，用人单位可要求员工提供原单位的联系方式或证明人，以便进行工作背景调查。

对因员工进入本用人单位工作可能侵害原单位权益的法律风险予以防范。用人单位应认识到，若员工与原单位签订有相关法律文件，致使员工进入本用人单位工作构成违约，或员工使用其"原单位有关资源"（即员工在原单位工作时所掌握的技术材料、经营信息等商业秘密），而使本用人单位对员工原单位造成侵权，无论员工的行为出于善意还是恶意，本用人单位都可能要承担一定的责任。因此，用人单位应注意把关。人力资源部门在招聘、录用员工时，应询问拟录用员工是否与原单位签订有保密协议、竞业避止协议等法律文件，以及该员工在本用人单位工作是否违反了相关协议，必要时可制作相关确认文件。

相关案例

张某系迅飞科技公司的研究人员，掌握着公司很多的机密信息，张某认为公司支付的工资不高，便在没有与迅飞科技公司解除劳动关系的情况下背着公司下班后在另一家科技公司即元盛科技公司兼职工作（元盛科技公司并未审查张某是否与其他用人单位存在劳动关系），张某利用手中掌握的迅飞科技公司的机密信息,使元盛科技公司的营业额大幅增加。最后迅飞科技公司起诉张某和元盛科技公司,要求其承担赔偿责任。

在商业竞争日趋激烈的今天,优秀的员工越来越成为用人单位维持生存、保持竞争优势的关键所在。这些员工在其他单位任职期间所获知的劳动技能、客户资源甚至商业、技术秘密都成为一种重要的资源,因此,恶意挖人成为一些用人单位提升竞争力的一种捷径。因此,劳动者在一家用人单位订立劳动合同的同时,又利用下班时间兼职,如该案例中,因为张某的泄密致使本该属于迅飞科技公司的很多机密信息被元盛科技公司所得,元盛科技公司对张某也没有尽到应尽的注意和审查义务。因此之盛科技公司应当与张某对迅飞科技公司承担连带赔偿责任。

第二章　入职管理

....

一、入职前的风险审查

(一)审查的主要内容

1.审查入职者年龄

入职者的年龄直接关系到双方劳动关系是否成立及用人单位承担因使用童工而被劳动行政部门处以罚款等风险。《劳动法》《未成年人保护法》都规定了用人单位不能非法招录未满16周岁的劳动者,否则,构成违法用工。因此,HR在招聘时,应要求应聘者提供身份证明以便核实应聘者年龄。同时,如果入职者超过法定退休年龄,根据《劳动合同法》《劳动合同法实施条例》的有关规定,其与用人单位构建的是劳务关系而不是劳动关系。

2.审查入职者身份是否真实

实践中经常发生劳动者借用他人身份证入职的情形,这将给用人单位带来以下两个方面的法律风险:一是若该员工有违法违纪行为而离职,用人单位无法通过其虚假身份追究其法律责任;二是若发生工伤,社保中心可拒绝赔付工伤赔偿款,导致用人单位承担因审查不严造成的工伤赔偿法律风险。

3.审查入职者健康状况

若员工入职后身体状况不佳,须住院治疗或根据医嘱病休,职工在医疗期未满之前,用人单位解除劳动合同的权利受到限制,且用人单位仍需支付医疗期工资,这不仅给用人单位造成相关工作停滞,而且给用人单位造成支付医疗期工资的损失。

4.审查入职者的履历及相关资格是否真实

入职者履历及相关资格是用人单位认可员工工作能力的初步证据,用人单位应予以重视,且有造假情形员工存在严重诚信问题,应及时剔除。

5.审查入职者与原单位之间的劳动关系是否解除或终止

《最高人民法院关于审理劳动争议案件适用法律若干问题的解释(一)》第17条规定:"用人单位招用尚未解除劳动合同的劳动者,原用人单位与劳动者发生的劳动争议,可以列新的用人单位为第三人。原用人单位以新的用人单位侵权为由提起诉讼的,可以列劳动者为第三人。原用人单位以新的用人单位和劳动者共同侵权为由提起诉讼的,新的用人单位和劳动者列为共同被告。"《劳动合同法》第91条规定,用人单位招用与其他单位尚未解除或终止劳动合同的劳动者,给其他用人单位造成损失的,应当承担连带赔偿责任。可见,如果用人单位未严格审查应聘者是否与其他用人单位解除或终止劳动合同,将有可能陷入诉讼并承担相应的法律责任。

6.审查入职者是否与原单位有竞业限制约定

新用人单位使用与原用人单位存在竞业限制的员工,可能使新用人单位从原用人单位的商业秘密中受益,从而导致承担连带赔偿责任。

(二)入职风险审查的具体做法

(1)入职前,应当核查确认应聘者资料的真实性和准确性,避免出现虚假信息。《劳动法》《劳动合同法》等法律、法规都规定了用人单位在签订劳动合同时的知情权。如果劳动者在签订劳动合同时存在欺诈行为,用人单位可以与其解除劳动合同,但这会增加用工失败的成本。

(2)以电子版形式发放录用通知书,并要求应聘者回复确认,以便备案核查。内容包括部门、职位、薪酬、福利、入职时间、入职当天须提交资料清单等。

(3)要求入职者提前做好体检。用人单位对劳动者的身体状况有知情权,如果员工有潜在的疾病或是职业病,将会给用人单位带来巨大的风险和成本。但用人单位也须注意不能滥用此项权利。

(4)入职提交的资料需要职工签署确认其真实性,尤其是银行卡,要求职工在复印件上抄下卡号并签名确认，以避免日后出现纠纷。

（5）原单位离职证明必须提交，以确保员工已经与其他单位解除劳动关系。应要求其提供与前用人单位解除或终止劳动合同的证明，并保留原件。如尚未解除或终止劳动合同的，要求其出具原用人单位同意该职工兼职的书面证明。同时，用人单位应要求劳动者承诺其未承担竞业限制义务，保留劳动者承诺的纸质文件，并向原用人单位进行核实，以免发生不可预测的诉讼风险。

（6）发放员工手册要求职工签署确认，并避免日后职工出现违规行为时借口不清晰公司规章制度。

（7）及时签署劳动合同及保密协议。

二、试用期的合法约定

（一）关于试用期的法律法规

《劳动合同法》规定对试用期有下列规定：

（1）劳动合同期限 3 个月以上不满 1 年的，试用期不得超过 1 个月。

（2）劳动合同期限 1 年以上不满 3 年的，试用期不得超过 2 个月。

（3）3 年以上固定期限和无固定期限的劳动合同，试用期不得超过 6 个月。

（4）同一用人单位与同一劳动者只能约定一次试用期。

（5）以完成一定工作任务为期限的劳动合同或者劳动合同期限不满 3 个月的，不得约定试用期。

（6）试用期包含在劳动合同期限内。劳动合同仅约定试用期的，试用期不成立，该期限为劳动合同期限。

（7）劳动者在试用期的工资不得低于本单位相同岗位最低档工资或者劳动合同约定工资的 80%，并不得低于用人单位所在地的最低工资标准。

（8）在试用期中，除劳动者有本法第 39 条和第 40 条第 1 项、第 2 项规定的情形外，用人单位不得解除劳动合同。用人单位在试用期解除劳动合同的，应当向劳动者说明理由。

(二)试用期约定中的注意事项

试用期是指包括在期限内,劳动关系还处于非正式状态,用人单位对劳动者是否合格进行考核,劳动者对用人单位是否符合自己要求也进行考核的期限,这是一种双方双向选择的表现。那么在劳动合同中,试用期要注意哪些事项呢?

1.以完成一定工作任务为期限的劳动合同,不得约定试用期

《劳动合同法》规定了三种类型的劳动合同:固定期限劳动合同、无固定期限劳动合同和以完成一定工作任务为期限的劳动合同。在《劳动合同法》生效施行以前,由于当时的法律尚未就以完成一定工作任务为期限的劳动合同可否约定试用期的问题作出明确规定。2008年1月1日起生效的《劳动合同法》第19条明确规定了以完成一定工作任务为期限的劳动合同不得约定试用期。故用人单位在与劳动者签订以完成一定工作任务为期限的劳动合同时,要注意这一点,避免作出无效的试用期约定。

2.不能重复约定试用期的适用

《劳动合同法》施行以前,试用期可以适用于初次就业或再次就业时改变工作岗位或工种的劳动者。这样,同一用人单位就有可能与同一劳动者约定两次或两次以上的试用期。《劳动合同法》施行以后,由于明确规定了"同一用人单位与同一劳动者只能约定一次试用期",因此,用人单位与同一劳动者有且只有一次约定试用期的机会,纵然劳动者的工作岗位或工种发生变化,或者劳动者离职后重新入职,都不得再约定试用期。

3.试用期不得单独约定,试用期限的存在以劳动合同期限的存在为前提,且受到劳动合同期限长短的制约

实践中,很多用人单位往往只与劳动者单独约定几个月不等的试用期,而未与劳动者明确劳动合同的期限,殊不知,这种做法是违反法律规定的。劳动部在《关于贯彻执行中华人民共和国若干问题的意见》第18条规定,劳动者被用人单位录用后,双方可以在劳动合同中约定试用期,试用期应包括在劳动合同期限内。《劳动合同法》第19条第4款规定:试用期包含在劳动合同期限内。根据上述规定,可知试用期的存在以劳动合同期限的存在为前提,没有劳动合同的期限也就无所谓试用期。且试用期的长短也和劳动合同期限的长短密切相关。

4.试用期工资的约定

《劳动合同法》生效前,《劳动法》对试用期的规定非常严格,所以,长期以来,用人单位往往利用试用期的"模糊规定"损害劳动者的合法权益,其中较为普遍的就是试用期的工资问题。实践中,试用期往往成为"白干期"或"廉价期"。为了保护劳动者的合法权益,《劳动合同法》第20条规定:劳动者在试用期的工资不得低于本单位相同岗位最低档工资或者劳动合同约定工资的80%,并不得低于用人单位所在地的最低工资标准。该规定体现了三个"不低于"原则:一是不得低于用人单位所在地的最低工资标准,这是试用期工资的最低线;二是不得低于本单位相同岗位最低档工资;三是不得低于劳动合同约定工资的80%。这三个"不低于"必须同时满足,其中,金额有高低差距的,则要取其最高。比如,某用人单位所在地的最低工资标准为680元,本用人单位相同岗位最低档工资标准为1000元,与员工甲签订的劳动合同中约定的工资标准为1500元(其80%为1200元),则该用人单位与甲约定的试用期内的工资不得低于1200元。

5.试用期内的社会保险缴纳问题

约定试用期内不为员工缴纳社会保险的做法是实践中很多用人单位的习惯性做法,劳动者由于法律知识的缺乏,也常常错误地认为试用期内用人单位可以不缴纳社会保险费,从而导致自己的合法权益受到损害。《劳动法》第73条规定:"劳动者在下列情形下,依法享受社会保险待遇:(一)退休;(二)患病;(三)因工伤残或者患病;(四)失业;(五)生育。"《社会保险费征缴暂行条例》第3条规定,基本养老保险费的征缴范围:国有用人单位、城镇集体用人单位、外商投资用人单位、城镇私营用人单位和其他城镇用人单位及其职工,实行用人单位化管理的事业单位及其职工;基本医疗保险费的征缴范围:国有用人单位、城镇集体用人单位、外商投资用人单位、城镇私营用人单位和其他城镇用人单位及其职工,国家机关及其工作人员,事业单位及其职工,民办非用人单位及其职工,社会团体及其专职人员;失业保险费的征缴范围:国有用人单位、城镇集体用人单位、外商投资用人单位、城镇私营用人单位和其他城镇用人单位及其职工,事业单位及其职工。

三、劳动合同的内容设计及风险预防

(一)劳动合同条款

根据《劳动合同法》规定,劳动合同条款可以分为三部分:必备条款、可备条款和禁止条款。

1.必备条款

必备条款的含义就是合同中必须具备的条款,如果缺少其中之一,这个合同将被视为无效合同。用人单位提供的劳动合同文本未载明本法规定的劳动合同必备条款或者用人单位未将劳动合同文本交付劳动者的,由劳动行政部门责令改正;给劳动者造成损害的,应当承担赔偿责任。《劳动合同法》第17条规定劳动合同必须具备以下条款:

第一,用人单位的名称、住所、法定代表人或者是主要负责人的姓名。

第二,劳动者的姓名还有住址,居民身份证或者其他有效身份证件号码。

第三,劳动合同的期限。合同期限主要分为固定期限、无固定期限以及完成一定工作任务为期限。如果是临时性工作的人,劳动合同中必须得明确。如果没有明确期限应该视为无固定期限。不论签一年、两年或三年,都必须有起止日期。

第四,工作内容和工作地点。工作内容应该体现在劳动合同中,比如从事的岗位,具体负责内容。工作地点也很重要,劳动合同中必须规定劳动地点,否则很容易产生纠纷。比如,合同中约定了工作地点在北京,有一天单位要把员工调到深圳,员工可以不接受,因为合同中已经约定好工作地点,用人单位单方面变更了员工的工作地点属于用人单位违约。

第五,工作时间还有休息休假。我国目前主要有三种工作时间制度:一是标准工作时间制度,即每天工作8小时,平均每周工作不超过44小时,并保证劳动者每周至少休息1日;二是不定时工作时间制度,即没有固定工作时间限制,原则保证劳动者每周至少休息1日;三是综合计算工作时间制度,即以月、季、年等为周期,综合计算工作时间,但其平均日工作时间和平均周工作时间应与法定标准工作时间基本相同。用人单位除执行标准工作时间制度外,其他工作时间制度均需要报劳动保障部门审批,没有审批的视为无效。

第六，劳动报酬。这对于每个劳动者都是非常重要的，也是其比较关心的，劳动报酬应该明确地写在劳动合同中，而且也需要明确加班费的计算基数、奖金、津贴、补贴的数额以及支付时间、支付方式等。

第七，社会保险。国家规定用人单位必须为员工缴纳社会保险，即我们通常说的五险，包括养老保险、失业保险、医疗保险、工伤保险、生育保险。

第八，劳动保护、劳动条件和职业危害防护。劳动保护，从事普通工作不显得十分重要，但是有些特殊行业，比如有毒有害、高温高压，以及从事机械类的、海上作业、航空等比较危险的职业。

第九，法律、法规规定的应当纳入劳动合同的其他事项。

2.可备条款

劳动合同中的可备条款是指除法定必备条款外，劳动合同双方当事人可以协商约定，也可以不约定的条款。是否约定，由当事人确定。约定条款的缺少，并不影响劳动合同的成立。虽然约定哪些条款由双方当事人决定，但国家对约定条款的内容有强制性、禁止性规定的，仍应当遵守。约定条款不得违反法律、法规的规定。具体包括试用期条款、服务期条款、保密条款、竞业限制条款、违约金条款等。

（1）试用期条款。试用期是劳动者和用人单位为相互了解、选择而专门约定的考察期。试用期满，被试用者即成为正式职工。

（2）服务期条款。它是指因用人单位为劳动者提供专业技术培训，双方约定的劳动者为用人单位必须服务的期间。前提是用人单位为劳动者提供专项培训费用，对其进行专业技术培训的，才可以与该劳动者订立协议约定服务期。

（3）保密条款。商业秘密是指不为公众所知悉，能为权利人带来经济利益，具有实用性并经权利人采取保密措施的技术信息和经营信息。用人单位与劳动者可以在劳动合同中约定保守用人单位的商业秘密和与知识产权相关的保密事项，约定保守商业秘密条款的目的在于保护用人单位的知识产权。双方当事人可以就商业秘密的范围、保密期限、保密措施、保密义务及违约责任和赔偿责任等进行约定。劳动者因违反约定保密事项给用人单位造成损失的，应承担赔偿责任。

（4）竞业限制条款。双方当事人在劳动合同中约定的劳动者在劳动关系存续期间或在解除、终止劳动合同后的一定期限内不得到与本单位生产或者经营同类产品、从事同类业务的有竞争关系的其他用人单位,或者自己开业生产或者经营同类产品、从事同类业务。

(5)违约金条款。它是用人单位与劳动者在劳动合同中约定的不履行或不完全履行劳动合同约定义务时,由违约方支付给对方的一定金额的货币。

3.禁止约定的条款

具体包括歧视条款、生死条款、保证金条款(押金条款)。

(二)劳动合同类型的选择

根据《劳动合同法》第 12 条的规定,劳动合同的种类分为三种,即固定期限劳动合同、无固定期限劳动合同、以完成一定工作任务为期限的劳动合同。用人单位与劳动者签订劳动合同时,最关键的是劳动合同种类的选择,因为在新的法律背景下,三类劳动合同的法律要求不一样,对用人单位来说,三类劳动合同的用工成本和用工风险也是不同的。因此,用人单位需要详细了解三类劳动合同的特点,在实际运用中结合本单位岗位的具体情况,确定劳动合同的种类。

1.固定期限劳动合同的利弊分析

固定期限劳动合同,是指劳动合同当事人双方所签订的劳动合同,规定了具体明确的起始和终止时间。《劳动合同法》第 13 条规定,固定期限劳动合同是指用人单位与劳动者约定合同终止时间的劳动合同。劳动合同期满,劳动关系即告终止,经双方协商同意,可以续订劳动合同。固定期限劳动合同的期限长短完全由双方协商确定。但是,《劳动部关于贯彻执行劳动法若干法律问题的意见》(劳部发〔1995〕309 号)规定,从事矿山井下以及在其他有害身体健康的工种、岗位工作的农民工,实行定期轮换制度,合同期限最长不超过 8 年。因此,上述工种、岗位的劳动合同的期限有最长限制,并不能由双方协商确定。

(1)固定期限劳动合同的有利之处

有利于发挥用工自主权。固定期限劳动合同的最大优点是到期终止,即固定期限劳动合同期满,用人单位可以选择续签劳动合同,也可以选择终止劳动合同。由此可见,固定期限劳动合同既能保持劳动关系相对稳定,又能促使劳动力合理流动,有利于用人单位发挥用工自主权。

具有激励作用。由于固定期限劳动合同续签的不确定性,用人单位续签劳动合同的对象肯定是绩效比较好的员工。因此劳动者为获得续签的机会,会积极工作,提高工作效率,从而可以对员工起到约束与激励作用。

适用范围比较广。与其他两类合同相比,固定期限劳动合同适用范围广,无论何种用人单位、何种岗位、何种类型的劳动者,均可以使用固定期限劳动合同。

(2)固定期限劳动合同的不利之处

期满终止可能支付成本。根据《劳动合同法》第 46 条的规定,除用人单位维持或者提高劳动合同约定的条件续订劳动合同,劳动者不同意续订的情形外,固定期限劳动合同期满终止,用人单位应当向劳动者支付经济补偿金。

签订次数有限制。根据《劳动合同法》第 14 条的规定,连续订立两次固定期限劳动合同,且劳动者没有本法第 39 条和第 40 条第 1 项、第 2 项规定的情形,劳动者提出或者同意续订、签订劳动合同的,除劳动者提出订立固定期限劳动合同外,应当订立无固定期限劳动合同。因此,固定期限劳动合同存在次数限制的问题,即两次之后可能面临劳动者提出签订无固定期限劳动合同的要求。

2.无固定期限劳动合同的利弊分析

《劳动合同法》第 14 条规定,无固定期限劳动合同,是指用人单位与劳动者约定无确定终止时间的劳动合同。无固定期限劳动合同,虽没有终止日期,但应当明确劳动合同的开始期限。简言之,无固定期限劳动合同,只能约定开始时间,不能约定终止时间。

劳动合同与先前的法律相比,有很大的区别,其立法目的就是鼓励用人单位与劳动者订立无固定期限的劳动合同。有下列情形之一,劳动者提出或同意续订、订立劳动合同的,除劳动者提出订立固定期限劳动合同外,应当订立无固定期限劳动合同:①劳动者在用人单位连续工作满 10 年的。②用人单位初次实行劳动合同制度或者国有用人单位改制重新订立劳动合同时,劳动者在该用人单位连续工作满 10 年且距离法定退休年龄不足 10 年的。③连续订立两次固定期限劳动合同,且劳动者没有本法第 39 条和第 40 条第 1 项、第 2 项规定的情形,续订劳动合同的。在劳动合同法模式下,只要法律规定的条件成立,签订无固定期限劳动合同的主动权在劳动者。

（1）无固定期限劳动合同的有利之处

无固定期限劳动合同的有利之处主要体现在以下几个方面：无固定期限劳动合同可以使劳动者获得职业稳定感，利于在本单位本职工作中积累经验、提高工作的熟练程度，从而有利于提高用人单位的效率；对用人单位而言，可以保持岗位及团队稳定性，减少员工频繁流动带来的影响，可以节约经济补偿金。从法律规定来看，无固定期限劳动合同的劳动者达到退休年龄导致劳动合同的终止，不需要支付经济补偿金，可以节约用工成本。可以减轻合同管理的负担。无固定期限合同不存在续签的问题，可以减轻劳动合同管理的负担。

（2）无固定期限劳动合同的不利之处

员工容易滋生懒惰心理，从而隐性成本提高。劳动者的医疗期、病假工资、经济补偿金等都与劳动者的工作年限挂钩，无固定期限劳动合同的隐性成本高。

用工机制受限。无固定期限劳动合同没有确定的终止时间，用人单位的用工自主权受到影响。

3.以完成一定工作任务为期限的劳动合同的利弊分析

《劳动合同法》第 15 条规定，以完成一定工作任务为期限的劳动合同，是指用人单位与劳动者约定以某项工作完成为合同期限的劳动合同。

（1）以完成一定工作任务为期限的劳动合同的有利之处

终止的期限。劳动合同的期限以完成某一特定的工作为标准，工作完成，劳动合同终止。

次数不受限制。连续订立两次或者更多以完成一定工作任务为期限的劳动合同，不存在成立无固定期限劳动合同的风险。

（2）以完成一定工作任务为期限的劳动合同的不利之处

使用范围窄。以完成一定任务为期限的劳动合同因临时工作需要录用职工而订立的合同，往往以计件、计时形式发放工资。因此，以完成一定工作任务为期限的劳动合同，一般适用于临时性、季节性用工或者以项目工程形式经营的用人单位。

无法约定试用期。《劳动合同法》第 9 条规定，以完成一定工作任务为期限的劳动合同不得约定试用期。

终止有成本。以完成一定工作任务为期限的劳动合同，终止时，用人单位需要支付经济补偿金。

(三)用人单位签订劳动合同的建议

1.合同类型的选择

一是固定期限劳动合同期限的选择。对于新员工,通常可以先与其签订1～3年的固定期限劳动合同。而对于一些具有丰富工作经验或担任管理职位的老员工,则签订5～7年或更长期的劳动合同期限。

二是无固定期限劳动合同的管理。用人单位应该注重完善用人单位的绩效考核,防止部分员工在签订无固定期限劳动合同后丧失竞争意识。通过设置科学、有效的绩效考核制度和不胜任管理办法,对于考核不合格的员工可以调岗调薪,对于屡次考核都不能达到公司要求的,经过法定程序,用人单位甚至可以解除劳动合同。

2.合同内容的设计

关于工资、工时等有关内容的设计参照本书其他部分内容,在此不赘述。

第三章　在职管理

一、用人单位规章制度管理

(一)用人单位规章制度的制定

最高人民法院《关于审理劳动争议案件适用法律若干问题的解释(一)》第 50 条规定,用人单位根据《劳动合同法》第 4 条规定,通过民主程序制定的规章制度,不违反国家法律、行政法规及政策规定,并已向劳动者公示的,可以作为确定双方权利义务的依据。具体而言,用人单位劳动规章应具备下列要件才具有法律认可的约束效力:

1.制定主体

通常来讲,发布规章制度的主体应当是与劳动者签订劳动合同的主体,即用人单位。

2.程序合法

依据我国相关劳动法律法规的规定,用人单位的劳动规章制度必须通过法定的程序,才能产生约束效力。具体来讲,必须要求制定程序和公示程序合法有效。

第一,用人单位劳动规章的制定需要经过劳动者民主参与。《劳动合同法》第 4 条规定:用人单位在制定、修改或者决定有关劳动报酬、工作时间、休息休假、劳动安全卫生、保险福利、职工培训、劳动纪律以及劳动定额管理等直接涉及劳动者切身利益的规章制度或者重大事项时,应当经职工代表大会或者全体职工讨论,提出方案和意见,与工会或者职工代表平等协商确定。这就要求用人单位制定规章制度,除了主体适格外,必须经过职工代表大会或者全体职工讨论、研究、协商确定的合法民主程序,才能成为对劳动者有约束力的规章制度,民主性是劳动规章制度所应具有的一项基础性原则。

第二,用人单位劳动规章的制定需要对劳动者公示。《劳动合同法》第4条规定,用人单位应当将直接涉及劳动者切身利益的规章制度和重大事项决定公示,或者告知劳动者。用人单位的规章制度既然对全体劳动者都有约束力,就应当为全体劳动者所知。因此,用人单位对其制定的劳动规章应尽公示或告知义务,用人单位未尽公示或告知义务的,劳动规章对相关劳动者不发生效力。

另外,需要特别注意以下几点:①对于新入职的员工,应当通过告知劳动规章内容、发放或者送达劳动规章制度文本等手续履行法定的告知程序,否则不应认可其对劳动者的约束效力;②用人单位的规章制度有涉及劳动者切身利益的修改、变动时,应当依法履行法定的制定程序和公示告知程序。

在劳动争议案件中,劳动规章制度效力认定的举证责任往往在用人单位一方,因此单位应当保存好相关劳动规章制度履行制定、公示或告知程序的证据材料,以减少在诉讼中不必要的损失。

3.内容合法、合理

用人单位通过民主程序制定的规章制度,不违反国家法律、行政法规及政策规定的,可以作为人民法院审理劳动争议案件的依据。如何理解用人单位劳动规章制度应当遵循国家法律、行政法规及政策规定的内涵呢?

首先,用人单位劳动规章制度不得有侵犯为国家宪法、法律所保护的公民基本权利的内容。如有的用人单位规章制度规定女性职工在进入本单位之日起3年内不得生育,否则单位将解除双方劳动合同;也有单位规定劳动者进入单位后,一定时间内不准考研、不准辞职,否则单位将有解除双方劳动合同的权利或在经济上进行相关处罚的权利等。这种规定就侵犯了国家宪法和法律保护的公民的生育权、教育权、劳动权等基本权利,属于无效的劳动规章,在司法实践中应当不予认可其效力。

其次,用人单位劳动规章制度不得有违反相关法律、行政法规规定的内容。如在实践中常见的用人单位在规章制度中规定"末位淘汰制",并以此作为解除与劳动者劳动合同的条件。由于劳动合同法并未将"末位淘汰"作为劳动合同终止的条件,而且劳动合同法实施条例也规定用人单位与劳动者不得在《劳动合同法》第44条规定的劳动合同终止情形之外约定其他的劳动合同终止条件,因此用人单位终止劳动合同只能依据《劳动合同法》第四章列举的情形,而不能再以其他事由解除双方劳动合同。以"末位淘汰制"解除双方劳动关系的规章制度违反劳动合同法规定,在司法实践中不应当认可其效力。

最后,用人单位劳动规章制度应当遵循社会政策、公序良俗的原则。用人单位的劳动规章制度不仅要遵守宪法、法律的规定,保障劳动者法定的权利,而且要遵循社会政策和公序良俗的原则,如有的单位因为劳动者在上班期间打瞌睡,就以劳动者严重违反单位劳动规章制度为由解除与劳动者的劳动关系。此种情况下,即使用人单位的规章制度制定主体、制定程序合法,但是该规章制度以员工偶尔迟到、早退、上班睡觉等内容作为严重违反规章制度,并作为解除双方劳动合同的依据,明显有失公平,在司法实践中对其效力应当不予认定。

另外,用人单位在制定规章制度时,还应当避免以下几个误区:

①劳动规章制度内容极其不明确。司法实践中,不少用人单位在制定劳动规章制度时内容极其简单,有的只是引用了几个法条作为单位的劳动规章制度。如在劳动规章制度中规定劳动者不得违反劳动纪律,而对劳动纪律却没有任何规定。但当老板对某个劳动者不满时,劳动者行为稍微失偏,用人单位即以严重违反规章制度为由解除劳动关系。劳动规章制度的重要功能在于使得用人单位与劳动者共同遵守一套明确、规范的行为标准,双方都有矩可循,保护双方的权利义务,也有助于实现用人单位运作的制度化、规范化和高效化。没有规章制度的"规章制度",看似不会"违法",但赋予了用人单位过大的解释余地,为用人单位恣意指挥命令留出了广阔空间,无疑会严重损害劳动者利益。但在司法审判中,这种"节约型"的劳动规章制度即使制定的主体、程序合法,因内容上不明确,依据该"规章制度"作出的处理决定,很难得到司法者的认可。

②滥用劳动规章制度制定契机,因人设章。劳动规章制度是针对用人单位管理而非针对某个人制定的,其一项重要功能在于实现用人单位运作的制度化、规范化和高效化。司法实践中有些用人单位将劳动规章制度条

款作为一种方便"管理"的手段,制定规章制度针对具体个人或具体情形,以规范管理之名行恣意滥权之实。甚至有用人单位在劳动争议已然发生之后,再"专门"制定规章制度,侵害劳动者权益。

③劳动规章制度条款违背诚信原则。有些用人单位在劳动规章制度中违反诚信原则,减少用人单位责任,加重劳动者责任,限制劳动者权利。如有的单位规定劳动者应接受任意调职,否则单位有权解除劳动合同;有的用人单位限制不利于劳动者的请假规则、工作时间计算规则,赋予用人单位单方决定权等,一旦被法院认为显失公平,依据该规章制度所作出的处理也不会被法院认可。

④《最高人民法院关于审理劳动争议案件适用法律若干问题的解释(一)》第50条规定:"用人单位制定的内部规章制度与集体合同或者劳动合同约定的内容不一致,劳动者请求优先适用合同约定的,人民法院应予支持。"可见,当规章制度与劳动合同、集体合同的规定或约定发生冲突时,司法上是遵从劳动者的选择,优先适用有利于劳动者的规定或者约定。所以,制定的规章制度一定不要与劳动合同相冲突。同时,根据这一规定,我们完全可以理解,规章制度也可以作为劳动合同的附件。因此,为有效避免冲突,可以在劳动合同中约定,把规章制度作为劳动合同的附件。

(二)相关内容的制定规则

1.员工手册的制定

(1)规范的用人单位规章制度一般汇编在员工手册里。员工手册,既是用人单位规章制度的汇编,又是用人单位员工培训的教材,反映的是用人单位形象、用人单位文化,是用人单位所有员工的行为准则。

(2)员工手册的内容、结构。员工手册没有固定的格式,也没有法定的内容,通常是根据每个用人单位的实际情况以及管理需求而定,但一般包括如下框架和内容:分总则、用人单位管理制度、附则三大部分。总则部分内容包括编制员工手册的目的、规章制度的适用范围、某些用语的定义、用人单位简介、用人单位组织结构、经营宗旨、经营目标、用人单位精神等。管理制度内容包括招聘制度、劳动合同制度、工资支付制度、保险福利制度、工时休假制度、劳动安全卫生制度、考勤制度、劳动纪律制度、奖惩制度、绩效考核制度、教育培训制度、保密与竞业限制制度、后勤管理制度、申诉对话制度等。附则内容包括员工手册和规章制度的制定程序、公示程序、修订与解释权、员工查询权及修改建议权、施行时间等内容。

（3）员工手册制定须坚持合法、合理、实用、全面四原则。所谓合法原则，是指规章制度内容合法、程序合法；所谓合理原则，是指规章制度符合事物的自然规律和普遍需求，非常人性化；所谓实用原则，是指规章制度符合用人单位实际，具有可操作性；所谓全面原则，是指规章制度必须能够覆盖用人单位的方方面面，不能留有死角。

（4）撰写技巧。撰写用人单位员工手册时，必须紧密联系用人单位的管理现状、发展目标以及用人单位自身特点，把用人单位各方面需要规范管理的事项制定出相关制度。当然，员工手册是逐渐丰富完善的，不可能一蹴而就，所以好的员工手册，是用人单位发展的历史见证，也是用人单位规范管理的工具书。

2.工资支付制度的制定

（1）工资制度主要内容。工资支付制度包括如下事项：工资的分配形式、项目、标准及其确定、调整办法；工资支付的周期和日期；加班、延长工作时间和特殊情况下的工资及支付办法；工资的代扣、代缴及扣除事项；其他有关事项。

（2）工资制度制定原则。工资制度是员工手册的组成部分，因此在坚持员工手册制定原则的基础上，要体现工资的特殊管理效能。因此，在贯彻国家及时足额、货币支付法定原则的同时，一定要体现奖勤罚懒原则，即工资制度必须有一定灵活性，使不同岗位、不同级别、不同工作效率的员工具有完全不同的工资收入。

（3）工资制度制定注意事项。理想的工资制度，应当是固定工资标准不定得太高，尽量设立绩效工资，并明确工资增减的条件和时间，从而通过工资这一核心手段建立起竞争性的、公平的劳动管理机制。

需要注意的是，工资的分配形式包括固定工资、计时工资、计件工资、提成工资、绩效工资、奖金等形式；工资项目包括基本工资、岗位工资、工龄工资、各种津贴和补贴、奖金、加班工资等。撰写工资制度时要尽可能地将这些内容均包含进去。当然，不同的岗位，工资分配方式也不一样，尤其需要对不同岗位建立不同的工资制度。

3.奖惩制度的制定

（1）用人单位奖惩制度一般包括以下内容：总则（目的、原则和适用范围等);奖励种类(表扬、记功、升职加薪、发放奖金等)、条件和程序;处罚种类(警告、记过、罚款、降职降薪、辞退等)、情形和程序。

(2)制定原则。在员工手册制定原则的前提下,奖惩制度的制定必须坚持好一个原则,即公平原则,在制度面前人人平等,同样的行为只能有同样的处理结果。

(3)撰写技巧和注意事项。奖惩制度在制定时一定要紧密结合用人单位的实际情况,具有可操作性,同时要注意内容上要与其他有奖惩规章制度相协调,不能冲突矛盾。

4.考勤制度的制定

考勤是记录员工出勤情况,计算员工工资的重要依据。在有关工资支付、休息休假等劳动争议处理中,考勤记录是用人单位掌握管理的证据之一,如果用人单位不提供考勤记录,将承担不利后果。考勤制度是用人单位劳动规章制度中最为重要的制度之一。

(1)考勤制度框架和内容。考勤制度一般包括以下内容:总则(目的、适用范围等内容);工作时间和休息休假(工作时间及休息休假安排);考勤管理(包括打卡规范及违规处理等内容);加班管理(加班原则、加班申请与审批等内容);请假制度(请假手续、批假权限等内容);附则(制度的制定、修改、公示、解释和施行时间等内容)。

(2)制定原则。考勤制度制定时一定要在合理原则上下功夫,具体是,要注意工作时间和节奏的掌握,要注意劳逸结合。

(3)撰写注意事项。要紧密结合用人单位的实际情况制定,尽量做到无论是管理人员还是普通员工都要记录考勤,并且每月考勤都要员工签名确认。

二、用人单位工时制度管理

(一)工作时间的界定

工作时间,又称劳动时间,是指根据法律规定,劳动者为完成劳动义务,在一昼夜之内或一周之内从事劳动或工作的时间限度。工作时间一般以小时为计算单位,包括每天工作的小时数和每周工作的天数和小时数。每天工作的小时数称为工作日,每周工作的天数称为工作周。工作时间的主要表现形式是工作日。

工作时间的种类,一般分为工作周和工作日。

1.工作周

工作周是指法律规定的劳动者在一周(7 天)内从事劳动和工作的时间。工作周以日历为计算单位,一年内有 52 个工作周。

关于工作周的规定,一般认为起源于宗教。例如在《圣经》中,上帝教诲道:"你们要守安息日,把它看作神圣的一天。六天之内,你们要工作谋生,但到了第七天,你们就什么也不可做,唯独要向上帝守安息日。"可见,在《圣经》中,安息日并不等于休息日。现在意义上的工作周制度主要与劳动者休息权利的保护有关。《劳动法》第 36 条以法律的形式确认每日工作时间不超过 8 小时、平均每周工作时间不超过 44 小时的工作周制度。

2.工作日

工作日,又称劳动日,是指法律规定的或者劳动合同、集体合同依法约定的,劳动者在一昼夜内的工作时间长度(小时数)。它是以日为计算单位的工作时间。工作日是劳动者创造物质财富的时间,是计算出勤率、工资标准、工资定额、工作效率的基础。计时工作日又可以分为标准工作日和非标准工作日。标准工作日以外的计时工作日都属于非标准工作日,非标准工作日包括缩短工作日、不定时工作日等。

(1)标准工作日

标准工作日,是指法律规定的、在正常情况下普遍实行的工作日。由于工作性质或职责及生产经营的特点,不能实行标准工作日的,可以实行其他形式的工作日,但是必须依法履行审批手续。用人单位在标准工作日以外依法延长工作时间的,应当按照加班加点处理,并加发相应的劳动报酬。实行标准工作日的企业,不能按季、年综合计算延长工作时间。

(2)缩短工作日

缩短工作日,又称缩短长度工作日,是指法律规定的少于标准工作日或标准工作周时数的工作日,即每日少于 8 小时、每周少于 40 小时的工作日。它是在特殊情况下对标准工作日长度的缩短,目的是保护特殊条件下从事劳动或有特殊情况的劳动者的身体健康。主要适用于以下劳动者:

从事矿山、井下、高山、高温、有毒、有害、特别繁重或过度紧张的劳动的职工,实行每日工作少于 8 小时的工作时间。根据国家有关劳动法规的规定,这些情况主要包括:化工行业从事有毒有害作业的工作,根据生产的特点和条件分别实行"三工一休"制(即工作 3 天,休息 1 天)、每日工作 6 小时或 7 小时的工作制或"定期轮换脱离接触"(即工人每年轮流脱离原作业岗位一个半月,包括公休假日在内,脱离期满后仍回原岗位工作)的工时制度;煤矿、井下作业实行四班 6 小时工作时间制度;纺织行业实行"四班三运转"工作时间制度,纺织工人每工作 2 天或 3 天休息一天;建筑、冶炼、地质勘探、森林采伐、装卸搬运等从事繁重体力劳动行业,根据本行业的特点实行不同程度的缩短工作时间制度;从事夜班工作的劳动者,实行缩短工作时间制度。一般认为,夜班工作时间是从本日 22 时到次日 6 时从事工作或劳动的时间。

在哺乳期工作的女职工,实行缩短工作时间。哺乳不满 1 周岁婴儿的女职工,在每个工作日内有两次哺乳(含人工哺乳)时间,每次 30 分钟。多胞胎生育的,每多哺乳一个婴儿,每次哺乳时间增加 30 分钟。女职工的哺乳时间和在本单位往返途中的时间,算作劳动时间。即女职工在哺乳期内的实际工作时间少于 8 小时。怀孕 7 个月以上的女职工,在正常工作时间内应安排一定的休息时间。

(3)不定时工作日

不定时工作日(不定时工作制),是指没有固定工作时间限制的工作日,主要适用于一些因工作性质或工作条件不能受标准工作日限制的工作。符合下列条件之一的职工,可以实行不定时工作日,主要适用对象如下:企业中的高级管理人员、外勤人员、推销人员、部分值班人员和其他因工作无法按标准工作时间衡量的职工;企业中的长途运输人员、出租汽车司机和铁路、港口、仓库的部分装卸人员以及因工作性质特殊需机动作业的职工;其他因生产特点、工作特殊需要或职责范围的关系,适合实行不定时工作制的职工。

实行不定时工作日的,应当履行审批手续。需要注意的是,不定时工作制并非对工作时间毫无限制,而是基本上按照标准时间执行。因此,企业应当根据标准工作时间合理确定劳动者的劳动定额和其他考核标准,以便安排劳动者休息。

(4)综合计算工作日

综合计算工作日是指因用人单位生产或工作的特点,劳动者的工作时间不宜以日计算,需要分别以周、月、季、年等为周期,综合计算工作时间长度(小时数)的一种工作时间形式。符合下列条件之一的职工,可实行综合计算工时工作制:交通、铁路、邮电、水运、航空、渔业等行业中因工作性质特殊,需连续作业的职工;地质及资源勘探、建筑、制盐、制糖、旅游等受季节和自然条件限制的行业的部分职工;其他适合实行综合计算工时工作制的职工。实行综合计算工作日的,应当履行审批手续。其审批手续与不定时工作日相同。

(5)计件工作日

计件工作日,是指以劳动者完成一定劳动定额为标准的工作时间。实行计件工作日的用人单位,必须以劳动者在一个标准工作日或一个标准工作周的工作时间内完成的计件数量为标准,合理确定劳动者一个工作日或一个工作周的劳动定额。超过这个标准就等于延长了劳动者的工作时间,侵犯了劳动者的休息权,因此计件工作日实际上是标准工作日的转化形式。

(6)弹性工作日

弹性工作日是指在工作周时数不变的情况下,在标准工作日的基础上,按照预先规定的工作任务或固定的工作时间长度的前提下,员工可以自由选择工作的具体时间安排,代替统一固定上下班时间。

(7)非全时工作日

非全时工作日是指每日或每周实际工作时间少于标准工作时间,并按照实际工作时间支付劳动报酬的工作日。

(二)休息制度

休息时间,是指劳动者在法定的工作时间以外,免于履行劳动义务而自行支配的时间。休息时间是劳动者实现休息权的法定必要时间,包括休息和休假。休息是劳动者恢复劳动能力和享受人性化生活的必要条件。

1.工作日内的休息时间

工作日内的休息时间又称间歇休息时间,是指单位工作时间内劳动者所享有的用以解除工作紧张状态的工间休息时间和用膳时间。工间休息时间和用膳时间因工作岗位和工作性质的不同而有所不同,一般休息1~2小时,最少不低于30分钟。工作不能中断的单位和企业,应保证劳动者在工作时间内有用膳时间和短暂的休息时间。

2.工作日间的休息时间

工作日间的休息时间是指两个邻近工作日之间的休息时间,即一个工作日结束到下一个工作日开始前的休息时间。规定此种休息时间的目的，是确保劳动者经过一个工作日所支出的体力和脑力能够得到较充分的恢复，避免劳动者在完成一个工作日之后马上开始下一个工作日。工作日间休息时间的长度一般为 15～16 个小时，无特殊情况，应保障劳动者连续使用，不得间断。

3.周休息日

周休息日，又称公休假日，是指劳动者工作满一周后所享有的休息时间。法律保障劳动者工作满一个工作周以后享有一定的连续休息时间。周休息日一般安排在星期六和星期日，用人单位应保证劳动者每周至少休息1 日。

(三)限制加班加点制度

1.加班加点的界定

加班，是指劳动者按照用人单位的要求，在法定节假日或周休日从事生产或工作，通常以工作日计算。加点，是指劳动者按照用人单位的要求，在法定标准工作日以外继续从事生产或工作，通常以小时计算。加班时间限于法定节假日和周休日，而加点时间限于正常工作日；在周休日加班，首先应安排劳动者补休，不能补休的，应加发劳动报酬；在节假日加班，不能以安排劳动者补休的方式替代，加点则不予补休而加发劳动报酬。

2.加班加点的限制

为了保护劳动者的身体健康，保证劳动者能劳逸结合，使劳动者能够以更充沛的精力从事生产劳动和工作，料理家务和教育子女，提高劳动生产率和工作效率，法律、规章通过一系列的措施限制加班加点。

适用人员范围的限制。对怀孕 7 个月以上的女职工、哺乳未满周岁婴儿的女职工，用人单位不得安排其延长劳动时间。

适用条件、程序、时间的限制。由于生产经营需要，经与工会和劳动者协商后可以延长工作时间，一般每日不得超过 1 小时；因特殊原因需要延长工作时间的，在保障劳动者身体健康的条件下可以延长工作时间，但是每日不得超过 3 小时，每月不得超过 36 小时。

确定较高的加班加点的工资报酬。用人单位延长工作时间的，应当按照下列标准支付劳动者工资报酬：①安排劳动者延长工作时间的，支付不低于工资的 150%的工资报酬;②休息日安排劳动者工作又不能安排补休的,支付不低于工资的 200%的工资报酬;③法定休假日安排劳动者工作的,支付不低于工资的 300%的工资报酬。

3.劳动行政部门的监督检查

用人单位未与工会和劳动者协商,强迫劳动者延长工作时间的,应给予警告,责令改正,并可按每名劳动者每延长工作时间 1 小时罚款 100 元以下的标准处罚;用人单位在生产经营需要而延长工作时间的情况下,每日延长劳动者工作时间超过 3 小时或每月延长工作时间超过 36 小时的,应给予警告,责令改正,并可按每名劳动者每超过工作时间 1 小时罚款 100 元以下的标准处罚;用人单位安排在哺乳未满 1 周岁的婴儿期间的女职工和怀孕 7 个月以上的女职工延长工作时间和夜班劳动的,应责令改正,并按每侵害一名女职工罚款 3000 元以下的标准处罚。

(四)工时管理中常见的法律风险

在实践中,用人单位实行非标准工时存在很多操作的风险,需要予以注意。

1.没有履行报批手续

用人单位实行综合计算工时制或不定时工作制工时制度,需要到当地劳动部门申请批准,否则,即便双方在劳动合同中约定实行不定时工作制也是无效的,发生争议,也应按照标准工时制处理,劳动者可以主张加班工资,用人单位的用工成本就增大。

2.没有按照有关规定计算加班费

实行以上两种工时制度的职工加班费的支付问题。一般情况下,综合计算工时制的加班只会在一定周期的工作时间超过标准的总额时才会存在,且只能以 150%的比例来计算加班费,在标准总额内的时间,即使在某天或某周来看是超过了标准工作时间但也不以加班来看。同样在法定节假日工作还是视为加班,按法定的标准支付 300%的工资。不定时工作制不存在加班,实行不定时工时制度的劳动者,不执行上述规定。若用人单位不按时足额支付加班费,劳动者可以根据《劳动合同法》第38条,以用人单位未及时足额地支付劳动报酬为由,随时通知解除劳动合同,并要求支付经济补偿金,甚至要按照《劳动合同法》第85条的规定支付赔偿金。

3.未保障实行特殊工时劳动者的休息权

用人单位应当注意实行以上两类工时制员工的休息时间安排，如果未适当安排员工休息，劳动者就可以依据《劳动合同法》第 38 条以用人单位"未提供相应劳动条件"为由单方解除劳动合同，并要求用人单位支付相应的经济补偿金。

（五）工时管理实务操作

1.用人单位制定与工时相关的制度时要注意程序

用人单位在制定综合计算工时制度、每周 5.5 天、40 小时工时制度、调休补休等制度时，应注意制定的程序。用人单位应充分听取工会或职工的意见，最好取得工会和劳动者的同意，并将工时制度的内容写入集体合同或者劳动合同中。

2.加班的合法操作和风险控制

（1）完善加班审批制度。用人单位应对加班的审批权限、申请流程和汇报制度作出明确规定，员工未向有审批权限的人员申请并获得批准的，不视为加班。

（2）协商是企业决定延长工作时间的程序。用人单位如果安排劳动者加班，应与劳动者协商并征得其同意，否则构成违法延长工作时间。建议用人单位制定加班登记簿，设员工签字确认专栏，员工加班的，应要求员工在加班登记簿上签字确认。

（3）事前建立规范完善的工时及加班管理制度才可以最大限度地降低争议风险，避免潜在的工资争议风险，并营造良好的劳资关系。实践中，很多用人单位并没有将有关劳动者加班的申请流程和相关惩罚条款约定在内，或者根本没有制定员工手册，导致在发生劳动争议时，因证据不足或没有依据而陷入被动最终败诉。

（4）守住安排劳动者加班的法定红线。法律对于加班时间也是有所限制的，一般每日加班不得超过 1 小时，特殊情况下每日不得超过 3 小时，而且每月不得超过 36 小时。同时，需要提请用人单位注意，对于怀孕 7 个月以上的女职工，用人单位不得安排其延长工作时间，也不得安排女职工在哺乳未满 1 周岁的婴儿期间延长工作时间。

（5）安排劳动者加班加点后，要按规定给予相应的补休或劳动报酬的补偿。用人单位与劳动者在劳动合同中约定了加班工资计算基数,但不能低于当地最低工资。用人单位在设计有关法定加班制度时,应当考虑其成本以及加班费的计算方法。职工全年月平均制度工作天数和工资折算办法分别调整如下:

第一,关于制度工作时间的计算。

年工作日:365 天－104 天(休息日)－11 天(法定节假日)＝250 天。

季工作日:250 天÷4 季＝62.5 天/季。

月工作日:250 天÷12 个月＝20.83 天/月。

工作小时数的计算:以月、季、年的工作日乘以每日的 8 小时。

月工作小时数:20.83×8＝166.67 小时/月。

第二,日工资、小时工资的折算。按照《劳动法》第 51 条的规定,法定节假日用人单位应当依法支付工资,即折算日工资、小时工资时不剔除国家规定的 11 天法定节假日。据此,日工资、小时工资的折算为:

日工资:月工资收入÷月计薪天数。

小时工资:月工资收入÷(月计薪天数×8 小时)。

月计薪天数＝(365 天－104 天)÷12 个月＝21.75 天。

日工资:月工资收入÷21.75。

小时工资:月工资收入÷(21.75×8)＝月工资收入÷174。

3.规范特殊工时制度管理

(1)特殊工时制需要审批与告知。用人单位申请实行综合计算工时制或者不定时工时制得到劳动行政部门批复后还需要将批复告知劳动者,具体的告知方式,实践中一些企业采用发布公告的方式进行告知。从证据保全的角度考虑,采用合同约定或者让员工签收告知单的方式进行告知为佳。

(2)保障实行特殊工时劳动者的休息权。实行综合计算工时制和不定时工作制的职工仍然享有法定休息的权利,这是宪法和劳动法赋予劳动者的休息权,在任何情况下用人单位都应该保护劳动者的这项权利。而根据原劳动部《关于用人单位实行不定时工作制和综合计算工时工作制的审批办法》(劳部发〔1994〕503 号)第 6 条的规定,对于实行不定时工作制和综合计算工时工作制等其他工作和休息办法的职工,用人单位应根据《中华人民共和国劳动法》第一章、第四章有关规定,在保障职工身体健康并充分听取职工意见的基础上,采用集中工作、集中休息、轮休调休、弹性工作时间等适当方式,确保职工的休息休假权利和生产、工作任务的完成。

(3)注意特殊工时加班费的计算。综合计算工时工作制计算周期内员工的总实际工作时间超过总法定工作时间,对超过部分按 150% 的标准支付延时加班费;同时,综合计算工时工作制员工不存在休息日加班问题,但仍享受法定节假日,尽量不安排员工在法定节假日工作,如必须安排其在法定节假日工作的,按照不低于员工工资 300% 的标准支付加班费。

4.注意界定值班和加班

实践中,员工要求用人单位支付值班的"加班工资"情况屡见不鲜。如用人单位对值班和加班不能正确区分,往往会导致对值班人员支付了加班费用,或未对加班员工支付加班费而仅以值班对待等情况。用人单位应根据自身情况和行业管理,制定具体的值班管理制度,明确员工在值班期间的义务和支付值班津贴的标准。

三、员工假期管理

休假制度是为保障职工享有休息权而实行的定期休假的制度。各国一般均由劳动法作出规定,我国宪法提出规定职工休假制度,用人单位一定合法操作,保障员工的休息权。

(一)员工假期的种类

1.产假

《女职工劳动保护特别规定》第 7 条规定,女职工生育享受 98 天产假,其中产前可以休假 15 天;难产的,增加产假 15 天;生育多胞胎的,每多生育 1 个婴儿,增加产假 15 天。女职工怀孕未满 4 个月流产的,享受 15 天产假;怀孕满 4 个月流产的,享受 42 天产假。有些地方还对此作出新的规定,《浙江省女职工劳动保护办法》第 14 条规定:"女职工生育享受产假 98 天,符合《浙江省人口与计划生育条例》第 30 条规定的,再增加 30 天;难产的,增加产假 15 天;生育多胞胎的,每多生育一个婴儿,增加产假 15 天。女职工怀孕不满 4 个月流产的,享受产假 15 天;怀孕满 4 个月流产的,享受产假 42 天。"可见,浙江省的产假可以达到 128 天(98+30)。相关劳动法规并无关于陪产假的明确规定,各地方、各用人单位对此作出具体规定,最短的陪产假有 7 天,最长的则有 1 个月之久,多数地区的陪产假为 15 天。《浙江省人口与计划生育条例》第 30 条还规定："2017 年 1 月 1 日以后符合法律、法规规定生育子女的夫妻,可以获得下列福利待遇:(一)女方法定产假期满后,享受 30 天的奖励假,不影响晋级、调整工资,并计算工龄;用人单位根据具体情况,可以给予其他优惠待遇。(二)男方享受 15 天护理假,工资、奖金和其他福利待遇照发。"可见,浙江省不仅延长产假 30 天,还规定了男性的陪护假 15 天。

关于产假期间的待遇,《女职工劳动保护特别规定》第 8 条规定,女职工产假期间的生育津贴,对已经参加生育保险的,按照用人单位上年度职工月平均工资的标准由生育保险基金支付;对未参加生育保险的,按照女职工产假前工资的标准由用人单位支付。女职工生育或者流产的医疗费用,按照生育保险规定的项目和标准,对已经参加生育保险的,由生育保险基金支付;对未参加生育保险的,由用人单位支付。《浙江省女职工劳动保护办法》第 16 条规定:"女职工参加生育保险的,按照本办法规定的产假天数享受产假期间的生育津贴。生育津贴按照用人单位上年度职工月平均工资的标准由生育保险基金支付,用人单位不再支付产假期间的工资,生育津贴计发标准高于女职工产前工资标准的,用人单位不得克扣差额部分;低于女职工产假前工资标准的,有条件的用人单位可以对差额部分予以补足。女职工未参加生育保险的,由用人单位按照女职工产假前工资标准支付其产假期间的工资。"对于陪产假期间的工资制度各地和各单位的规定也都不尽相同,奖金福利不变,还有部分地区可将男性的陪产假转到女方的产假中去,由女性代替男性休假。《浙江省人口与计划生育条例》第 30 条规定,男方享受 15 天护理假,工资、奖金和其他福利待遇照发。

2.年休假

职工累计工作已满 1 年不满 10 年的,年休假 5 天;已满 10 年不满 20 年的,年休假 10 天;已满 20 年的,年休假 15 天。国家法定休假日、休息日不计入年休假的假期。用人单位经职工同意不安排年休假或者安排职工年休假天数少于应休年休假天数,应当在本年度内对职工应休未休年休假天数,按照其日工资收入的 300% 支付未休年休假工资报酬,其中包含用人单位支付职工正常工作期间的工资收入。用人单位安排职工休年休假,但是职工因本人原因且书面提出不休年休假的,用人单位可以只支付其正常工作期间的工资收入。

3.婚丧假

除了《国家劳动总局、财政部关于国营用人单位职工请婚丧假和路程假问题的通知》对婚丧假有规定以外,国家层面没有对此作出规定。根据该规定,婚丧假一般为 1~3 天,职工结婚时双方不在一地工作的,职工在外地的直系亲属死亡时需要职工本人去外地料理丧事的,都可以根据路程远近,另给予路程假。在批准的婚丧假和路程假期间,职工的工资照发;途中的车船费等,全部由职工自理。《劳动法》第 51 条规定,劳动者在法定休假日和婚丧假期间以及依法参加社会活动期间,用人单位应当依法支付工资。考虑到大部分女性初育时已超过国家规定的晚育年龄,为了更好地保障女性的生育权益,浙江、上海等地将晚育假调整为生育假,即符合法律法规规定生育的妇女,除享受国家规定的产假外,还可以再享受生育假 30 天。

4.病假

根据《用人单位职工患病或非因工负伤医疗期规定》(劳部发〔1994〕479号)等有关规定,任何用人单位职工因患病或非因工负伤,需要停止工作医疗时,用人单位应该根据职工本人实际参加工作年限和在本单位工作年限,给予一定的医疗期。关于医疗期的期限,《用人单位职工患病或非因工负伤医疗期规定》第 3 条规定:"用人单位职工因患病或非因工负伤,需要停止工作医疗时,根据本人实际参加工作年限和在本单位工作年限,给予三个月到二十四个月的医疗期:(一)实际工作年限十年以下的,在本单位工作年限五年以下的为三个月;五年以上的为六个月。(二)实际工作年限十年以上的,在本单位工作年限五年以下的为六个月;五年以上十年以下的为九个月;十年以上十五年以下的为十二个月;十五年以上二十年以下的为十八个月;二十年以上的为二十四个月。"

对于病假工资,用人单位可以在合同中与职工进行约定,只要不低于当地最低工资的 80% 就可以。《关于贯彻执行〈中华人民共和国劳动法〉若干问题的意见》第 59 条规定,职工患病或非因工负伤治疗期间,在规定的医疗期间内由用人单位按有关规定支付其病假工资或疾病救济费,病假工资或疾病救济费可以低于当地最低工资标准支付,但不能低于最低工资标准的 80%。

医疗期是指用人单位职工因患病或非因工负伤停止工作治病时,用人单位不得解除劳动合同的时限,也就是患病或非因工负伤职工的病假假期,在此期间,用人单位不能解除劳动合同。《劳动合同法》第 40 条规定:"有下列情形之一的,用人单位提前三十日以书面形式通知劳动者本人或者额外支付劳动者一个月工资后,可以解除劳动合同:(一)劳动者患病或者非因工负伤,在规定的医疗期满后不能从事原工作,也不能从事由用人单位另行安排的工作的。"可见,在医疗期期满后,只有劳动者不能从事原来的工作,用人单位才可以解除劳动合同。

5.休息日、法定节假日

休息日又称公休假日,是劳动者满一个工作周后的休息时间。随着国务院第 174 号令的施行,我国职工的休息时间标准为工作 5 天、休息 2 天。该决定同时规定,国家机关、事业单位实行统一的工作时间,星期六和星期日为周休息日;用人单位和不能实行国家规定的统一工作时间的事业单位,可以根据实际情况灵活安排周休息日。法定年节假日是由国家法律、法规统一规定的用以开展纪念、庆祝活动的休息时间,也是劳动者休息时间的一种。我国现行法定年节假日标准为 11 天。

根据《中华人民共和国劳动法》第 44 条的规定,休息日安排劳动者工作又不能安排补休的,支付不低于工资的 200% 的工资报酬;法定休假日安排劳动者工作的,支付不低于工资的 300% 的工资报酬。从以上规定可以看出,延时加班不能通过补休来代替加班费,但休息日则可以,法定休假日即使安排补休也需支付加班工资。

6.探亲假

《国务院关于职工探亲待遇的规定》中规定:①凡在国家机关、人民团体和全民所有制用人单位、事业单位工作满一年的固定职工,与配偶不住在一起,又不能在公休假日团聚的,可以享受本规定探望配偶的待遇;与父亲、母亲都不住在一起,又不能在公休假日团聚的,可以享受本规定探望父母的待遇。但是,职工与父亲或与母亲一方能够在公休假日团聚的,不能享受本规定探望父母的待遇。②职工探亲假期:职工探望配偶的,每年给予一方探亲假一次,假期为 30 天;未婚职工探望父母,原则上每年给假一次,假期为 20 天。如果因为工作需要,本单位当年不能给予假期,或者职工自愿两年探亲一次的,可以两年给假一次,假期为 45 天;已婚职工探望父母的,每 4 年给假一次,假期为 20 天。探亲假期是指职工与配偶、父、母团聚的时间,另外,根据实际需要给予路程假。上述假期均包括公休假日和法定节日在内。

③凡实行休假制度的职工(例如学校的教职工),应该在休假期间探亲;如果休假期较短,可由本单位适当安排,补足其探亲假的天数。④职工在规定的探亲假期和路程假期内,按照本人的标准工资发给工资。⑤职工探望配偶和未婚职工探望父母的往返路费,由所在单位负担。已婚职工探望父母的往返路费,在本人月标准工资30%以内的,由本人自理,超过部分由所在单位负担。

7.事假

事假就是当劳动者有私人事情需要缺勤请假,不属于病假、婚假、产假、丧假、探亲假等情形的,又不能请带薪年休假、公休假、调休假的情形。由于事假并非公事,而且也不是国家规定的带福利性质的假期,法律没有对此作出规定,用人单位可根据自身的情况进行规定。对于事假工资,用人单位完全可以不支付。

(二)操作要点

(1)制定有效的适合用人单位实际情况的休假管理制度。休假制度关系到员工的切身利益,用人单位在制定有关规定时,应经过严格的民主程序,确保制度的合法性。休假管理制度应由职工大会或职工代表大会通过,建立工会的用人单位可选择工会参与制定,如客观原因无法召开职工代表大会或未建立工会参与的,可以适当方式征询职工意见和建议,并将相关民主程序的履行体现在规章制度当中。

(2)除强制性规定以外,假期的设置以及实施办法由劳资双方协商确定。可以规定在集体合同中,比如对事假、婚丧假、探亲假等规定,法律没有作出规定或规定很不完备,用人单位可以根据自身的情况作出具体的规定,关注员工需求,体现人性化,以增强用人单位的凝聚力。

(3)严格休假审批流程。除对于法定带薪休假规定之外,对于事假、病假进行严格把关,制作统一的请假申请单,列明请假事由,与工资扣减制度相结合。休假要规定申请流程,并设置层层审批流程,严格把握假期审批,比如可以规定:"员工申请休假须在一星期前填写《有薪假期申请表》或《无薪假期申请表》,送人事部审批。未接到休假通知单不得擅自休假,否则当旷工处理;因特殊原因本人不能亲自办理的,应事前托人或电话告假,如事前未提出请假,事后补交病假单等一律无效。""本公司员工休假必须服从组织安排,并按规定逐级审批,报人事部批准;室主任级由部门经理安排休假,部门经理由总经理安排休假。"

（4）按照规定支付休假期间的工资和劳动报酬。对于探亲假、婚假、产假、看护假、丧假、节育手术假等假期，用人单位应当视为提供正常劳动并支付工资。

（5）完善扣发工资的相关手续凭证，保存员工休假有关证据。员工因本人原因且书面提出不休年休假的，用人单位可以只支付其正常工作期间的劳动报酬。但这种情况下，需要保留好员工放弃年休假的书面证据，以免发生争议时陷入被动，最终还需向员工支付未休年休假工资报酬。

四、工资支付管理

（一）工资的界定

劳动部《工资支付暂行规定》（以下简称《暂行规定》）中的工资是指用人单位依据劳动合同的规定，以各种形式支付给劳动者的工资报酬。工资的定义和劳动部的规定大致相同，即工资是指用人单位根据国家和本市的规定，以货币形式支付给劳动者的报酬，及列入工资总额统计的货币收入。

而根据国务院批准、由国家统计局发布的《关于工资总额的规定》规定，工资总额是指各单位在一定时期内直接支付给本单位全部职工的劳动报酬总额。它由六个部分组成：计时工资、计件工资、奖金、津贴和补贴、加班加点工资、特殊情况下支付的工资。其中：

奖金是指支付给职工的超额劳动报酬和增收节支的劳动报酬。包括：生产奖，节约奖，劳动竞赛奖，机关、事业单位的奖励工资，其他奖金。

津贴和补贴是指为了补偿职工特殊或额外的劳动消耗及因其他特殊原因支付给职工的津贴。津贴包括：补偿职工特殊或额外劳动消耗的津贴，保健性津贴，技术性津贴，年功性津贴及其他津贴。物价补贴包括：为保证职工工资水平不受物价上涨或变动影响而支付的各种补贴。

加班加点工资是指按规定支付的加班工资和加点工资。

特殊情况下支付的工资是指根据国家法律、法规和政策规定，因病、工伤、产假、计划生育假、婚丧假、事假、探亲假、定期休假、停工学习、执行国家或社会义务等原因按计时工资标准或计时工资标准的一定比例支付的工资、附加工资、保留工资。

因此,工资和工资总额是有一定区别的,工资是工资总额中最基础的部分,是计算加班加点工资和特殊情况下支付的工资的基数。

但劳动者的以下收入不属于工资范围:

(1)单位支付给劳动者个人的社会保险福利费用,如丧葬抚恤救济费、生活困难补助费、计划生育补贴等。

(2)劳动保护方面的费用,如用人单位支付给劳动者的工作服、解毒剂、清凉饮料费用等。

(3)按规定未列入工资总额的各种劳动报酬及其他劳动收入,如根据国家规定发放的创造发明奖、国家星火奖、自然科学奖、科学技术进步奖、合理化建议和技术改进奖、中华技能大奖等,以及稿费、讲课费、翻译费等。劳动报酬适用主体更加广泛,除了工资以外,还包括奖金、佣金,认股权、人寿保险、养老金计划,医疗保险,住房补贴等一切与劳动关系有关的好处或权益;报酬(remuneration)概念既可以用来表示体力劳动收入(wage),也可以用来表示经营和管理工作收入(salary)。

(二)未支付工资的法律责任

1.被劳动者解除劳动合同并支付经济补偿

根据《劳动合同法》第38条、第46条的规定,用人单位未及时足额支付劳动报酬,劳动者可以解除劳动合同并要求用人单位支付经济补偿。

2.加付赔偿金

未按照劳动合同的约定或者国家规定及时足额支付劳动者劳动报酬的,将面临被劳动行政部门责令限期支付劳动报酬,逾期不支付的,责令用人单位按应付金额50%以上100%以下的标准向劳动者加付赔偿金。

3.承担刑事责任

根据《最高人民法院关于审理拒不支付劳动报酬刑事案件适用法律若干问题的解释》,用人单位以隐匿财产、逃匿等方法逃避支付劳动者的劳动报酬或者有能力支付而不支付劳动者的劳动报酬,数额较大,经政府有关部门责令支付仍不支付的,将被追究拒不支付劳动报酬罪的刑事责任。

(三)工资支付一般规则

工资支付的时间和要求。工资应当以货币形式按月支付给劳动者本人,不得克扣或者无故拖欠劳动者工资。劳动者在法定休假日和婚丧假期间以及依法参加社会活动期间,用人单位应当依法支付工资。工资应当按月支付,是指按照用人单位与劳动者约定的日期支付工资。如遇节假日或休息日,则应提前在最近的工作日支付。工资至少每月支付一次,对于实行小时工资制和周工资制的人员,工资也可以按日或周发放。

《保障农民工工资支付条例》第13条规定,实行月、周、日、小时工资制的,按照月、周、日、小时为周期支付工资;实行计件工资制的,工资支付周期由双方依法约定。用人单位与农民工书面约定或者依法制定的规章制度规定的具体支付日期,可以在农民工提供劳动的当期或者次期。具体支付日期遇法定节假日或者休息日的,应当在法定节假日或者休息日前支付。

对完成一次性临时劳动或某项具体工作的劳动者,用人单位应按有关协议或合同规定在其完成劳动任务后即支付工资。用人单位不得克扣和无故拖欠劳动者工资。克扣劳动者工资是在正常条件下,劳动者履行了劳动的义务,并按规定的质量和数量完成了生产和工作任务,应当得到的劳动报而被用人单位无故不予支付的行为。

用人单位支付给劳动者的工资不得低于当地人民政府规定的最低工资标准。

用人单位支付给劳动者的工资应当以法定货币支付,不得以实物及有价证券代替货币支付。

用人单位应将工资支付给劳动者本人。劳动者因故不能领取工资时,可由其亲属或委托他人代领。用人单位也可以委托银行代发工资。用人单位支付劳动者工资时,必须书面记录所支付工资的数额、时间、领取者的姓名及其签字,并保存2年以上备查。用人单位在支付工资时须向劳动者提供一份其个人工资的清单。

用人单位支付劳动者工资必须按照与劳动者约定的日期支付,至少应每月支付一次。如遇节假日或休息日,则应提前在最近的工作日支付;实行周、日、小时工资制的,可按周、日、小时支付工资。

对于完成一次性临时劳动或某项具体工作的劳动者,用人单位应按有关协议或合同规定在其完成任务后支付工资。

劳动关系双方依法解除或终止劳动关系时,用人单位应在解除或终止劳动关系时一次性付清劳动者工资。

劳动者依法享受年休假、探亲假、婚假、丧假期间,用人单位应按照法律、法规或劳动合同的规定支付劳动者工资。

劳动者在法定工作时间内依法参加社会活动期间,用人单位应视同其参加了正常劳动而支付工资。社会活动包括:依法行使选举权或被选举权;当选代表出席乡(镇)、区以上政府、党派、工会、青年团、妇女联合会等组织召开的会议;出任人民法庭证明人;出席劳动模范、先进工作者大会;《工会法》规定的不脱产工会基层委员会委员因工会活动占用的生产或工作时间;其他依法参加的社会活动。

非因劳动者原因造成用人单位停产停工在一个工资支付周期内的,用人单位应按照劳动合同规定的标准支付给劳动者工资。超过一个工资支付周期的,若劳动者提供了正常劳动,则支付给劳动者的工资不得低于当地最低工资标准。若劳动者没有提供劳动,可按照国家有关规定支付工资。

用人单位在劳动者完成劳动定额或规定的工作任务后,根据实际需要安排劳动者在法定标准工作时间以外工作的,即加班加点时,应按日法定标准时间以外、休息日工作又不能补休、法定休假日工作三种情况,分别按不低于劳动合同规定的(原工资)150%、200%、300%的标准支付劳动者工资。

(四)工资支付操作难点、疑点

1.代扣工资

(1)用人单位代扣代缴的个人所得税。

(2)用人单位代扣代缴的应由劳动者个人负担的各项社会保险费用。

(3)法院判决、裁定中要求代扣的抚养费、赡养费。

(4)法律、法规规定可以从劳动者工资中扣除的其他费用。

(5)因劳动者本人原因给用人单位造成经济损失的,用人单位可按照劳动合同的约定要求其赔偿经济损失。经济损失的赔偿,可从劳动者本人的工资中扣除。但每月扣除的部分不得超过劳动者当月工资的20%。若扣除后的剩余工资部分低于当地月最低工资标准,则按最低工资标准支付。

2.工资支付举证责任

根据原劳动部《工资支付暂行规定》第6条规定:"用人单位必须书面记录支付劳动者工资的数额、时间、领取者的姓名以及签字,并保存两年以上备查。用人单位在支付工资时应向劳动者提供一份其个人的工资清单。"《保障农民工工资支付条例》第15条规定,用人单位应当按照工资支付周期编制书面工资支付台账,并至少保存 3 年。书面工资支付台账应当包括用人单位名称,支付周期,支付日期,支付对象姓名、身份证号码、联系方式,工作时间,应发工资项目及数额,代扣、代缴、扣除项目和数额,实发工资数额,银行代发工资凭证或者农民工签字等内容。因此,劳动者工资支付凭证的制作和保存是用人单位应承担的一项法定义务,该项法定义务不因任何事由而免除,而这项法定义务的不履行所带来的不仅是承担相应的行政法律责任,同时还应承担由此引起的其他民事责任。因此,在仲裁或诉讼中,在劳动者无法举证证明自己工资的情况下,仲裁庭或法庭可以根据上述规定要求用人单位提供劳动者的工资支付凭证,以查明劳动者真实的工资收入情况。

如果用人单位还是拒不提供,直接要求用人单位承担举证不能的不利后果。《劳动争议调解仲裁法》第 6 条规定:"发生劳动争议,当事人对自己的主张,有责任提供证据。与争议事项有关的证据属于用人单位掌握管理的,用人单位应当提供;用人单位不提供的,应当承担不利后果。"《保障农民工工资支付条例》第 50 条规定:"农民工与用人单位就拖欠工资存在争议,用人单位应当提供依法由其保存的劳动合同、职工名册、工资支付台账和清单等材料;不提供的,依法承担不利后果。"因此,如果劳动者无法举证证明其工资标准,而用人单位又故意以未保存工资支付凭证或已丢失等不正当理由拒不提供或仅是否认劳动者所主张的工资标准的情况下,可以依照《工资支付暂行规定》《劳动争议调解仲裁法》《保障农民工工资支付条例》的规定,推定劳动者主张的工资标准成立。

3.工资延期支付

《劳动合同法》第 30 条规定,用人单位应当按照劳动合同约定和国家规定,向劳动者及时足额支付劳动报酬。但在特殊情况下,经过法定程序,用人单位也可以延期支付。《保障农民工工资支付条例》第 14 条规定,用人单位因不可抗力未能在支付日期支付工资的,应当在不可抗力消除后及时支付。原劳动部《对〈工资支付暂行规定〉有关问题的补充规定》规定,用人单位无正当理由超过规定付薪时间未支付劳动者工资不包括下列两种情况:①用人单位遇到非人力所能抗拒的自然灾害、战争等原因,无法按时支付工资;②用人单位确因生产经营困难、资金周转受到影响,在征得本单位工会同意后,可暂时延期支付劳动者工资。《上海市用人单位工资支付办法》第 10 条规定,用人单位确因生产经营困难、资金周转受到影响,暂时无法按时支付工资的,经与本用人单位工会或职工代表协商一致,可以延期在 1 个月内支付劳动者工资,延期支付工资的时间应告知全体劳动者。《北京市工资支付规定》第 26 条也规定,用人单位因生产经营困难暂时无法按时支付工资的,应当向劳动者说明情况,并经与工会或者职工代表协商一致后,可以延期支付工资,但最长不得超过 30 日。

综上,用人单位遇到非人力所能抗拒的自然灾害、战争等情况时,可以延期支付工资;用人单位因生产经营困难、资金周转受到影响时,在征得本单位工会同意后,也可暂时延期支付。但对于延期支付的期限,各地有不同的规定。

4.不支付劳动报酬赔偿金的支付

《劳动合同法》第 85 条规定:"用人单位有下列情形之一的,由劳动行政部门责令限期支付劳动报酬、加班费或者经济补偿;劳动报酬低于当地最低工资标准的,应当支付其差额部分;逾期不支付的,责令用人单位按应付金额百分之五十以上百分之一百以下的标准向劳动者加付赔偿金:(一)未按照劳动合同的约定或者国家规定及时足额支付劳动者劳动报酬的;(二)低于当地最低工资标准支付劳动者工资的;(三)安排加班不支付加班费的;(四)解除或者终止劳动合同,未依照本法规定向劳动者支付经济补偿的。"这一条规定了用人单位不支付劳动报酬支付赔偿金的情形、条件以及救济程序。

支付赔偿金的情形如下:未按照劳动合同的约定或者国家规定及时足额支付劳动者劳动报酬的;低于当地最低工资标准支付劳动者工资的;安排加班不支付加班费的;解除或者终止劳动合同,未依照本法规定向劳动者支付经济补偿的。支付的标准为应付金额 50% 以上 100% 以下。支付的前提条件是,劳动行政部门责令限期支付,用人单位逾期不支付。救济途径为向劳动监察部门投诉,而不是申请仲裁。这一点与《工资支付暂行条例》规定一致,该条例第 18 条规定:"各级劳动行政部门有权监察用人单位工资支付的情况。用人单位有下列侵害劳动者合法权益行为的,由劳动行政部门责令其支付劳动者工资和经济补偿,并可责令其支付赔偿金:(一)克扣或者无故拖欠劳动者工资的;(二)拒不支付劳动者延长工作时间工资的;(三)低于当地最低工资标准支付劳动者工资的。"

5.停工停产下的工资支付

《工资支付暂行规定》第 12 条规定,非因劳动者原因造成单位停工、停产在一个工资支付周期内的,用人单位应按劳动合同规定的标准支付劳动者工资。超过一个工资支付周期的,若劳动者提供了正常劳动,则支付给劳动者的劳动报酬不得低于当地的最低工资标准;若劳动者没有提供正常劳动,应按国家有关规定办理。

6.工资支付仲裁时效

《劳动争议调解仲裁法》第 27 条规定:"劳动争议申请仲裁的时效期间为一年。仲裁时效期间从当事人知道或者应当知道其权利被侵害之日起计算。前款规定的仲裁时效,因当事人一方向对方当事人主张权利,或者向有关部门请求权利救济,或者对方当事人同意履行义务而中断。从中断时起,仲裁时效期间重新计算。因不可抗力或者有其他正当理由,当事人不能在本条第一款规定的仲裁时效期间申请仲裁的,仲裁时效中止。从中止时效的原因消除之日起,仲裁时效期间继续计算。劳动关系存续期间因拖欠劳动报酬发生争议的,劳动者申请仲裁不受本条第一款规定的仲裁时效期间的限制;但是,劳动关系终止的,应当自劳动关系终止之日起一年内提出。"据此,劳动报酬争议的仲裁时效,在劳动关系存续期间不受一年时效的限制。法律规定仲裁时效是为了促进权利关系安定、保护义务人、对疏于行使请求权人以有效压力,进而在权利人与义务人之间实现一种利益平衡。

(五)工资支付风险控制

工资支付是企业用工过程中极为重要的环节,关系到员工的重大权益和企业的用工成本,是最容易发生劳动纠纷的风险点。

(1)用人单位应通过与职工大会、职工代表大会或者其他形式协商制定内部的工资支付制度,并告知本单位全体劳动者,同时抄报当地劳动行政部门备案。

(2)工资支付日期弹性约定。建议用人单位不要将工资支付选择在固定的日期支付,而应当选择在一个期间内支付,这样对企业更有利,可操作性更强。如在劳动合同中约定每月的某日至某日或每月的某日之前支付上一月的工资。

(3)及时足额支付工资。用人单位应当依照法律规定或者劳动合同约定及时足额支付工资,除法定情形,不能随意克扣工资。

(4)留存支付证据。根据《最高人民法院关于审理劳动争议案件适用法律若干问题的解释(一)》第 44 条规定:"因用人单位作出的开除、除名、辞退、解除劳动合同、减少劳动报酬、计算劳动者工作年限等决定而发生的劳动争议,用人单位负举证责任。"因此,为了避免举证不能承担不利的法律后果,即使采取银行转账方式支付工资,用人单位仍然应当至少留存员工已经领取工资的证明,例如签名的工资表并注明工资计发时段、发放时间、员工姓名、正常工作时间、加班时间、正常工作时间工资、加班工资等应发项目以及扣除的项目、金额及其工资账号等记录,并留存至少两年。

(5)用人单位确因生产经营困难、资金周转受到影响,在征得本单位工会同意后,可暂时延期支付劳动者工资,延期时间可根据各省、自治区、直辖市劳动行政部门指定的有关规定执行。

五、特殊人员管理

(一)对女职工及未成年人的用工管理

1.对女职工的特殊保护

《劳动法》规定,国家对女职工和未成年工实行特殊劳动保护,具体保护措施如下:①禁止安排女职工从事矿山井下、国家规定的第四级体力劳动强度的劳动和其他禁忌从事的劳动。②不得安排女职工在经期从事高处、低温、冷水作业和国家规定的第三级体力劳动强度的劳动。③不得安排女职工在怀孕期间从事国家规定的第三级体力劳动强度的劳动和孕期禁忌从事的活动。对怀孕 7 个月及以上的女职工,不得安排其延长工作时间和夜班劳动。④女职工生育享受不少于 90 天的产假。⑤不得安排女职工在哺乳未满 1 周岁的婴儿期间从事国家规定的第三级体力劳动强度的劳动和哺乳期禁忌从事的其他劳动,不得安排其延长工作时间和夜班劳动。可见,《劳动法》对孕期、经期、产期、哺乳期的女职工作出全面的保护。《女职工劳动保护规定》等法律对其作出了具体的规定:

(1)女职工禁忌从事的劳动范围:矿山井下作业;体力劳动强度分级标准中规定的第四级体力劳动强度的作业;每小时负重六次以上、每次负重超过 20 公斤的作业,或者间断负重、每次负重超过 25 公斤的作业。

(2)女职工在经期禁忌从事的劳动范围:冷水作业分级标准中规定的第二级、第三级、第四级冷水作业;低温作业分级标准中规定的第二级、第三级、第四级低温作业;体力劳动强度分级标准中规定的第三级、第四级体力劳动强度的作业;高处作业分级标准中规定的第三级、第四级高处作业。

（3）女职工孕期特殊保护

女职工在孕期的特殊劳动保护在《劳动法》和《女职工劳动保护规定》中都有明确规定。

女职工在孕期不得降低其基本工资,或解除劳动合同。

《女职工劳动保护特别规定》第5条规定,用人单位不得因女职工怀孕、生育、哺乳降低其工资、予以辞退、与其解除劳动或者聘用合同。

女职工在孕期不得加班加点,怀孕7个月后,不得上夜班,对不能胜任原岗位劳动的,应根据医务部门的证明,予以减轻劳动量或调换岗位安排适宜的劳动。对怀孕7个月以上的女职工,用人单位应设工间休息室,在劳动时间内安排一定休息时间,并允许怀孕的女职工在预产期前休息两周。《女职工劳动保护规定》还规定,怀孕女职工产前检查,应当算作劳动时间。

女职工怀孕后,由于机体上发生很大的变化,增加了身体各系统的负担。在此期间,胚胎对内外环境的变化和影响非常敏感,因此,怀孕期防止X线照射、噪声等的侵袭引起胎儿生长迟缓、智力缺陷和发育畸形,是女职工劳动保护最为重要的环节。因此,《劳动法》规定女职工在怀孕期间不得从事重体力劳动或禁忌劳动,并不得安排怀孕7个月以上的女职工加班或从事夜班劳动。

《劳动法》第61条女职工孕期禁忌从事的劳动包括:作业场所空气中铅及其化合物,汞及其化合物,苯、镉、铍、砷、氰化物、氮氧化物、一氧化碳、二硫化碳、氯、己内酰胺、氯丁二烯、氯乙烯、环氧乙烷、苯胺、甲醛等有毒物质超过国家卫生标准的作业,制药行业中从事抗癌药物及已烯雌酚生产的作业。作业场所放射生物质超过《放射防护规定》中规定的剂量的作业;人力进行的土方和石方作业。《体力劳动强度分级》国家标准中第三级体力劳动强度的作业;伴有全身强烈振动的作业,如风钻、捣固机、锻造等作业,以及拖拉机驾驶等;工作中需要频繁弯腰、攀高、下蹲作业,如焊接作业等。国家标准《高处作业分级》中规定的一级高处作业,即凡在高度基准面2米(含2米)以上有可能坠落的高处进行的作业。

（4）女职工在哺乳期禁忌从事的劳动范围:非密封源放射性物质的操作,核事故与放射事故的应急处置;作业场所空气中铅及其化合物、汞及其化合物、苯、镉、铍、砷、氰化物、氮氧化物、一氧化碳、二硫化碳、氯、己内酰胺、氯丁二烯、氯乙烯、环氧乙烷、苯胺、甲醛等有毒物质浓度超过国家职业卫生标准的作业；体力劳动强度分级标准中规定的第三级、第四级体力劳动强度的作业；作业场所空气中锰、氟、溴、甲醇、有机磷化合物、有机氯化合物等有毒物质浓度超过国家职业卫生标准的作业。

2.对未成年工的保护

（1）对未成年工的保护。未成年工是指年满16周岁未满18周岁的劳动者。《劳动法》规定，不得安排未成年工从事矿山井下、有毒有害、国家规定的第四级体力劳动强度的劳动和其他禁忌从事的劳动；用人单位应当对未成年工定期进行健康检查。

（2）禁止使用童工。童工是指未满16周岁，与单位或者个人发生劳动关系从事有经济收入的劳动或者从事个体劳动的少年、儿童。而青少年工人是指任何超过上述定义的儿童年龄但不满18岁的工人。全球各地区中，亚太国家童工最多，已经超过11亿。

凡招用不满16周岁未成年人的就是使用童工。国家严令禁止使用童工。任何单位或者个人也不得为不满16周岁的未成年人介绍就业。不满16周岁的未成年人也不能开业从事个体经营活动。文艺、体育单位经未成年人的父母或者其他监护人同意，可以招用不满16周岁的专业文艺工作者、运动员。学校、其他教育机构以及职业培训机构按照国家有关规定组织不满16周岁的未成年人进行不影响其人身安全和身心健康的教育实践劳动，职业技能培训劳动除外。不满16周岁的未成年人的父母应当保护其身心健康，保障其接受义务教育的权利，不得允许其被用人单位非法招用。

非法招用童工具有以下法律后果。《劳动法》第15条规定："禁止用人单位招用未满十六周岁的未成年人。"《禁止使用童工规定》第2条规定："国家机关、社会团体、用人单位事业单位、民办非用人单位单位或者个体工商户（以下统称用人单位）均不得招用不满16周岁的未成年人（招用不满16周岁的未成年人，以下统称使用童工）。"《劳动法》第94条进一步规定其法律责任："用人单位非法招用未满十六周岁的未成年人的，由劳动行政部门责令改正，处以罚款；情节严重的，由工商行政管理部门吊销营业执照。"《禁止使用童工规定》第6条规定，用人单位使用童工的，由劳动保障行政部门按照每使用一名童工每月处5000元罚款的标准给予处罚；在使用有毒物品的作业场所使用童工的，按照《使用有毒物品作业场所劳动保护条例》规定的罚款幅度，或者按照每使用一名童工每月处5000元罚款的标准，从重处罚。劳动保障行政部门并应当责令用人单位限期将童工送回原居住地交其父母或者其他监护人,所需交通和食宿费用全部由用人单位承担。用人单位经劳动保障行政部门依照前款规定责令限期改正,逾期仍不将童工送交其父母或者其他监护人的,从责令限期改正之日起,由劳动保障行政部门按照每使用一名童工每月处 1 万元罚款的标准处罚,并由工商行政管理部门吊销其营业执照或者由民政部门撤销民办非用人单位单位登记;用人单位是国家机关、事业单位的,由有关单位依法对直接负责的主管人员和其他直接责任人员给予降级或者撤职的行政处分或者纪律处分。

(二)出资培训人员管理

1.出资培训人员可以约定服务期的条件

(1)培训须为专项培训,而不是入职培训以及其他普通培训。所谓专项培训是指用人单位出资,对劳动者的技术业务进行的专业培训,旨在提高劳动者的工作能力和技术水平。

(2)用人单位必须要承担培训费用。

2.出资培训管理实务操作

(1)必须明确培训规划。企业的培训目的是为企业经营管理和持续发展服务,并不是"为培训而培训"。因此,企业应该紧紧围绕自身发展的需要,对培训内容、培训时间、培训地点、培训教材等各方面做好计划。

(2)企业在对劳动者进行专项培训前,一定要全面评估法律风险以及劳动者综合情况。企业培训对象主要包括新进员工、转换工作员工、不符合工作要求员工和有潜质的员工。但是,针对每种类型的员工,企业培训目标和内容不同。对有潜质的员工,培训项目一般会提高员工的通用技能。投资于这种类型的员工,投资费用比较高,企业能够得到的预期回报也很大。但有潜质员工的培训结果很容易被其他企业使用,员工容易被高薪挖走,员工跳槽的可能性比较大。因此对这种类型员工进行培训,在培训对象的选择上要慎重,不可随意行事。对于新员工来说,其对企业的归属感不强,跳槽倾向比较高。选择新员工进行技术培训,无疑加剧了企业培训的风险。因此,一定要全面评估法律风险以及劳动者综合情况。最好不要出资为尚在试用期的劳动者进行专项培训;专项培训一定要选择企业的核心员工,认同企业发展理念、能够长期为企业服务的员工。

(3)对员工进行专项培训须固定好证据,例如可以要求用人单位在劳动者的专项培训结束之日起 3 个工作日内,要求培训机构交付专项培训费用发票并要求参加培训的劳动者在《培训登记表》上签名,确认培训对象、时间、地点、培训机构、住宿费、交通费和伙食费以及因培训产生的用于该劳动者的其他直接费用项目。

(4)把签订培训协议,纳入合同管理。企业在作出专项培训前,要与劳动者签订培训协议,约定服务期、培训费用、违约金及其支付方式签订培训协议。一旦员工离职,企业可以通过法律维护自己的权利,把损失降到最低。

(5)违约金的设定要公平合理。违约金的约定不能超过专项培训费用。《劳动合同法》规定,用人单位为劳动者提供专项培训费用,对其进行专业技术培训的,可以与该劳动者订立协议,约定服务期。劳动者违反服务期约定的,应当按照约定向用人单位支付违约金。违约金的数额不得超过用人单位提供的培训费用。用人单位要求劳动者支付的违约金不得超过服务期尚未履行部分所应分摊的培训费用。《劳动合同法实施条例》第 16 条对培训费用作出了解释,《劳动合同法》第 22 条第 2 款规定的培训费用,包括用人单位为了对劳动者进行专业技术培训而支付的有凭证的培训费用、培训期间的差旅费用以及因培训产生的用于该劳动者的其他直接费用。因此,不能将工资、社会保险等费用纳入培训费,而且,违约金的设定应按照服务年限长短递减。《劳动部办公厅关于试用期内解除劳动合同处理依据问题的复函》对培训费用的处理也作了如下规定:如果试用期满,在合同期内,则用人单位可以要求劳动者支付该项培训费用,具体支付方法是:约定服务期的,按服务期等分出资金额,以职工已履行的服务期限递减支付;没有约定服务期的,按劳动合同期等分出资,以职工已履行的合同期限递减支付;没有约定合同期的,按 5 年服务期等分出资金额,以职工已履行的服务期限递减支付;双方对递减计算方式已有约定的,从其约定。如果合同期满,职工要求终止合同,则用人单位不得要求劳动者支付该项培训费用。这个规定可以参照适用。

(三)竞业禁止人员的管理

1.竞业禁止协议签订的条件

(1)竞业限制人员的范围。竞业限制的人员限于用人单位的高级管理人员、高级技术人员和其他负有保密义务的人员,并不适用于每个劳动者。

对负有保密义务的劳动者,用人单位可以在劳动合同或者保密协议中与劳动者约定竞业限制条款。这里的"高级管理人员"一般是指《公司法》规定的公司经理、副经理、财务负责人、上市公司董事会秘书和公司章程规定的其他人员。劳动合同法规定对负有保密义务的劳动者,用人单位可以在劳动合同或者保密协议中与劳动者约定竞业限制条款。因此,一个劳动者是否负有保密义务是双方是否签订竞业限制协议的条件,没有接触到用人单位商业秘密的普通劳动者,不必订立竞业限制协议,即使订立,也对劳动者没有约束力,用人单位反而须支付相应的竞业限制补偿金。

（2）竞业禁止协议的内容

对负有保密义务的劳动者,用人单位可以在劳动合同或者保密协议中与劳动者约定竞业限制条款,一份完备的竞业限制协议一般应当包括如下内容：

竞业限制的人员范围：限于用人单位的高级管理人员、高级技术人员和其他负有保密义务的人员,实际上限于知悉用人单位商业秘密和核心技术的人员,并不适用于每个劳动者。

竞业限制的地域范围：竞业限制协议限制了劳动者的就业权,因此不能任意扩大竞业限制的范围,原则上,竞业限制的范围、地域,应当以能够与用人单位形成实际竞争关系的地域为限。

竞业限制期限：根据《劳动合同法》的规定,竞业限制的期限不得超过两年。

竞业限制补偿：竞业限制限制了劳动者的劳动权利,由于受到协议的限制,劳动者的就业范围大幅缩小,甚至于失业,因此对劳动者进行补偿成为必要。但法律没有规定补偿的具体标准,实践中可由用人单位与劳动者协商确定。

违约责任：约定劳动者违反竞业限制协议应当承担的违约责任。法律没有对违约金的标准作出规定,可由用人单位与劳动者协商确定。

2.竞业限制实操要点

（1）法律没有规定竞业限制补偿金的标准和劳动者违反竞业限制的违约金标准,可由合同双方进行约定,这也是劳动合同法中少见的、赋予用人单位较高自由度的条款,用人单位可充分把握和利用,但应当遵循公平合理原则。

（2）经济补偿金的支付。根据《劳动合同法》的规定,企业应在解除或者终止劳动合同后,按月支付竞业限制补偿。用人单位应当按照劳动者在劳动合同解除或者终止前 12 个月平均工资的 30% 按月支付经济补偿,如果该月平均工资的 30% 低于劳动合同履行地最低工资标准的,则应当按照劳动合同履行地最低工资标准支付。因此,如果企业的竞业限制协议和相关做法与上述规定相冲突的,HR 应当尽快予以调整。同时,还应对新规定可能会给企业带来的相关成本费用的增加作出评估。

（3）在竞业限制期限内,用人单位可以根据具体情况决定是否解除竞业禁止。用人单位在解除竞业限制协议时,劳动者有权请求用人单位额外支付劳动者 3 个月的竞业限制经济补偿。

（4）劳动者违反竞业限制约定,向用人单位支付违约金后,用人单位还可以要求劳动者按照约定继续履行竞业限制义务。

3.实践中的操作难点、疑点

（1）不支付经济补偿金,员工还需要承担竞业限制义务吗？

因用人单位的原因导致 3 个月未支付经济补偿,员工就取得了对竞业限制协议的单方解除权。但该解除权的行使应当具备两个条件:一是实体上,应当满足"因用人单位的原因导致 3 个月未支付经济补偿",也就是说企业有 3 个月的宽限期,企业未支付经济补偿尚未超过 3 个月的,员工不能以此为由拒绝履行竞业限制义务;二是程序上,一方行使合同解除权时"应当通知对方,合同自通知到达对方时解除"。因此,即便企业超过 3 个月未支付经济补偿,员工也应在另行择业前将解除的意思表示告知企业,如果未通知企业即另行择业,也将承担违反竞业限制义务的法律责任。

（2）"工资福利待遇中已经包含竞业经济补偿金"条款的效力

实践中很多用人单位与劳动者签订的竞业限制协议中约定每月支付给劳动者的工资福利待遇中已经包含竞业限制补偿金。竞业限制补偿金的义务,从保护劳动者合法权益的角度出发,应当认定该约定无法律效力。《劳动合同法》对此进行了规制,明确了竞业限制补偿金是在解除或者终止劳动合同后,在竞业限制期限内按月支付。因此,用人单位应当注意不要在竞业限制协议中约定工资福利待遇中已经包含竞业限制补偿金,作出这样的约定,将面临竞业限制协议无效、劳动者无须承担竞业限制义务的风险。正确的做法是约定劳动合同解除或终止后,按月支付竞业限制补偿金,补偿金数额由用人单位根据实际情况与劳动者协商确定。

六、员工泡病假的处理

法律保护劳动者的合法休息权，一般而言，劳动者享有的假期可以分为法定假期与非法定假期。用人单位作为组织管理者，对于请假具有一定的批准权。无论是法定假期，如婚假、产假、年休假，或非法定假期，如事假、病假，劳动者均应提前按照用人单位的规定申请相应的假期。

（一）员工泡病假的情形

没病装病。有的员工凭借虚假的病假单要求请假。

小病大养。有些员工有个病，但谎称大病需要休息半个月，以达到不提供劳动或者旅游、做兼职或其他目的。

怀孕或哺乳期的女职工的泡病假。女员工怀孕，可能有各种各样的状态，可能身体虚弱，为了保胎而要求医生开病假条或跟公司称病不上班，这种情况可能会持续到临产。哺乳期的女员工，可能因为身体还没有恢复，为了方便照顾小孩，也会要求病假。

合同快到期的员工泡病假。这些员工对于公司是不是会跟自己续签劳动合同不是很有把握，通常会通过休病假延长劳动合同期限，达到公司必须跟员工续签合同的目的。这种情况一般发生在工龄快满 10 年的员工身上，因为满了 10 年，公司就必须跟员工签订无固定期限劳动合同。

工伤职工泡病假。工伤职工有停工留薪期，有的职工认为，既然休息也有工资拿，不如继续延长病假，这些职工在停工留薪期快结束时要求延长病假。

（二）操作要点

完善内部规章制度约束。用人单位应当制定完善病假的规章制度，设置完善的请休假制度，包括请假的条件、请假的程序等。同时，用人单位应确保请休假制度的制定程序和公示程序合法有效。

加强员工病假条以及有关材料的审查。要求员工提供与病假内容相关的所有就诊证明文件，员工请病假应提供门（急）诊挂号单据、诊断证明、休假证明，与原件核对无误的病历复印件，方为完备的病假手续。员工的诊断证明必须是主治医师以上签字，同时该医生所开具诊断证明书必须与其执业资格专科对应,否则该诊断证明书及对应的休假证明无效。关于诊断证明书必须由主治医师以上医师签字,再由医院有关部门审核盖章后生效,出具诊断证明书的医生应对所作出的诊断负法律责任,凡开出的诊断证明书必须复写或登记交医院门诊部办公室或医务处存查,医生不得开具非本专科病人的诊断证明书。

用人单位可以将各类假期的请休与奖金、升级等各类考核指标挂钩,确保"泡假"的劳动者支付相应成本。职工患病或非因工负伤治疗期间,在规定的医疗期间内由用人单位按有关规定支付其病假工资或疾病救济费,病假工资或疾病救济费可以低于当地最低工资标准支付,但不能低于最低工资标准的80%。用人单位可以根据自身情况,设置全勤奖或病假期间的工资待遇,由此既可以降低本单位的用工成本,又可以加大泡病假职工的成本,最大程度防止这种现象的发生。

对于"泡假"的劳动者,用人单位应当将其纳入用人单位特殊人群监管,及时了解这类劳动者请假期间的情况,包括是否在外兼职、提供的假条是否真实等,并根据了解的情况,及时采取相应措施。对于长病假的员工,用人单位可以对员工进行探访,一方面体现对员工的关心,另一方面也可以在一定程度上监督恶意病假的员工。同时,内部规章制度中也需要将请假审批与违纪处分进行挂钩安排,当员工确实存在"泡病假"等行为时,公司就可以有所依据地对其进行违纪处分。

七、员工不能胜任工作的处理

根据《劳动合同法》第40条第2项之规定,劳动者不能胜任工作,经过培训或者调整工作岗位,仍不能胜任工作的,用人单位可以解除劳动合同。在实践中适用比较复杂,用人单位胜任率低,很多用人单位为此承担不利的法律后果,构成违法解除劳动合同,现将其处理规则分述如下:

(一)不能胜任情况下的调岗

1.不能胜任工作情况下的调岗情形

《劳动合同法》第40条规定:"有下列情形之一的,用人单位提前三十日以书面形式通知劳动者本人或者额外支付劳动者一个月工资后,可以解除劳动合同:……(二)劳动者不能胜任工作,经过培训或者调整工作岗位,仍不能胜任工作的。"《劳动法》第 26 条规定："有下列情形之一的,用人单位可以解除劳动合同,但是应当提前三十日以书面形式通知劳动者本人:……(二)劳动者不能胜任工作,经过培训或者调整工作岗位,仍不能胜任工作的。"上述条文虽然规定的是用人单位可解除劳动合同的情形,实际上也是劳动者不能胜任工作用人单位可变更劳动者工作岗位的法律依据。在劳动者不能胜任工作的情况下,用人单位可对劳动者进行相应的技能培训,或者对劳动者的工作岗位进行相应的调整,仍然不能胜任工作的,才可以解除劳动合同。

2.不能胜任工作情况下调岗实操

(1)需要证明劳动者不能胜任工作,这是用人单位调岗的前提条件。那么,什么是不能胜任工作? 根据《关于〈劳动法〉若干条文的说明》(劳办发〔1994〕289 号)的规定,所谓"不能胜任工作",是指不能按要求完成劳动合同中约定的任务或者同工种、同岗位人员的工作量。用人单位不得故意提高定额标准,使劳动者无法完成。实际上不能胜任工作的判断可能并不限于工作定额,还可能涉及团队合作、工作态度等等方面,这里需用人单位事先依法制定考核制度,明确考核指标,对劳动者的工作表现进行全面的考核,得出不能胜任工作的结论。

(2)发出书面通知。当确定了劳动者不能胜任工作的结论后,可向劳动者发出书面通知,书面通知中告知劳动者因不能胜任工作,用人单位决定调整其工作岗位,从原工作岗位调整至某某工作岗位,调岗通知须送达劳动者,由劳动者签收。当然,在实务中,这种书面通知并不限于固定的格式,用人单位制作的《工作岗位异动表》《调动通知单》也属书面方式,员工在表单上签名也没问题。如果劳动者收到调岗通知后拒不去新岗位到岗上班怎么办? 建议用人单位在规章制度中对此做相应的规定,比如规定这种情况属于不服从工作安排并规定相应的处理措施。

(3)不需要与劳动者协商。不能胜任工作情况下的调岗是否需双方协商一致? 法律给了用人单位调岗的依据,那么岗位变更是否需与劳动者协商一致? 从《劳动法》《劳动合同法》的表述看,当劳动者不能胜任工作时,用人单位可以对其调岗,条文中并无调岗前需协商一致的要求。

关于这个问题,原劳动部曾经对此作出解释。劳动部《关于职工因岗位变更与用人单位发生争议等有关问题的复函》(劳办发〔1996〕100 号)规定,按照《劳动法》第 17 条、第 26 条、第 31 条的规定精神,因劳动合同订立时所依据的客观情况发生重大变化,致使原劳动合同无法履行而变更劳动合同,须经双方当事人协商一致,若不能达成协议,则可按法定程序解除劳动合同;因劳动者不能胜任工作而变更、调整职工工作岗位,则属于用人单位的自主权。对于因劳动者岗位变更引起的争议应依据上述规定精神处理。抛开上述依据,从常理上我们也可以作出判断,即无须取得劳动者同意。道理很简单,劳动者不能胜任工作,用人单位调岗如果还需取得劳动者同意的话,势必无法操作。因为绝大多数劳动者都不会同意不能胜任工作的调岗,这样就陷入了僵局,也会让法律条文没有操作性。因此,由于劳动者不能胜任工作,用人单位调整劳动者工作岗位的,不属双方协商一致变更劳动合同的范畴,用人单位可单方作出调整,劳动者不能以未经变更程序为由拒绝调整。

(4)"不能胜任工作"举证。"不能胜任工作"如何取证呢?绩效考核是最常用的取证方式,考核结果也最容易被裁判机关采信,但需要把握考核的客观性与公平性,尽量减少管理人员主观评价的成分。需要提起注意的一点是,考核结果应由员工本人签字确认,即使员工不服考核结论,也应至少让其签收并允许其保留异议。

调岗的前提取决于用人单位能够证明劳动者不能胜任工作,如果劳动者对考核结果不予签名确认,怎么办?实务中可分两种情况来分析。

第一种情况,如果考核指标是能够量化的,能够一目了然作出判断,则劳动者对考核结果是否签名确认都不是太重要。比如,从事销售工作的,每个月的销售目标和实际销售的业绩都是客观的数字,从证据上就足以判断其是否完成工作任务,这种考核结果劳动者就算不签名确认也无妨,用人单位提供相关证据即可证明。

第二种情况是考核招标无法量化,需主观评判的,比如基于工作态度、工作表现、工作能力等考核因素得出的不能胜任工作结论,这种考核结果如果劳动者不予确认,发生劳动争议时势必给用人单位带来法律风险。建议如下操作:在考核制度中规定劳动者对考核结果不签名确认,用人单位可采用公开的方式公布考核结果。并规定劳动者对考核结果不认可,应在多少个工作日内提交书面材料予以申辩,逾期不申辩的视为对考核结果接受。这样在没有劳动者签名认可考核结果的情况下,实务中裁判机构仍可能直接采信用人单位的考核结果。

劳动者对考核结果不认可,但又实际上去了新岗位,能否事后主张调岗无效？对于这个问题，用人单位可以用实际履行规则进行抗辩。《最高人民法院关于审理劳动争议案件适用法律若干问题的解释（一）》第 43 条规定，用人单位与劳动者协商一致变更劳动合同，虽未采用书面形式，但已经实际履行了口头变更的劳动合同超过 1 个月，变更后的劳动合同内容不违反法律、行政法规且不违背公序良俗，当事人以未采用书面形式为由主张劳动合同变更无效的，人民法院不予支持。

（5）调岗后可以调薪。调岗后能否调薪？从《劳动合同法》《劳动法》相关条文看，法律规定用人单位的单方调岗权，并未对用人单位调薪进行规定。但由于不能胜任工作的调岗，通常是由上而下调整，一般会带来职级的变化，也势必会导致薪酬等级的变化，从这个角度分析，因劳动者不能胜任工作导致的调岗，用人单位按照岗位的变化相应地调整薪水应属应有之义，也是岗变薪变原则的体现。但由于缺乏明确的法律依据，也会给一些裁判者带来法律适用上的困惑，从而给用人单位的管理行为带来法律风险。为了解决这个问题，建议这样操作，在劳动合同中增加一个条款："因乙方（劳动者）不能胜任工作而调整其工作岗位的，乙方同意甲方（用人单位）按照新岗位确定乙方工资标准，实行以岗定薪、岗变薪变。"通过这样的事先约定，解决调岗后调薪的依据问题。

（二）员工不能胜任工作下的劳动关系解除

员工不能胜任工作不能立即解除劳动合同，必须经过培训或调整工作岗位后，经过考核，仍然不能胜任工作的，才可以解除劳动合同。可见，劳动者不能胜任工作，用人单位是可以单方解除劳动关系的，但这种解除必须符合几个方面的条件：一是用人单位必须有证据证明劳动者确属"不能胜任工作"的情况；二是用人单位不能直接解除劳动合同，必须先对不能胜任工作的劳动者进行培训或者调整岗位，经过培训或者调整工作岗位，劳动者仍不能胜任工作的情况下，用人单位才可以解除与劳动者的劳动合同。在劳动者不能胜任工作的情况下，用人单位如果想要解除劳动合同，必须严格按照法律的规定进行，以免侵害劳动者的合法权益，也避免因违法行为带来的赔偿后果。具体而言，需要注意以下几点：

（1）用人单位选择对"不能胜任工作"的员工进行调岗或解除劳动合同，应做到与员工充分协商，最好能够协商解决，劳动者能够同意解除劳动合同，由此才能将风险降至最小。

（2）"考核末位"并不等同于"不能胜任工作"。员工考核居末位只能体现用人单位考核排名的情况，"不能胜任工作"多是劳动者的能力不足以满足岗位需求。在多人竞争的岗位中，即使所有员工都能胜任工作，总有人居于考核的末位；反之，在所有员工均不能胜任工作时，也总有员工在考核时位居第一。对此，最高人民法院的指导性案例对此专门做过论述。法院认为，劳动者在用人单位等级考核中居于末位等次，不等同于"不能胜任工作"，不符合单方解除劳动合同的法定条件，用人单位不能据此单方解除劳动合同。[①]

（3）要制定恰当的考核方法，以判定员工是否"胜任工作"，要使员工对考核结果心服口服。且用人单位必须两次举证证明劳动者不能胜任工作，用人单位收集两次不能胜任工作的证据（举证规制在用人单位）。

（4）用人单位可以对初次考核不合格的员工进行岗位培训。对员工的上述培训应当保留培训档案并经员工确认，以免将来发生劳动争议时没有相关证据。

（5）用人单位对于经过调岗或培训仍然考核不合格的员工，应当提前30天以书面形式通知或额外支付劳动者1个月工资后解除劳动合同。

（6）用人单位单方解除劳动合同需要通知工会，征求工会的意见。

（7）不能胜任工作而解除劳动合同需要支付经济补偿金。由于因不能胜任工作而解除劳动合同是非过错性的，法律给予员工经济补偿金作为解除的对价。经济补偿金支付的依据及计算标准详见《劳动合同法》第46条、第47条的规定。

八、员工岗位的合法调整

用人单位根据生产经营需要，合法合理地调整员工岗位，是用人单位用工自主权的合理体现，也是配置人力资源的重要手段。实务中员工常常对调岗抱有抵触情绪，再加上用人单位没有把握好调岗的操作流程和要点，而引发不少劳动争议，用人单位需要合法、合理进行调整岗位，最大程度减少法律风险。

[①] 最高人民法院指导案例18号——中兴通讯（杭州）有限责任公司诉王鹏劳动合同纠纷案。

(一)调岗的情形

工作岗位通常决定了员工的工作内容,其具有相对的稳定性和可预见性,工作岗位系劳动合同的法定要件之一,属于劳动合同的必备条款。在劳动合同签订之初,员工即把工作岗位作为决定"是否签约"的重要依据,改变工作岗位和工作内容,属于变更劳动合同。

1.协商调岗

协商调岗是指用人单位和劳动者就工作岗位变动进行协商,并达成一致意见的行为。一般而言,工作岗位属于劳动合同的内容,用人单位调整劳动者工作岗位属于变更劳动合同的内容,应依据《劳动合同法》第 35 条之规定与劳动者协商一致并采用书面形式进行,用人单位单方调岗存在一定的法律风险。《劳动合同法》第 35 条规定:用人单位与劳动者协商一致,可以变更劳动合同约定的内容。变更劳动合同,应当采用书面形式。变更后的劳动合同文本由用人单位和劳动者各执一份。由此可见,在双方达成一致的情况下,调岗是完全没问题的。为了防止用人单位滥用优势地位,《劳动合同法》将用人单位单方变更合同的权利限制在合理的范围,对劳动合同的变更提出了严格的要求。可见调岗并不是用人单位单方的权利,首先要求满足客观条件需求,在此基础上,如果需要进行调岗,用人单位应将相关的内容进行必要的告知解释,调整的岗位也须具有充分的合理性,不能无理由调岗。调整岗位作为合同变更的重要内容,须满足两个基本前提:双方协商一致和采取书面形式。否则员工有权拒绝。双方应当继续按原合同约定履行。

2.用人单位单方调岗

用人单位单方调岗是指用人单位根据生产经营需要或者劳动者的具体情况对其岗位单方面进行调整。具体包括以下情形:

(1)口头单方调岗超过 1 个月劳动者未提出异议。《最高人民法院关于审理劳动争议案件适用法律若干问题的解释(一)》第 43 条规定:"用人单位与劳动者协商一致变更劳动合同,虽未采用书面形式,但已经实际履行了口头变更的劳动合同超过 1 个月,变更后的劳动合同内容不违反法律、行政法规且不违背公序良俗,当事人以未采用书面形式为由主张劳动合同变更无效的,人民法院不予支持。"这是关于调岗的劳动争议的新标准:劳动者到新岗位工作超过1个月且其间没有提出异议的即视为其接受了新岗位。实际操作中，用人单位只需举证证明劳动者已实际履行了新岗位的工作职责，且超过1个月即可。而劳动者主张不接受新岗位的则需举证证明其在1个月内提出过异议或在此期间拒绝履行新岗位的工作职责，否则不能以此提出解除劳动合同并要求经济补偿。

（2）员工不能胜任岗位工作调岗。《劳动合同法》第40条规定："有下列情形之一的，用人单位提前三十日以书面形式通知劳动者本人或者额外支付劳动者1个月工资后，可以解除劳动合同：（一）劳动者患病或者非因工负伤，在规定的医疗期满后不能从事原工作，也不能从事由用人单位另行安排的工作的；（二）劳动者不能胜任工作，经过培训或者调整工作岗位，仍不能胜任工作的；（三）劳动合同订立时所依据的客观情况发生重大变化，致使劳动合同无法履行，经用人单位与劳动者协商，未能就变更劳动合同内容达成协议的。"从中可知用人单位单方调整工作岗位有两种情形：一是劳动者患病或者非因工负伤，在规定的医疗期满后不能从事原工作，用人单位可以调整其工作岗位。二是劳动者不能胜任工作的，用人单位可以单方调整工作岗位，不能直接予以解除劳动关系。《劳动合同法》对于员工不能胜任工作的调岗，是该员工因不能胜任工作而降低工作要求的调岗，目的是在该员工不能胜任原工作的情况下，将其调到相对工作要求、工作能力低的岗位，能够继续为用人单位服务。这种调岗不需要与员工协商一致，用人单位可根据实际情况自主安排。

（3）员工因工负伤、职业病无法再回原岗位工作。用人单位对不适宜继续从事原工作的职业病病人、因工受伤员工，应当调离原岗位，合理安排工作岗位。《劳动合同法》第42条规定："劳动者有下列情形之一的，用人单位不得依照本法第四十条、第四十一条的规定解除劳动合同：（一）从事接触职业病危害作业的劳动者未进行离岗前职业健康检查，或者疑似职业病病人在诊断或者医学观察期间的；（二）在本单位患职业病或者因工负伤并被确认丧失或者部分丧失劳动能力的。"可见，如果员工因工负伤、职业病无法再回原岗位，但又不能解除劳动合同，此时可以对其工作岗位进行调整。

（4）孕期、哺乳期员工调岗。根据相关规定，处于孕期、哺乳期的女职工，用人单位应当根据医疗机构的证明，予以减轻劳动量或者安排其他能够适应的劳动。对于正处在孕期、哺乳期禁忌从事的劳动范围内的女职工，用人单位应该予以调岗。

（5）脱密期调岗。《劳动部关于用人单位职工流动若干问题的通知》规定：用人单位与掌握商业秘密的职工在劳动合同中约定保守商业秘密有关事项时，可以约定在劳动合同终止前或该职工提出解除劳动合同后的一定时间内（不超过6个月），调整其工作岗位，变更劳动合同中相关内容。

（6）因生产、工作需要临时性调整。对于临时性的岗位调整，并无明确的法律依据，用人单位根据用工自主权，在客观需要对岗位所作的合理性临时调整，员工应该服从安排。

关于"客观情况发生重大变化的调岗"，有的认为这也属于用人单位单方调岗，根据《劳动合同法》第40条第3项的规定，劳动合同订立时所依据的客观情况发生重大变化，致使劳动合同无法履行，经用人单位与劳动者协商，未能就变更劳动合同内容达成协议的，用人单位可以解除劳动合同。从中可知，适用的前提条件是"劳动合同订立时所依据的客观情况发生重大变化，致使劳动合同无法履行"，此时用人单位应当进行协商，如果协商不成，则用人单位可以解除劳动合同。可见立法者并没有规定用人单位可以单方调整工作岗位，而是要与劳动者进行协商，调整工作工作岗位，因此这种情形属于协商调岗。

（二）调岗的实务操作

在调整岗位时，用人单位依然应遵守以下规则：

（1）调岗应遵循合法性、合理性原则。用人单位在调岗时除了应当遵守相关法律法规外，仍应遵守以下限制：其一，调岗必须基于用人单位生产经营的需要；其二，调岗前后的工资水平应当基本相当，不得通过调岗而变相降低劳动者的薪水；其三，调动后的岗位不具有侮辱性和惩罚性，以及没有其他违反法律法规的情形，用人单位不得用调岗变相打压员工或变相逼迫员工辞职。同时，调整岗位须具有充分的合理性，调整后的岗位与调整前的岗位应有一定的关联，如把销售人员调整为后勤人员就可能被认为欠缺合理性。

（2）劳动者应能胜任新的工作。如果不能适任，用人单位有义务进行培训，以使劳动者适应新工作岗位。

（3）在调岗过程中充分保障员工的知情权、异议权并给予员工充分的考虑时间。调岗涉及员工切身利益，用人单位在调岗时应充分保障员工的知情权，最好向员工送达书面调岗通知，调岗通知应包含调岗依据和调岗后岗位的相关信息,并告知员工有异议可以在合理期间内提出异议。建议用人单位在充分听取员工意见后再作出最终决策,如果双方能协商一致后再进行调岗操作,就能减少很多不必要的劳动争议。

(4)虽然可按岗定薪,但公司应当有详细、合理的薪酬体系。调岗不意味着必然调薪,双方还可对工资报酬进行协商,调岗后的工资报酬应基本相当。

(5)在劳动合同或用人单位规章制度中,通常会有"用人单位有权根据生产经营变化及劳动者工作情况调整其工作岗位和工资"的内容,单位可以据此单方面调整员工岗位。这种情形是实践中经常碰到的。用人单位和员工签订的劳动合同只要不是强迫签订且不违反法律、行政法规的禁止性规定,将具有拘束力,双方均应履行。但即使有"可根据需要调岗"的条款,也并不代表用人单位可随意单方进行调岗。在司法实践中,用人单位需要证明单方面调岗行为具有充分的合理性。司法界比较认可的做法是,只有当单方面调岗行为满足下面四个标准才能认定为合法:①调岗是用人单位生产经营的需要;②调岗后劳动者的工资水平与原岗位相当;③不具有侮辱性和惩罚性;④无其他违反法律法规的情形。

九、劳动合同的变更和续签实务操作

(一)用人单位变更劳动合同

劳动合同的变更指劳动合同当事人就已订立的合同条款达成修改补充协议的法律行为。一般来说,劳动合同依法成立就具有法律约束力,双方当事人必须严格依照合同规定的条款认真履行自己的义务,不允许任何一方擅自变更合同,即便是双方协议变更合同,也不得违反法律规定。这是为了保证劳动合同的稳定性,维护劳动合同的严肃性。但由于客观情况是千变万化的,社会经济生活处于运动之中,常会产生使劳动合同执行困难和不可能的情形,这就需要对原合同的内容作出修改。用人单位应当进行合法操作。

1.用人单位变更劳动合同的情形

根据《劳动合同法》规定,变更劳动合同可以分为约定变更和法定变更。

（1）约定变更

《劳动合同法》第 17 条规定,劳动合同应当具备以下条款:用人单位的名称、住所和法定代表人或者主要负责人;劳动者的姓名、住址和居民身份证或者其他有效身份证件号码;劳动合同期限;工作内容和工作地点;工作时间和休息休假;劳动报酬;社会保险;劳动保护、劳动条件和职业危害防护;法律、法规规定应当纳入劳动合同的其他事项。劳动合同除前款规定的必备条款外,用人单位与劳动者可以约定试用期、培训、保守秘密、补充保险和福利待遇等其他事项。据此,劳动合同内容可变更的对象即是劳动合同的有关条款。《劳动合同法》第 35 条规定,用人单位与劳动者协商一致,可以变更劳动合同约定的内容。变更劳动合同,应当采用书面形式。变更后的劳动合同文本由用人单位和劳动者各执一份。通过双方当事人的再次协商,对原合同的条款作部分修改、补充或删除,使原合同适应变化发展的新情况,这样就能保证合同的继续履行。应当说劳动合同的变更是原有合同关系的派生,是原来已存在的权利义务关系的发展。当事人协商对合同内容的变更不得与国家法律、法规相抵触。

劳动合同变更的对象,只限于劳动合同中的部分条款。它应当符合下述要求:①是尚未履行或者尚未完全履行的有效条款。已履行完毕的条款再无变更的必要和可能性。而无效的条款则应该取消,应适用变更。②是依法可以变更的条款。换言之,依法不应作为变更对象的条款如合同当事人条款、合同期限条款等,不得进行变更。③是引起合同变更的原因所指向的条款。合同变更由于法定或者约定的原因不同,所应变更的条款也就有所差异。凡是与合同变更的原因无关的条款,就不必予以变更。即是说,只有在订立劳动合同所依据的主客观条件发生变化,致使劳动合同中一定条款的履行成为不可能或不必要的情况下,劳动合同才可变更。

（2）法定变更

法定变更是指根据法律的规定,用人单位单方面对劳动合同条款进行变更。具体包括以下情形:

第一,根据《劳动合同法》第 40 条规定,劳动者患病或者非因工负伤,在规定的医疗期满后不能从事原工作,也不能从事由用人单位另行安排的工作的。用人单位可以解除劳动合同,但解除劳动合同的前提是可以变更劳动者的工作岗位。用人单位适用前述情形变更劳动者工作岗位的,应注意两个问题:一是劳动者患病或非因工负伤而停止工作的,用人单位不能立即变更劳动者的工作岗位,必须在法定医疗期限届满后;二是变更工作岗位时应具有合理性,适合医疗期后的劳动者的身体状况。一般而言,新岗位与原岗位相比,对劳动者的要求更低,劳动强度减轻。

第二,劳动者不能胜任工作,可以调整工作岗位。根据《劳动合同法》第40条第(2)项规定,在劳动者不能胜任工作,经过培训或者调整工作岗位,仍不能胜任工作的,用人单位可以解除劳动合同(具体条件见本章第5部分的内容)。据此,如果劳动者被证明不能胜任工作的,用人单位可以调整劳动者的工作岗位。用人单位以劳动者不能胜任工作为由调整工作岗位的,须对"劳动者不能胜任工作"承担举证责任,相关证据包括:①劳动者本人知晓原工作岗位的具体职责内容;②考核劳动者是否胜任工作的标准;③对劳动者不能胜任工作的具体考核过程,如劳动者的哪些行为与岗位要求不符。若用人单位没有充分的证据对其调整劳动者工作岗位这一举动予以支撑,将会在后续的纠纷中处于不利地位。

第三,劳动者因工负伤,构成五级、六级伤残的。根据《工伤保险条例》第36条第(2)项规定,职工因工致残被鉴定为五级、六级伤残的,除享受一次性伤残补助金外,还应保留其与用人单位之间的劳动关系,由用人单位安排适当工作。难以安排工作的,由用人单位按月发给伤残津贴。据此,职工工伤经鉴定构成五级、六级伤残的,用人单位可以将劳动者发生工伤前的工作岗位调整为劳动者能够胜任的新工作岗位。

2.变更劳动合同的操作要点

(1)变更劳动合同必须在劳动合同有效期内进行。

(2)必须遵循《劳动法》《劳动合同法》规定的平等自愿、协商一致的原则,不得违反法律、行政法规规定的变更原则;法定变更必须符合法定情形,不得据此逼迫劳动者辞职或具有报复劳动者的不当目的。

(3)必须遵循法定程序,首先由一方当事人依法向对方当事人提出变更劳动合同的建议,并说明变更的理由和修改的条款,请求对方限期答复;然后由对方当事人在限期内给予答复,表示同意或不同意变更,或者建议再协商解决;最后经双方当事人充分协商达成一致后,签订书面协议,双方签字盖章,变更协议即行生效。

(4)用人单位根据工作需要变更劳动合同时,尽最大努力与劳动者协商,就变更劳动合同达成一致意见,由此可最大程度降低法律风险。从用人单位的角度而言,就单位欲变更情形及时与劳动者进行协商,在某些情况下也是争取主动权的表现,不仅能保证用人单位生产经营活动的顺利开展,也能降低不必要的用工成本。比如在客观情况发生重大变化的情况下,用人单位在与劳动者协商不成时,可以行使其解除权,同时避免被认定为违法解除。

(5)用人单位与劳动者可以在劳动合同中对变更条件和事项作出明确约定,或者用人单位在规章制度中针对劳动合同内容的变更给予规定和说明。当劳动合同约定或规章制度规定的变更条件成就时,用人单位与劳动者可据此对劳动合同内容进行变更。

(6)变更劳动合同后,原条款不再具有法律效力,但原劳动合同的其他条款仍然有效。

(二)劳动合同续签实务操作

劳动合同续签是指原订的劳动合同终止执行后,由于工作需要,当事人双方通过协商一致,继续签订劳动合同。劳动合同续签是劳动合同制定的一种特殊形式。

1.续签劳动合同的情形

(1)双方协商一致续订劳动合同。

(2)根据《劳动合同法》第42条的规定,劳动合同期满,存在用人单位不得解除合同的情况之一的,劳动合同应当续延至相应的情形消失:从事接触职业病危害作业的劳动者未进行离岗前职业健康检查,或者疑似职业病病人在诊断或者医学观察期间的;在本单位患职业病或者因工负伤并被确认丧失或者部分丧失劳动能力的;患病或者非因工负伤,在规定的医疗期内的;女职工在孕期、产期、哺乳期的;在本单位连续工作满15年,且距法定退休年龄不足5年的;法律、行政法规规定的其他情形。

(3)根据《劳动合同法》第42条的规定,有下列情形之一,劳动者提出或者同意续订、订立劳动合同的,除劳动者提出订立固定期限劳动合同外,应当订立无固定期限劳动合同:劳动者在该用人单位连续工作满10年的;用人单位初次实行劳动合同制度或者国有用人单位改制重新订立劳动合同时,劳动者在该用人单位连续工作满10年且距法定退休年龄不足10年的;连续订立二次固定期限劳动合同,且劳动者没有《劳动合同法》第39条和第40条第1项、第2项规定的情形,续订劳动合同的。根据《劳动合同法》第14条规定,用人单位应当与劳动者签订无固定期限劳动合同而未签订的,人民法院可以视为双方之间存在无固定期限劳动合同关系,并以原劳动合同确定双方的权利义务关系。

（4）工会主席、副主席或者委员任职期间劳动合同期满的。根据《工会法》第18条的规定,基层工会专职主席、副主席或者委员自任职之日起,其劳动合同期限自动延长,延长期限相当于其任职期间;非专职主席、副主席或者委员自任职之日起,其尚未履行的劳动合同期限短于任期的,劳动合同期限自动延长至任期期满。但是,任职期间个人严重过失或者达到法定退休年龄的除外。用人单位应当注意,工会主席、副主席任期未满时,不得随意调动其工作。因工作需要调动时,应当征得本级工会委员会和上一级工会的同意。如果用人单位罢免工会主席、副主席必须召开会员大会或者会员代表大会讨论,非经会员大会全体会员或者会员代表大会全体代表过半数通过,不得罢免。

（5）职工协商代表在任期内,劳动合同期满的。根据《关于进一步推行平等协商和集体合同制度的通知》（劳社部发〔2001〕17号）第4条的规定,用人单位应当保证职工协商代表履行职责必要的工作时间,其工资和其他待遇不受影响。职工协商代表在本人劳动合同期限内,除严重违反劳动纪律、用人单位规章制度和严重失职、营私舞弊、给用人单位利益造成重大损害以及被追究刑事责任外,用人单位不得与其解除劳动合同。职工协商代表在任期内,劳动合同期满的,用人单位原则上应当与其续签劳动合同至任期届满。职工代表的任期与当期集体合同的期限相同。用人单位不当变更或解除职工协商代表劳动合同的,劳动保障部门应当责令限期改正。

（6）劳动合同到期,但用人单位与劳动者约定的服务期尚未到期的,劳动合同应当续延至服务期满。根据《劳动合同法实施条例》第17条的规定,劳动合同期满,但是用人单位与劳动者依照劳动合同法的规定依法约定的服务期尚未到期的,劳动合同应当续延至服务期满;双方另有约定的,从其约定。

（7）劳动合同期满后,劳动者仍在原用人单位工作,原用人单位未表示异议的,视为双方同意以原条件继续履行劳动合同。[1]

2.续签劳动合同实操

（1）劳动合同期满,一般是允许续订合同的,但是定期轮换工人的续订

---

[1] 参见《最高人民法院关于审理劳动争议案件适用法律问题的解释（一）》第34条。

合同受到限制。

（2）在合同续订时,劳动合同双方当事人已经确定,不需要通过"招收录用"程序重新确定当事人,但是当事人之间在续订合同时,仍然要对涉及双方权利义务的有关事项,平等协商,达成一致意见。如果劳动者一方仍从事原工作,不再规定试用期。

（3）良好的劳动合同数据管理是做好劳动合同续订工作的基础。否则容易在实务中发生劳动者逾期未续订或本来应当在劳动合同期满时终止合同的,而未及时终止。

（4）续订通知范本中应当包括拟续订劳动合同的约定条件。实务中不少用人单位的续订通知中仅体现与劳动者是否续订劳动合同的内容,续订条件却鲜有涉及。然而依据劳动合同法关于期满终止劳动合同的规定,此种情况可能涉及劳动者不同意续订,而用人单位不能举证续订条件系维持或提供约定条件的情况,从而引发用人单位支付经济补偿金的风险。据此,在实务操作中建议在续订通知中直接表述为:维持原劳动合同约定条件,或者提高原劳动合同约定条件之类的措辞。

（5）续订合同的当事人双方曾经存在过一定时期的合同关系,彼此比较了解,可以吸取原合同的长处,从而使新订的合同更加切实可行。

（6）用人单位应当在劳动合同期限届满前完成续订通知义务,切忌劳动合同期满后再另行通知劳动者续订合同,造成无法挽回的损失。虽然签订书面劳动合同的法定款项期为自实际用工之日起 30 日内,但此宽限期仅仅是用人单位不与劳动者签订书面劳动合同的宽限期,并非续订劳动合同的法律风险规避期。劳动合同期满后,劳动者未再去用人单位上班或者劳动者至其他用人单位工作,均属于劳动者与用人单位在劳动合同期满后自动终止劳动合同的情况。如果用人单位并未将续订劳动合同的意思表示传达至劳动者,用人单位又无其他证据证明劳动者不同意续订,则用人单位应当依法向劳动者支付经济补偿。

（7）还需要提示劳动者的是,如果用人单位通过与劳动者沟通完成了劳动合同的最终续签,劳动者再以此为由主张用人单位支付经济补偿金的,司法实践中往往无法获得法院的支持。

此外,还要注意的是,依据《劳动合同法》第 10 条、第 14 条关于书面劳动合同签订及无固定期限合同形成问题的相关规定,用人单位有与劳动者签订书面劳动合同的义务。用人单位自用工之日起满 1 年未与劳动者签订劳动合同,视为用人单位与劳动者已订立无固定期限劳动合同。实务中不少人认为,用人单位自用工之日起超过1年未与劳动者签订劳动合同,既然在法律上已经视为劳动者与用人单位已经成立无固定期限劳动合同关系,因此双方无续签书面劳动合同的必要。这种认识是错误的。视为签订无固定期限劳动合同,不等于免除签订书面合同的义务,用人单位负有与劳动者签订书面劳动合同的强制性义务。用人单位拒不履行该义务的行为构成对劳动合同法的违反。劳动者有权据此要求与用人单位解除劳动合同并要求用人单位支付经济补偿金。

第四章　离职管理

一、员工预告辞职与不辞而别的处理

(一)员工预告辞职实务操作

1.员工预告辞职的情形

(1)《劳动合同法》第 37 条规定,劳动者提前 30 日以书面形式通知用人单位,可以解除劳动合同。劳动者在试用期内提前 3 日通知用人单位,可以解除劳动合同。可见,劳动者提前 30 日提出书面离职,不需要用人单位批准就可以离职;试用期提前 3 日书面提出,用人单位有义务结清工资办理离职手续。实践中劳动者通过快递或挂号信邮寄给用人单位解除劳动关系的通知(也就是通俗说的辞职信、辞职报告),这样便于保留证据。用人单位不支付劳动者工资或不为劳动者办理离职手续,劳动者可以通过申请劳动争议仲裁解决。

(2)没有提前 30 日提出离职,用人单位也不存在《劳动合同法》第 38 条的情况,劳动者直接提交辞职信就走人,这时就是违法解除劳动合同。根据《劳动合同法》第 90 条的规定,给用人单位造成的直接经济损失、招聘劳动者产生的费用,用人单位可以要求劳动者承担。

2.实务操作难点、疑点

(1)员工提出辞职后尚在 30 日通知期,要求撤销辞职书不愿意离职,如何处理?

根据《劳动合同法》第 37 条的规定,劳动者单方提出辞职,就能使其行为产生法律效力,除非有法律规定有重大误解等可撤销情形或可依法撤回的。否则劳动者只要作出辞职意思表示即具有法定效力,无须用人单位批准或同意,期满后劳动关系就解除。所以劳动者有任意辞职的权利,但无权任意反悔和撤销辞职。而且,用人单位在收到劳动者的意思表示时可能会着手招录新员工或者重新安排工作岗位,劳动者撤销辞职申请会给用人单位造成一定的损失。所以,非经法定事由是无法撤销辞职行为的。这对用人单位和员工双方都有约束力,不能随意反悔或撤销。

根据我国民法的相关理论,撤回是针对尚未生效的法律行为;而撤销则是针对已经生效的法律行为。因此,劳动者的辞职行为在未生效之前是可以撤回的,但非经法律规定有重大误解等可撤销情形是不能撤销的。劳动者辞职行为一经送达立即生效,如果送达用人单位辞职材料之时,用人单位对劳动者辞职行为的意思表示并不知情,辞职行为可以撤回。

用人单位应及时采取书面形式确认劳动者的辞职行为,包含辞职的原因及辞职的时间,避免出现劳动者在离职时离职原因不明,而在仲裁诉讼时因证据不足带来法律风险。用人单位应及时办理离职手续,《劳动合同法》第 50 条规定:用人单位应当在解除或者终止劳动合同时出具解除或者终止劳动合同的证明,并在 15 日内为劳动者办理档案和社会保险关系转移手续。劳动者应当按照双方约定,办理工作交接。用人单位依照本法有关规定应当向劳动者支付经济补偿的,在办结工作交接时支付。

用人单位对已经解除或者终止的劳动合同的文本,至少保存两年备查。如果用人单位未按规定出具解除或者终止劳动合同关系有效证明或未及时办理退工手续,给劳动者造成损失的,用人单位将承担相关赔偿的责任。而且用人单位应在一定期限内保存解除劳动合同通知书、劳动者的辞职申请书、工作交接单、保密协议、考勤记录、工资账册等资料,避免因举证不能而承担不利后果。同时,劳动者也应该配用人单位做好相应的交接工作。

(2)用人单位能否与员工在合同中约定超过 30 日的辞职通知期?

有人认为,《劳动合同法》第 37 条规定的 30 日预告期是下限,为保护弱势劳动者,法律强制性地赋予了劳动者对劳动合同予以单方、无理由解除的权利,但为维持劳动关系必要的平衡性和避免权利滥用或给劳动合同相对方造成不必要的影响,法律也规定劳动者行使单方解除权时须提前 30 日通知用人单位。既然劳动者提前 30 日可以解除劳动合同，那么提前超过 30 日当然也可以解除劳动合同。因此该 30 日是预告期的下限。既然是权利，劳动者当然可以处分。双方通过劳动合同约定离职须提前超过 30 天通知的形式，处分了提前 30 日即可解除劳动合同的权利。该约定是双方真实意思表示，而且，提前 30 日系法定期限的下限，因此该约定亦不违反强制性规定，应属有效。虽然该约定确实是略微加重了劳动者的义务，但加重该义务是由于通过谈判劳动者让渡了部分权利（通过谈判劳动者可能在工资、奖金等其他方面获取了更多的利益），是劳动者自主自愿的行为，其履行该义务符合诚信原则。与民事合同的解除权相比较，劳动者已享有了非常宽泛的单方解除劳动合同的权利。现双方通过约定自愿适当限制该权利，应允许。

本书认为，《劳动合同法》第 37 条的规定是强制性的规范，劳动者和用人单位不能据此约定，予以突破。劳动者提前 30 日（试用期提前 3 日）解除劳动合同对劳动者是义务，对用人单位则是权利，由此可以给予用人单位准备的时间，保障其生产经营的顺利进行，不至于因劳动者的突然辞职而导致生产经营中断。如果约定可以超过 30 日，则用人单位可能会滥用权利，损害劳动者辞职的权利。因此，这一条规定是不能允许约定予以排除的。

（3）员工提出辞职，用人单位能否要求其立即离职而不要 30 日通知期？

预告解除中，对于通知期的放弃，即劳动者向用人单位提前 30 日提出解除劳动合同，用人单位希望其在提前通知期满前离职，如员工不同意坚持要工作至提前通知期届满，用人单位如要求其立即离职，是否构成用人单位的单方违法解除。对于该问题，实务界及理论研究中均存在不同看法：

一种观点是"弃权有效论"。这种观点认为，从立法目的而言，提前通知期的设定是为了保护用人单位的利益，使其免于因劳动者突然离职导致工作无法交接以及没有充足时间重新招聘候选人导致正常生产经营利益受到影响、遭受损失，是为了平衡劳动者的无条件解除权而设置的，从这个角度而言，提前通知期对于劳动者来讲是一种法定义务，对于用人单位来讲则是一种权利，从民事法律精神而言权利可以放弃。因此，用人单位可以豁免员工的提前通知义务，即同意员工无须提前通知即可解除劳动合同或不足 30 天内终结劳动关系，从立法原意角度，免除了劳动者的通知义务，反而对劳动者更为有利。至于是否要求提出解约的劳动者继续履行通知期的义务（是否要求劳动者继续工作），则是用人单位的权利。享有民事权利的一方，可以放弃自己的权利。因此，该提前通知期是法律赋予用人单位的期限利益,用人单位可以主张,也可以放弃,该放弃行为并不属于用人单位单方解除,自然也无须承担违法解除的法律后果。

在第一种观点下,对于单位放弃提前通知期后,是否仍须支付该 30 日的工资,也存在争议。一种认为用人单位自愿放弃自己的权利而让员工在提前通知期届满前离职,但是员工按照法律的规定提前 30 日通知,那么他会有一个心理预期,即在这 30 日内其还在这个用人单位工作,劳动关系仍然存续,应当获得相应的劳动报酬。所以用人单位如果让劳动者提前离职,仍需支付剩余期间的工资。另一种观点是提前 30 天通知属于程序条款。提前 30 日通知是劳动者义务,也是用人单位权利。权利和义务是相对的。劳动者预告解除的设置目的是限制其即时辞职给单位带来不便。劳动者提出预告解除,单位可以免除其劳动义务。虽然劳动者有预期,但单位免除其 30 日义务,并未给其造成过多不便。而且从实际来说,劳动者提出预告解除时,其已经做了单位不需要进一步工作的安排,已经有了走人的预期。按照按劳分配的原则,不劳动一般无须支付工资,除非是三期或工伤及违法解除等情形。故无须支付 1 个月工资。

第二种观点是"转化解除论"。这种观点则认为,不管基于何种原因,如果劳动者不同意,用人单位均不可单方要求劳动者在通知期届满前离职,双方必须继续履行劳动合同至提前通知期届满。这种观点认为,提前通知期按照劳动部意见既是程序又是实体条件,提前通知期也包含在劳动合同期限之内,履行劳动合同中,劳动者的获益不仅包括劳动报酬,还有社会保险、住房公积金,以及其工作经验的增加和职业技能的提升等,劳动者也还可以利用这段提前通知期来寻找下家用人单位。在提前通知期内,如果用人单位让劳动者提前离职,则构成了用人单位发起的单方解除,也即解除性质发生转化,由个人的预告解除转化为用人单位的单方解除。对于该问题,在浙江省的司法实践中也持相同意见,其认为:劳动者依据《劳动合同法》第 37 条书面通知用人单位解除劳动合同的,用人单位要求劳动者即时办理工作交接手续,并免除劳动者提前 30 日通知义务的,劳动者事后要求确认用人单位违法解除劳动合同,并要求用人单位继续履行劳动合同或支付赔偿金的,一般予以支持。

本书也更倾向于第二种意见,《劳动合同法》第 37 条规定的预告解除的提前通知期,不仅仅是为了便于用人单位安排工作交接以及招聘候补人员保持正常生产经营的连续,也是为了劳动者在该期限内能够寻找新的工作机会,避免失业。法律规定了提前解除的 30 日期限,员工通过提前 30 天向单位书面提出解除劳动合同,那么劳动者对于该期限的劳动关系存续就有了预期,也会根据该预期进行准备和安排,如在此期间内用人单位单方要求提前离职,显然侵害到了劳动者的这种预期,极有可能造成劳动者的实际损失。那么从这个角度,用人单位不得在提前通知期内要求劳动者立即离职更能保护劳动者的权益不受侵害,也对于劳动者和用人单位的合理预期有所保护。

(4)劳动合同中能否约定员工未提前 30 日通知辞职需赔偿 1 个月工资?

《劳动合同法》第 37 条明确规定,只要劳动者提前 30 日以书面形式通知用人单位,就可以解除劳动合同。该条对于劳动者未履行提前 30 日的通知义务,是否需向用人单位支付 1 个月工资以替代提前通知期,并未作出规定。根据上述规定,劳动者无理由解除劳动合同,无须承担支付用人单位 1 个月工资以替代提前通知期的责任。

(5)员工辞职未提前通知造成用人单位经济损失,该如何处理?

《劳动合同法》第 90 条明确:"劳动者违反本法规定解除劳动合同,或者违反劳动合同中约定的保密义务或者竞业限制,给用人单位造成损失的,应当承担赔偿责任。"据此,员工辞职未提前通知没有给用人单位造成损失的不需要赔偿。但因劳动者本人原因给用人单位造成经济损失的,用人单位可按照劳动合同的约定要求其赔偿经济损失。根据原劳动部《违反〈劳动法〉有关劳动合同规定的赔偿办法》①第 4 条规定:劳动者违反规定或劳动合同的约定解除劳动合同,对用人单位造成损失的,劳动者应赔偿用人单位的下列损失:①用人单位招收录用其所支付的费用;②用人单位为其支付的培训费,双方另有约定的按约定办理;③对生产、经营和工作造成的直接经济损失;④劳动合同约定的其他赔偿费用。这个规定虽然失效,但也可以作为裁判的借鉴和参考,它为处理这个问题提供了具体可操作性的规定。

3.特别注意事项

除试用期员工在试用期内提前 3 日通知用人单位可解除劳动合同,以及根据《劳动合同法》第 38 条的规定可以随时向用人单位提出解除劳动合同的情形外,劳动者要解除劳动合同,应通过与用人单位协商一致或提前

---

① 该规定已经失效。

30 日以书面形式通知用人单位,劳动者辞职,用人单位是没有权利不批准的,但劳动者需要提前 30 日或 3 日以书面的形式通知。否则,劳动者需要承担因此给用人单位造成的损失。

(二)员工不辞而别(自动离职)的处理

1.员工不辞而别(自动离职)的界定

原劳动部办公厅在《关于自动离职与旷工除名如何界定的复函》(劳办发〔1994〕48 号)中曾做过一个解释,虽然是比较早期的规定,但至少明确了"自动离职"的含义是什么。该复函明确:"自动离职"是指职工擅自离职的行为,职工未经用人单位批准而擅自离职的,用人单位对其按自动离职处理,是指用人单位应依据《用人单位职工奖惩条例》有关规定,对其作出除名处理。为此,因自动离职处理发生的争议应按除名争议处理。从该复函可以看出,"自动离职"并不是无须操作的"全自动"离职,连"半自动"都算不上!员工"自动离职"后,劳动合同其实并未解除,用人单位还是得依据《用人单位职工奖惩条例》有关规定,对其作出除名处理。当然,现在奖惩条例已经被废止了,取代的做法应当是用人单位需依据劳动合同法作出解除劳动合同处理。但该规定可以作为处理该问题的借鉴和参考。

2.员工不辞而别(自动离职)的实操

(1)当员工不辞而别后,应先向其事先确认的送达地址邮寄送达一份《催告函》,催告其返回公司正常上班,告知其如有特殊情况,需履行请假手续并提交相应的证据,并告知逾期不返的后果。

(2)《催告函》发出超过指定期限员工仍未返回的,再依据公司规章制度的规定(缺勤达到一定天数解除劳动合同)作出解除劳动合同的决定,有建立工会的用人单位,解除前要通知工会。

(3)向员工邮寄送达《解除劳动合同通知书》,在特快专递详情单上注明所寄文件为《解除劳动合同通知书》,以上操作既尽到了用人单位的管理职责,也履行了解除劳动合同的相关程序,避免了劳动关系处于不确定状态或违法解雇的法律风险。

(4)依法支付工资。工资是员工对已提供的劳动获取的劳动报酬,不能因员工自动离职不支付工资。《工资支付暂行规定》第 9 条规定,用人单位应在解除或终止劳动合同时一次付清劳动者工资。如果公司暂未解除劳动合同,则可以等到工资支付日才支付;如果约定了转账支付的,直接汇入账户即可。如未约定转账方式支付的,可向员工确认的地址邮寄通知,告知其可来用人单位领取工资。只有存在工资支付障碍的前提下(无工资卡、无法联系本人),用人单位才可以暂缓工资支付。从风险控制角度,用人单位应当及时通知劳动者前来领取工资,若劳动者未按通知前来领取,用人单位依法不承担工资拖延的责任。

3.特别注意事项

员工自动离职并不必然导致劳动关系的解除,用人单位务必要向员工寄送《解除劳动合同通知书》,在特快专递详情单上注明所寄文件为《解除劳动合同通知书》,以上操作既尽到了用人单位的管理职责,也履行了解除劳动合同的相关程序,避免了劳动关系处于不确定状态或违法解雇的法律风险。

二、员工被迫离职处理

(一)员工被迫解除合同的情形

(1)用人单位未按照劳动合同约定给劳动者提供劳动保护或者劳动条件的;

(2)用人单位未及时向劳动者足额支付劳动报酬的;

(3)用人单位未依法为劳动者缴纳社会保险费的;

(4)用人单位的规章制度违反法律、法规的规定,损害劳动者权益的;

(5)用人单位违背诚信原则,通过欺诈、胁迫等手段,与员工签订劳动合同,导致劳动合同无效的;

(6)用人单位以暴力、威胁或者非法限制人身自由的手段强迫劳动者劳动的;

(7)用人单位违章指挥、强令冒险作业危及劳动者人身安全的。

这就是"推定解雇制度",即为了防止用人单位为迫使员工离开用人单位,使出"调换岗位法""下放基层法""降低待遇法""长期出差法""明升暗降法"等手段,突然地、单方面地改变员工的基本工作条件,如果员工不愿意接受而辞职,他或她等于被用人单位变相解雇,那么在这种情况下,如果用人单位既没有正当理由解雇,又没有提前通知,用人单位要对在被逼迫下的员工自动辞职,承担相应的经济补偿和赔偿责任。因此,如果在相关法律中增设此制度,基于法律的预测和指引功能,用人单位此类行为将会减少,员工的职业稳定性将会增加。

(二)法律后果

用人单位违反《劳动合同法》第 38 条的规定,劳动者可以解除劳动合同,并可以要求用人单位支付经济补偿。

对于违反特殊情形的,劳动者可以解除劳动合同,用人单位应当支付劳动者的劳动报酬和经济补偿,并可支付赔偿金。

《最高人民法院关于审理劳动争议案件适用法律问题的解答(一)》第 45 条规定:"用人单位有下列情形之一,迫使劳动者提出解除劳动合同的,用人单位应当支付劳动者的劳动报酬和经济补偿,并可支付赔偿金:(一)以暴力、威胁或者非法限制人身自由的手段强迫劳动的;(二)未按照劳动合同约定支付劳动报酬或者提供劳动条件的;(三)克扣或者无故拖欠劳动者工资的;(四)拒不支付劳动者延长工作时间工资报酬的;(五)低于当地最低工资标准支付劳动者工资的。"

(三)实操难点、疑点

1.员工被迫解除劳动合同是否需提前 30 日通知公司

如果"被迫辞职"的理由是成立的,则员工无须提前 30 日通知公司。依据《劳动合同法》的有关规定,员工辞职是否需要提前通知,可分四种情况来理解:

第一,需提前 30 日通知的辞职,正常情况下以个人原因辞职的,需提前 30 日以书面形式通知用人单位。

第二,需提前 3 日通知的辞职,正常情况下在试用期内以个人原因辞职的,提前 3 日通知即可。

第三,需通知但无须提前 30 日的"辞职"。公司存在违法情形:未提供劳动保护或劳动条件;未及时足额支付劳动报酬;未依法缴纳社会保险费;用人单位的规章制度上存在违法制度,损害到劳动者的权益;因欺诈、胁迫或乘人之危致使合同无效,等等。也就是说,这些情况下,员工可在通知单位后立即离职。

第四,无须通知"直接走人"的"辞职",即用人单位以暴力、威胁或者非法限制人身自由的手段强迫劳动者劳动的,或者用人单位违章指挥、强令冒险作业危及劳动者人身安全的,劳动者可以立即解除劳动合同,不需事先告知用人单位。

可见,为了维持劳动关系的稳定,一般情形下,劳动者辞职需要提前 30 日以书面形式通知单位解除劳动合同,试用期内要提前 3 日通知。在上述内容中,已经知道若单位以暴力、威胁或者非法限制人身自由的手段强迫劳动者劳动,或者用人单位违章指挥、强令冒险作业危及劳动者人身安全的,劳动者可以立即解除劳动合同,无须事先告知。除此之外,在以下常见的 4 种情形下,劳动者可随时解除劳动合同,无须向用人单位提前 30 日通知就可以直接辞职:①用人单位不及时支付工资。用人单位以各种理由搪塞员工,拖欠发放工资,员工无须向用人单位提前 30 日通知。②用人单位不给员工缴纳法定的社会保险费用,员工可随时走人。个人依法享受社会保险待遇,也需要依法缴纳社会保险费。但是,并非每项社会保险都需要个人缴费。依据相关法律规定,生育保险和工伤保险由用人单位缴费,个人无须缴费即可享受相关保险待遇。③用人单位的规章制度上存在违法制度,损害到劳动者的权益。④用人单位没有按照劳动合同约定为劳动者提供相应的报酬或者劳动条件。

2.未缴纳社会保险被迫解除劳动合同的法律后果

(1)用人单位未缴社保或未足额缴社保,是否支持员工被迫解除并主张经济补偿?

用人单位未为劳动者缴纳社会保险,劳动者有权以此为由提出解除劳动关系,有权获得解除经济补偿。

社会保险待遇涉及每一位劳动者的切身利益,法律通过强制性规定的形式,要求用人单位和劳动者必须依法参加社会保险,缴纳社会保险费。但实践中,仍存在部分用人单位拒绝为劳动者缴纳社会保险的情况。此时,若劳动者单方以此为由提出解除劳动合同,用人单位应当向劳动者支付解除劳动合同经济补偿金。此外,用人单位若存在未按照劳动合同约定提供劳动保护或者劳动条件、未及时足额支付劳动报酬等侵害劳动者权益,规章制度违反法律、法规的规定,损害劳动者权益等情形,劳动者亦有权单方提出解除劳动合同,并要求用人单位支付解除劳动合同经济补偿金。

依据法律规定,员工以用人单位"未依法为劳动者缴纳社会保险费"提出解除劳动合同,用人单位应当支付经济补偿金。关键是未按实际工资数额缴费算不算"未依法为劳动者缴纳社会保险费"。如果从文义解释看,"未依法为劳动者缴纳社会保险费"应当包括"未缴纳、欠缴、未足额缴纳"等情形。用人单位本应当依照有关法律、法规的规定,负责缴纳各项社会保险费用,并负有代扣、代缴本单位劳动者社会保险费的义务。基于现实的考虑,很多地方法院对"未依法为劳动者缴纳社会保险费"进行了限缩解释,尽可能引导劳动者不会因为缴费基数问题而解除劳动合同,避免劳动关系的大范围波动。因此,在用人单位已经为劳动者建立社会保险账户且缴费险种齐全的情况下,可以视为用人单位已经基本履行了缴纳社会保险的义务。如果劳动者仅以缴费基数不足或部分月份未足额缴纳社会保险为由提出辞职,则不能获得解除劳动合同的经济补偿金。

(2)用人单位与员工约定不缴社保,员工能否事后反悔以用人单位未依法缴社保被迫解除劳动合同,并要求支付经济补偿?

根据《劳动合同法》第38条规定,公司未依法缴纳社会保险费,员工可以提出解除劳动合同并主张经济补偿金。但是,如果是员工自己要求公司不缴纳社会保险费,在公司未缴纳社会保险费后,员工事后反悔,主张解除劳动合同并要求支付经济补偿金,是否应予支持?关于这种情况的处理,目前司法实践中有三种处理意见:一种意见认为应该支持员工主张经济补偿金,一种意见认为员工违反诚信原则,不应该支持经济补偿金,还有一种意见认为可以有条件地支持员工的请求。分述如下:

第一,以北京为代表:支持员工主张经济补偿。

北京市高级人民法院、北京市劳动人事争议仲裁委员会《关于审理劳动争议案件法律适用问题的解答》对此的解答:

劳动者要求用人单位不缴纳社会保险,后又以用人单位未缴纳社会保险为由提出解除劳动合同并主张经济补偿的,应否支持?

依法缴纳社会保险是《劳动法》规定的用人单位与劳动者的法定义务,即便是因劳动者要求用人单位不为其缴纳社会保险,劳动者按照《劳动合同法》第38条的规定主张经济补偿的,仍应予支持。

第二,以江苏、浙江为代表:不支持员工主张经济补偿。江苏省高级人民法院《关于审理劳动争议案件的指导意见》(苏高法审委〔2009〕47号)认为不应当支持员工解除劳动合同及主张经济补偿。该指导意见第16条规定:因劳动者自身不愿缴纳等不可归责于用人单位的原因,导致用人单位未为其缴纳或未足额缴纳社会保险费,或者未参加某项社会保险险种,劳动者请求解除劳动合同并主张用人单位支付经济补偿的,不予支持。

浙江省高级人民法院《关于审理劳动争议纠纷案件若干疑难问题的解答》认为员工可以提出解除劳动合同,但不应当支持经济补偿金:劳动者不愿意缴纳社会保险费,并书面承诺放弃参加社会保险的法律后果是什么?劳动者不愿意缴纳社会保险费,并书面承诺放弃参加社会保险的,该书面承诺无效。劳动者可以此为由解除劳动合同,但要求用人单位支付经济补偿金的,不予支持。

第三,以广东为代表:有条件地支持员工主张经济补偿。

广东在这个问题上,处理手法显然更高明一些,既不那么僵化地适用法律,一概支持劳动者主张经济补偿,也不像江苏浙江那么激进,一概不支持劳动者。广东省高级人民法院《关于审理劳动人事争议案件若干问题的座谈会纪要》(粤高法〔2012〕284 号)规定:用人单位与劳动者约定无须办理社会保险手续或将社会保险费直接支付给劳动者,劳动者事后反悔并明确要求用人单位为其办理社会保险手续及缴纳社会保险费的,如用人单位在合理期限内拒不办理,劳动者以此为由解除劳动合同并请求用人单位支付经济补偿,应予支持。

(3)特别提示

用人单位未依法为劳动者缴纳社会保险费的,劳动者可以解除劳动合同,但因劳动者自身不愿缴纳等不可归责于用人单位的原因导致社会保险未缴纳,劳动者请求解除劳动合同并要求支付经济补偿金的,一般不予支持。劳动者承诺因个人自身原因不愿缴纳社会保险,已对自身权利进行了处分,现又以公司未为其缴纳社保为由主张经济补偿金,无事实和法律依据,也违背诚信原则。

3.用人单位存在拖欠、克扣工资等被迫解除劳动合同的法律后果

(1)用人单位存在拖欠、克扣工资的行为,员工被迫解除合同要求经济补偿金能否支持?

用人单位克扣工资员工可以要求解除合同并支付经济补偿金。用人单位克扣工资,属于《劳动合同法》第 38 条规定的"未及时足额支付劳动报酬的"情形,劳动者可以书面告知(通知)用人单位解除劳动合同并要求支付经济补偿金。

根据原劳动部《对〈工资支付暂行规定〉有关问题的补充规定》(劳部发〔1995〕226 号)第 3 条规定,用人单位"克扣工资"系指用人单位无正当理由扣减劳动者应得工资（即在劳动者已提供正常劳动的前提下用人单位按劳动合同规定的标准应当支付给劳动者的全部劳动报酬）。不包括以下减发工资的情况：①国家的法律、法规中有明确规定的；②依法签订的劳动合同中有明确规定的；③用人单位依法制定并经职代会批准的厂规、厂纪中有明确规定的；④用人单位工资总额与经济效益相联系，经济效益下浮时，工资必须下浮的（但支付给劳动者工资不得低于当地的最低工资标准）；⑤因劳动者请事假等相应减发工资等。

劳动者以用人单位克扣工资为由解除劳动合同，必须有足够的证据。司法实践中，对用人单位有证据证明确因客观原因导致计算标准不清楚、有争议，或确因经营困难、具有合理理由或经劳动者认可或工会同意的，不予支持。除以上法定原因以外，用人单位都应及时发放劳动报酬，不应拖欠。

（2）员工以公司未支付二倍工资、年休假工资和高温津贴为由提出被迫解除劳动合同并要求经济补偿如何处理？

《劳动合同法》第 38 条规定了员工"被迫辞职"的八种情形，二倍工资、年休假工资和高温津贴不在上述规定的情形之内，因此不能作为员工被迫辞职的理由。面对员工如上的三项主张，处理办法如下：

第一，双倍工资的设置目的是督促用人单位与劳动者订立书面合同，我国《劳动合同法》第 82 条对二倍工资加以说明，即双倍工资是针对用人单位在用工之日起超过 1 个月不满 1 年未与劳动者订立书面合同的，以及用人单位违反本法规定不与劳动者订立无固定期限劳动合同的违法行为作出的惩罚性民事赔偿。员工主张二倍工资，则用人单位应当审查是否与该员工订立书面劳动合同或是否与该员工应签无固定期限劳动合同而不签。若属于以上两种情形，用人单位应与该员工补签书面劳动合同，并支付相应的二倍工资。

第二，《职工带薪年休假》第 5 条规定：单位根据生产、工作的具体情况，并考虑职工本人意愿，统筹安排职工年休假。年休假在 1 个年度内可以集中安排，也可以分段安排，一般不跨年度安排。单位因生产、工作特点确有必要跨年度安排职工年休假的，可以跨 1 个年度安排。单位确因工作需要不能安排职工休年休假的，经职工本人同意，可以不安排职工休年休假。对职工应休未休假天数，单位应当按照该职工日工资收入的 300% 支付年休假工资报酬。

第三，用人单位每年 6 月至 8 月安排劳动者在高温天气下露天工作，按每人每月不低于 60 元的标准发放津贴;不能采取有效措施将室内工作场所温度降低到 33℃ 以下(不含 33℃)的,按每人每月不低于 45 元的标准发放。能够领取高温津贴者必须是在高温下工作的岗位职工,包括建筑工人、无空调的公交车司机、露天环卫工人等。室外露天作业人员高温津贴每人每月不低于 60 元;在 33℃(含 33℃)以上室内工作场所作业的人员,每人每月不低于 45 元。高温补贴并非每个劳动者都有,劳动者在高温天气下露天工作以及不能采取有效措施将工作场所温度降低到 33℃ 以下的,才能获得高温津贴。

4.员工被迫离职后发现已怀孕,请求继续履行劳动合同如何处理?

根据《劳动合同法》第 44 条的规定,劳动合同期满的,劳动合同终止。即在通常的情况下,用人单位与劳动者签订的劳动合同到期终止。但同时,国家为保障女职工的特定劳动权益,在《劳动合同法》的第 45 条规定,劳动合同期满,女职工在孕期、产期、哺乳期的,劳动合同应当延续至相应的情形消失时终止。因此,女职工怀孕、生育、哺乳期间恰逢劳动合同期满,用人单位应当续延合同期限至相应情形消失。通常情况下,劳动者与用人单位签订的固定期限劳动合同系到期终止,法律规定除用人单位维持或者提高劳动合同约定条件续订劳动合同,劳动者不同意续订的情形外,用人单位应当向劳动者支付终止劳动合同经济补偿金。

对于"三期"女职工这一特殊群体,考虑到他们的特殊身体状况及择业能力,法律给予该群体更加充分的保障,即女职工在孕期、产期、哺乳期的,劳动合同期满,则劳动合同应当续延至相应的情形消失时终止,即除非"三期"女职工提出坚持要求终止劳动合同,否则用人单位通常不得与"三期"女职工终止劳动合同。司法实践中,部分用人单位缺乏对女职工劳动权益的基本了解,在"三期"女职工劳动合同到期时作出终止劳动合同决定,则在女职工要求继续履行劳动合同时,该通知通常将面临被撤销的后果。

5.员工被迫离职理由不成立的,是认定解除无效,还是认定合同已解除?

员工被迫解除合同的原因不成立,应认定解除无效。员工可以要求用人单位继续履行劳动合同或者支付经济补偿金后解除劳动关系。

6.员工先以个人理由提出辞职,事后又以用人单位存在拖欠或未足额支付工资、未依法缴纳社保为由主张经济补偿,法院会如何处理?

员工因个人原因辞职的,基本上不会支持经济补偿金。在司法实践中,只要是员工以个人原因提出辞职的,比如"家里有事、个人发展、出去创业"等等,如果公司能够举证证明员工该辞职理由(通常在辞职信、离职交接表或离职协议书中可找到辞职理由),裁判机关一般都不会支持经济补偿金。并且,以个人理由辞职的,员工还需提前 30 日以书面形式通知公司才行,否则,未经公司同意不辞而别或达不到法定通知期即离职的,都属违法解除劳动合同行为,不仅拿不到经济补偿金,可能还要赔偿公司的经济损失。

7.员工离职时没说明被迫解除理由,离职后能否主张被迫解除合同经济补偿金?

裁判机关在审理此类争议时,会审查员工最初的辞职理由是什么,一旦用人单位有证据证明员工辞职的理由是个人原因,比如辞职书或解除通知中已经表明了辞职理由,裁判机构就会认定该理由为辞职的真正理由。员工离职后为了获取经济补偿金事后再改变理由一般是不会获得支持的。

8.女职工被迫解除劳动合同后,要求公司支付工资损失到哺乳期满,如何处理?

根据《劳动合同法》第 42 条、第 45 条之相关规定,女职工在孕期、产期、哺乳期,如果劳动合同期满,劳动合同应当续延至哺乳期结束,即续延至婴儿一周时止。

在"三期"内的女职工,用人单位不得终止或解除劳动合同。但是,如果用人单位存在克扣或者无故拖欠劳动报酬,或未依法为劳动者缴纳社会保险费等法定情形,"三期"内的女职工依法提出解除合同的,可以要求用人单位支付劳动报酬至"三期"期满。

用人单位不得因女职工结婚、怀孕、生育、哺乳等情形,降低其工资、限制其晋级、予以辞退、单方解除其劳动合同或者聘用合同,法律、法规另有规定的除外。《浙江省女职工劳动保护办法》第 9 条规定:用人单位不得在劳动合同或者聘用合同中与女职工约定限制结婚、限制生育或者缩减产假等损害女职工合法权益的内容。

劳动合同或者聘用合同期满而孕期、产期、哺乳期未满的,除女职工提出解除劳动合同或者聘用合同外,劳动合同或者聘用合同应当顺延至孕期、产期、哺乳期满。

三、用人单位即时解雇实务操作

(一)试用期不符合录用条件解雇实务操作

1.试用期期限的约定注意事项

劳动合同期限 3 个月以上不满 1 年的,试用期不得超过 1 个月;劳动合同期限 1 年以上不满 3 年的,试用期不得超过 2 个月;3 年以上固定期限和无固定期限的劳动合同,试用期不得超过 6 个月。试用期应包括在劳动合同期限之内。有三种情形是不可以约定试用期的:非全日制用工;劳动合同期限不满 3 年;以完成一定工作任务为期限的劳动合同。在试用期内,劳动者的工资不得低于本单位同岗位最低档工资或者劳动合同约定工资的80%,并不得低于用人单位所在地的最低工资标准。试用期只能约定一次,即使劳动者在用人单位劳动期间调整工作岗位,或者离开用人单位后又重新回来工作。劳动合同不能只约定试用期或者约定的试用期与合同期限相同,否则视为试用期不成立,该期限视为劳动合同期限。

用人单位出资对职工进行技术培训,职工在试用期内提出与用人单位解除劳动关系的,用人单位不得要求职工支付相关培训费用。因此,在试用期内安排员工培训,尽量不要安排员工接受出资培训。最好的办法是不要选择试用期的员工进行培训。但如果某些培训不论对用人单位而言还是对劳动者而言,都是必需的,那么,用人单位可以通过民事债权的方式间接进行处理,可通过借款方式将款项借与员工,由员工自行参加培训,同时约定服务期满一年后单位放弃该债权,从而间接达到服务期约定的目的。

在试用期内,用人单位不能轻易提出解除合同。一般以"劳动者不符合录用条件"解除合同的比较常见。但是要注意,对于劳动者在试用期内是否符合录用条件,是需要用人单位承担举证责任的。这就要求用人单位在招聘时,录用条件一定要具体明确,同时还要将录用条件进行公示,并建立完善的试用期考核制度,明确考核标准和考核办法,并在签订劳动合同时向劳动者再次以书面形式明确告知并由其签字确认。

2.试用期的延长

用人单位和劳动者可以约定试用期,但是试用期不是劳动合同的必备条款。试用期限不得超过《劳动合同法》第 19 条规定的限额。劳动合同一经双方签字生效,任何一方改变合同约定条款都需要经过另一方同意,用人单位想要延长试用期,应征得劳动者同意,否则延长的试用期无效。约定的试用期满,双方又没有对试用期协商变更,即使没有办理转正手续,也视为劳动者已转正,此时,用人单位就失去了以"在试用期间被证明不符合录用条件"为由单方解除劳动合同的权利。

根据《劳动合同法》的规定,同一用人单位与同一劳动者只能约定一次试用期,若用人单位单方延长试用期存在被认定为再次约定试用期而违法的风险。此外,《劳动合同法》对试用期的上限有一定的限制。根据规定,劳动合同期限 3 个月以上不满 1 年的,试用期不得超过 1 个月;劳动合同期限 1 年以上不满 3 年的,试用期不得超过 2 个月;3 年以上的固定期限和无固定期限的劳动合同,试用期不得超过 6 个月。

为避免出现延长试用期的风险,建议用人单位在约定试用期的时候,尽量约定为劳动合同期限所对应的试用期上限,若该员工表现优秀,可缩短试用期,提前转正。如果用人单位确有需求延长试用期,需注意,应当在之前约定的试用期届满前与员工协商一致,并以书面形式确认延长试用期。同时,延长后的试用期不得超过劳动合同期限所对应的法定试用期上限。

3.试用期录用条件的设计

《劳动合同法》第 39 条规定:"劳动者有下列情形之一的,用人单位可以解除劳动合同:(一)在试用期间被证明不符合录用条件的;……"上述法律规定系用人单位解除试用期员工主要的法律依据,也就是说,用人单位在试用期拟解除劳动合同,需依法证明员工不符合录用条件,否则系解除违法,依法需支付赔偿金。

录用条件作为试用期考核的主要依据,与具体岗位密切相关,岗位的变化必然使录用条件有所差异。制定具体职位的录用条件也应当因人而异。由于每一个人的情况及条件均不相同,劳动关系的确定本身就是劳动者与用人单位协商达成一致的结果,不同的应聘者不同的待遇,当然可以制定不同的录用条件。

在制定录用条件环节,应引起人力资源管理重视的是,录用条件应避免诸如"服从用人单位安排"等模糊性的表述,而应选择将录用条件量化。模糊性的表述作为对劳动者提出的基本要求没有问题,但放到具体情况,由于缺少量化的标准,就失去了考核的意义,如何种情形属于服从用人单位安排,何种情形又不属于服从用人单位安排?

录用条件应当包括资质条件、工作能力条件以及职业道德条件三方面的内容,也就是"做事与做人"两方面。资质条件包括但不限于学历学位、工作经历、技术职称或资格、外语水平等;工作能力条件是指在试用期内完成工作任务的能力,可以从"质和量"两个方面进行设定;职业道德条件则无须解释,一个人的品德往往比其工作能力更重要。

4.试用期解除劳动合同的限制

《劳动合同法》第39规定:"在试用期间被证明不符合录用条件的,用人单位可以解除劳动合同。"根据此条规定,用人单位以劳动者试用期不符合录用条件为由解除劳动合同的前提条件,是劳动者处于试用期内。如果不符合这个前提条件,那么用人单位不能以此为由解除劳动合同。

《劳动合同法》第39条第(1)项规定,劳动者在试用期间被证明不符合录用条件的,用人单位有权解除劳动合同。因此,用人单位试用期解除合同不能随意为之,必须符合法律规定的条件,否则,则属于违法解除劳动合同,须支付经济赔偿金。具体而言,试用期解除劳动合同须符合以下要件:

(1)用人单位有合法具体明确的录用条件

要对"录用条件"事先进行明确界定。录用条件一定要合法、明确、具体、可操作。首先,切忌出现违反法律强制性规定的录用条件,如乙肝歧视,对女性设定婚育方面的条件。其次,切忌"一刀切"以及将录用条件空泛化、抽象化,比如说符合岗位要求,就不能仅仅说符合岗位要求,而应该把岗位要求是什么、怎么衡量是否符合岗位要求固定下来。"录用条件"应该是共性和个性的结合。所谓"共性"即大部分用人单位和岗位的员工都应该具备的基本条件。比如诚实守信,在应聘的时候如实告知自己与工作相关的信息,包括自己的教育背景、身体状况、工作经历等等。所谓"个性"即每个用人单位、每个岗位或者职位都有自己的特殊要求。有的有学历的要求,要求获得相应证书;有的有技术的要求,比如能符合用人单位招聘时对岗位职责的描述等等。"录用条件"的共性可以通过规章制度进行明确。"录用条件"的个性可以通过招聘公告、劳动合同等等和规章制度结合起来进行明确。

(2)录用说明书要事先公示或告知

公示,简单说来,就是要让员工知道用人单位的录用条件;从法律的角度来说,就是用人单位有证据证明员工知道了本单位的录用条件。那如何进行公示呢?方法有以下几种:①招聘员工时向其明示录用条件,并要求员工签字确认;②劳动关系建立以前,通过发送聘用函的方式向员工明示录用条件,并要求其签字确认;③在劳动合同中明确约定录用条件或不符合录用条件的情形;④规章制度中对录用条件进行详细约定,并将该规章制度在劳动合同签订前进行公示,比如作为劳动合同的附件。

（3）不符合录用条件须有证据证明

用人单位如果认为劳动者不符合录用条件并解除劳动合同的,有举证义务。即用人单位必须证明其已将录用条件明确告知了劳动者,并根据录用条件对劳动者进行了考核;有相应证据证明劳动者不能达到录用条件;已将考核结果告知了劳动者;将劳动者不符合录用条件、与其解除劳动合同的决定送达了劳动者等。由于劳动法对用人单位解除劳动合同作出了严格责任的规定,因此用人单位人力资源管理部门必须严格依法办事,把工作做细,尽量做到滴水不漏。

证据的取得和固定离不开完善和严格贯彻考核制度。应当对新员工结合录用条件进行动态跟踪考察。在考核过程中,有硬性指标的可作量化的考核,无法量化考核的可进行考评,作出评语。

（4）不符合录用条件解除劳动合同须在试用期内

用人单位必须在试用期内就对劳动者进行录用条件考核,并在试用期结束前作出留用或解除的决定并送达劳动者。实践当中,有的用人单位在试用期结束后才对员工进行考核或者在试用期结束后才将解除决定送达。这种做法,等于自弃权利。即使公司有充分的证据证明员工不符合录用条件,也不能再以此为由辞退员工了。试用期解除劳动合同需要符合的条件相对不是那么严格,而在试用期内单位给予劳动者的待遇也不是那么完善。就拿工资来说吧,一般都是给予转正后工资的80%。而在试用期内,用人单位也应该给劳动者购买社保。

（二）严重违反规章制度解除劳动合同实务操作

1.民主程序的操作要点

履行民主程序应当进行的流程:制定规章制度草案→职工代表大会或全体职工讨论→提出方案和意见→与工会或职工代表平等协商确定。需要注意以下问题:

（1）职工人数在一百人以上的企事业单位应当召开职工代表大会讨论;职工人数不足一百人的企事业单位一般召开全体职工大会讨论。

（2）用人单位应保留职工代表大会或全体职工讨论、与工会或职工代表协商的书面证据（如会议签到表、参加者签字的会议记录、讨论稿征求意见表等）。具体操作见表4-1：

表4-1　民主程序操作流程

No	民主程序方式	具体操作方法	举证方式
1	征集意见表的方式	企业在《员工手册》制定后,向员工发放《员工手册征集意见表》,通过回收表单的方式来听取员工的意见,在必要时再与员工协商	《员工手册征集意见表》
2	召开全体职工会议的方式征求意见	在会议上分部门发言,记录下员工意见,并当场协商决定	会议签到表＋会议记录
3	召开职工代表大会的方式征求意见	在会议上分部门发言,记录下员工意见,并当场协商决定	会议签到表＋会议记录
4	分部门讨论,收集意见后交HR汇总	《员工手册征集意见表》	《员工手册征集意见表》
5	召开工会代表及职工代表会议的方式征求意见	在会议上分部门发言,记录下各工会代表及职工代表意见,并当场协商决定	会议签到表＋会议记录

2.公示或告知操作要点

用人单位可以采取以下方法,将直接涉及劳动者切身利益的规章制度向劳动者公示或告知：

（1）通过网站或电子邮件公示

用人单位可以将制定的劳动规章制度发布在网站上或通过邮件发送给员工。这种公示手段的优点是快捷,节省成本;缺点是增加了用人单位的举证成本,要达到这种证据保存的目的,必须要有相应的技术支持。依据《民事诉讼法》第69条的规定,经过法定程序公证的法律事实和文书,人民法院应当作为认定事实的根据,但有相反证据足以推翻公证证明的除外。

（2）通过公告栏公示

用人单位可以将劳动规章制度张贴在员工容易看到的公告栏等处,其优点是无须召集员工开会学习,还可以节省印刷费用、节省空间,公示成本低且容易操作;其缺点同网络公示基本相同,就是增加了用人单位的举证成本。以公告栏公示作为证据需要用人单位和员工双方共同认可,否则证据无效。因此,员工如辩称用人单位没有公示,用人单位较难举证。

(3)通过员工手册公示

用人单位可以将劳动规章制度印刷为员工手册发放给员工,这种手段的优点是可以通过印发并让劳动者签收,用人单位容易举证已经公示,且便于员工随时查阅和学习;其缺点是印刷成本高,如需修订和更改,容易造成浪费。

(4)通过培训公示

用人单位可以组织员工开会学习或培训用人单位的劳动规章制度,并且让参加会议的人员签到。通过培训的手段告知员工的优点是容易证明用人单位已经公示,而且可以节省印刷成本;其缺点是有的用人单位人数多,组织开会或培训耽误时间,此外,这种手段不便于劳动者随时了解劳动规章制度的内容。

(5)通过劳动合同附件公示

用人单位可以直接将和员工的权利义务息息相关的劳动规章制度作为劳动合同的附件,这种手段的优点是降低了用人单位的举证责任,能够有效预防劳动争议的发生;其缺点是劳动合同附件的制定需要耗费一定的人力、物力,其条款必须表述清晰、明确才能发挥其优势,例如,用人单位在和员工签订劳动合同时,可以写上这样一句话:"乙方(员工)已经认真阅读了上述劳动规章制度,并且理解了上述劳动规章制度的含义,而且愿意遵守这些劳动规章制度。"这样就能保证公示的有效性。

3."严重违反"条款设计操作要点

用人单位根据《劳动合同法》第 39 条之规定,以严重违反用人单位规章制度为由解除与劳动者的劳动合同,应当具备以下条件:①规章制度的制定程序合法。②规章制度的内容不违反法律法规、国家政策的规定。规章制度要对劳动者产生约束力必须内容合法,违反法律法规、司法解释可能损害劳动者合法权益的条款一律无效,即便劳动者行为违反了这些条款,用人单位也不得依据这些无效条款解除与劳动者的劳动合同。③对劳动者行为的认定,劳动合同约定达不到解除标准,而用人单位规章制度规定达到解除条件时,应以劳动合同约定作为判断是否达成严重违反规章制度的标准。

(1)规章制度设置违纪行为的取证程序。员工发生违纪行为,必须以可存档可重现的方式保留相应的证据,最有效的证据是有员工签字确认的证据。保留的方式包括两种:一是即时取证,如迟到早退的书面打卡记录,卡片上的员工姓名由本人签名;员工对违纪行为的情况说明、保证书或检讨书;公司对违纪行为的处罚公告;以电子邮件或快递方式发送的警告信;现场监控录像、摄像;现场目击者证词等。二是定期取证,如月度考核表中对违纪情形的记载、月度例会中违纪情形的记录、员工述职报告中处罚情况的说明等。以上所有取证材料中,取得员工的书面确认都是最关键的事情。规章制度不仅要有实体性的奖惩规定,还要有程序性的处理规定。就像民法必须有民事诉讼法来配合实施一样。但一般用人单位规章制度里程序性的规定都太少。

(2)规章制度详尽列举违纪情形和相应后果。规章制度应规定什么样的行为属于严重违纪,其后果是可以解除合同。实践中经常有员工发生严重过错,但规章制度找不到相应规定的尴尬。最严密的办法是首先将严重违纪行为进行定义,其次将违纪情形概括为几类,如破坏公司秩序、违背组织伦理、危害财产安全、损害公司声誉等,再在每个类别里列举具体情形,最后在每种类型里还设置兜底性条款,如"其他扰乱公司秩序的行为"。这样,在过错行为没有具体列举的情况下,可以适用兜底条款,兜底条款也不适用时,可以引用定义条款。此外规章制度还应设置累加式惩戒制度,即一般违纪的累加可构成严重违纪,可以解除合同。否则,规章制度将对那些大错不犯、小错不断的员工无计可施。这样的规定一般在司法实践中还是会被采纳的。

(3)规章制度应确保其内容合法有效。内容合法的第一个条件是不违反法律的规定。比如"周六固定加班"规定,有强迫劳动的性质,应属无效。还有"经理层以上无加班费"的规定,违反薪资支付的法律规定,无效。还有比如"员工必须服从工作调整,不得异议""不得与同事谈恋爱,否则解除合同"等等,都属无效。

值得注意的是,违纪解除规定的合理性也是其有效的前提条件。比如,用人单位"吸烟属于严重违纪,一经发现解除合同",这样的规定不具有合理性,在实践中一般不会被支持。但也有被支持的案例,如一员工诉某涂料厂劳动纠纷案中,法院认定"作为一个重点消防用人单位,这一规章制度(抽烟即开除)合理合法,工厂也在生产区多处标示严禁吸烟、严禁明火的标志,故工厂按这一规章制度,以严重违纪为由作出开除决定并不违法",支持的原因仍然是合理性。

合理性之所以作为规定有效性的判断依据是因为法律对"严重违反用人单位的规章制度"中的"严重"未曾定义,事实上也无法定义,用人单位实际状况千差万别,只能根据具体情形人为判断违纪是否严重,解除合同的惩罚是否合理。如果规章制度规定过严,则解除合同发生纠纷后有被认定无效的风险,认定无效意味着解除违法。如有的单位规定三次迟到为严重违纪可以解雇,真的据此解雇的话风险也很大;如果规定过宽,则无法有效彻底处理违纪员工问题。如有的单位规定一年内旷工 15 天开除,假如他旷了 14 天那继续忍受。对于这个问题,解决的办法一是累加惩戒,小错积累视为大错;二是普通标准,即采取用人单位间惯常的普遍的标准;三是关注判例,当地的司法判例基本上代表了仲裁或法院的操作口径,具有相对一致性,并可作为后案裁判的参考依据。

4.实操难点、疑点

(1)规章制度中未列举的行为能否以严重违纪为由解除?

自《用人单位职工奖惩条例》废止并被《劳动法》《劳动合同法》代替后,用人单位都开始重新修订自己的规章制度,但很多用人单位的规章制度不完善。对于劳动者的违纪行为并不在规章制度的范畴之中,但是严重性又达到了一定程度的情况如何处理,是值得用人单位和劳动者重视的问题。

首先,对于劳动者而言,随着劳动者维权意识的日趋加强,劳动者认为其对规章也进行过学习,并且往往认为其在没有违反规章制度的前提下进行维权是完全合理合法的。但其并未意识到其所谓的"维权"行为可能违反基本合同义务,并达到严重违纪的程度。所以对于劳动者来说,其本身就存在很多根据诚实信用原则而应承担的合同义务。且《劳动法》第 3 条第 2 款关于"劳动者应当遵守劳动纪律和职业道德"的规定也是将劳动者的道德义务上升到了法律义务的层面。劳动者不能认为只要没有做规章制度不允许的事情就不算违纪。

其次,对于用人单位来说,《劳动合同法》规定劳动者严重违反用人单位的规章制度或者严重失职、营私舞弊,给用人单位造成损失的,可以解除劳动合同。但法律并未对什么是严重违反规章制度、严重失职或营私舞弊作出具体规定。这些都需要用人单位自行在规章制度中予以明确界定。用人单位如果不予明确或界定不明的,就只能由仲裁机构或法院进行判断,用人单位就失去了管理的主动权,增加了自身的诉讼风险。

（2）特别注意事项

值得注意的是，用人单位在修订规章制度的过程中，需要对严重违反规章制度进行例举式细化以及设置兜底条款。用人单位应当在制定规章制度时注意科学合理，对于员工显属违纪的行为应当界定明确。

（2）员工经常有一般违纪行为，但每次都不严重，用人单位能否解除？如何操作？

没有达到《劳动合同法》规定的严重违纪行为，用人单位不能随意解除劳动合同，但不处理影响用人单位制度的严肃性。操作方案如下：

在实践中，警告三次就可以被认定为"严重"，并据此解除劳动合同。警告是用人单位基于管理职权对违纪员工作的一种内部处分行为，因此，可以在规章制度中规定违纪警告三次，构成"严重违反规章制度"。用人单位规定一种"书面警告"的方式即可。根据目前的司法实践，用人单位对一定期限内累计受过三次处分的或者书面警告的员工予以解除劳动合同，法院一般都会支持。

实务操作上，三次以上需要在多长时间内累计，有些用人单位之规定累计三次警告可解除劳动合同，并未明确这三次需在多长时间内累计，针对这样的条款，如果累计时间过长会导致员工工作年限越长越容易符合解雇的次数条件，可能得不到法院支持。续订劳动合同后，再翻旧账，违反诚实信用原则。一般而言，可以根据用人单位的实际情况将三次的时长设定在1周、半个月或1个月，设置1年或半年时间太长，可能得不到裁判机关的支持。

（3）员工旷工多少天才能达到解雇的条件？

旷工是指正常工作日职工不请假或请假未批准而缺勤。实务中一般的理解是除有不可抗拒的因素影响，职工无法履行请假手续情况外，职工不按规定履行请假手续，又不按时出勤。通常是指无正当理由缺勤行为，一般包括以下情形：未履行请假手续或请假未获批准而擅自离开工作岗位的；请假期满，不续假或续假未获批准而逾期不归的；不服从合理的工作安排，不按时到安排的工作岗位工作的。

旷工是任何一个用人单位都无法容忍的，因为用人单位支付劳动报酬，购买的是员工的全勤劳动，员工无故缺勤，违反了用人单位的劳动纪律，还可能给用人单位带来损失。那么，员工旷工多少天才能够解雇呢？

关于旷工多少天可被解雇，最早的依据是《用人单位职工奖惩条例》（已被废止)第 18 条规定,职工无正当理由经常旷工,经批评教育无效,连续旷工时间超过 15 日,或者一年以内累计旷工时间超过 30 日的,用人单位有权予以除名。

从上述规定可以看出,当时环境下,连续旷工需达到 15 日,一年以内累计旷工时间需超过 30 日才能除名,相当于现在所说的解雇。需注意的是,计算旷工的天数应当是工作日,用人单位在统计旷工天数时应扣除休息日和法定节假日。《原劳动和社会保障部办公厅关于计算连续旷工时间问题的复函》(劳社厅函〔1998〕5 号)中认为,连续旷工超过 15 日,应理解为连续旷工超过 15 个工作日。在计算具体天数时,应扣除休息日和法定休假日。《事业单位人事管理条例》第 15 条规定:"事业单位工作人员连续旷工超过 15 个工作日,或者 1 年内累计旷工超过 30 个工作日的,事业单位可以解除聘用合同。"

用人单位规定连续旷工 3 日就解雇合法吗?关于员工旷工天数问题,除了被废止的《用人单位职工奖惩条例》《事业单位人事管理条例》有过规定外,迄今为止,我国劳动法律法规、规章、文件均未做具体规定,《劳动法》《劳动合同法》只规定员工严重违纪、严重违反规章制度可以解除劳动合同。既然没有直接的法律依据,那就看用人单位规章制度了。劳动合同法授权用人单位制定规章制度对员工进行管理,只要该规章制度经过民主程序制定,不违反法律法规及国家政策规定,并向劳动者公示即可作为劳动争议案件处理的依据。

问题是,用人单位在规章制度中直接将原来的 15 日降为 3 日有效吗?目前司法实践,基本上是依据用人单位规章制度进行裁判。在实务中,通行的标准是以旷工 3 日作为可解雇的尺度。只要用人单位在规章制度中规定员工连续旷工 3 日可解雇,且该规章制度经过民主程序制定并已告知员工,法院基本上会支持。

(三)严重失职,营私舞弊,给用人单位造成重大损害的解除实务操作

1."严重失职""营私舞弊""造成重大损害"的认定

《劳动合同法》第 39 条规定:"劳动者有下列情形之一的,用人单位可以解除劳动合同:……(三)严重失职,营私舞弊,给用人单位造成重大损害的。"单位的规章制度有权对"重大损害"进行定义。即劳动者在履行劳动合同期间,没有按照岗位职责履行自己的义务,违反其忠于职守、维护和增进

用人单位利益的义务,有未尽职责的严重过失行为或者利用职务之便谋取私利的故意行为,使用人单位有形财产、无形财产遭受重大损害,但不够刑罚处罚的程度。例如,因粗心大意、玩忽职守而造成事故;因工作不负责而经常产生废品、损坏工具设备、浪费原材料或能源等。用人单位可以与其解除劳动合同。

2.操作要点

劳动部《关于〈中华人民共和国劳动法〉若干条文的说明》(劳办发〔1994〕289号)第25条第3款规定:"重大损害"由用人单位内部规章制定。因为用人单位类型各有不同,对重大损害的界定也千差万别,故不便对重大损害作统一解释。若由此发生劳动争议,可以通过劳动人事争议仲裁委员会或法院对其规章规定的重大损害进行认定。虽然最终仍须仲裁进行认定,但可以判断,只要用人单位对重大损失的定义不是过于偏颇,基本都是有效的。用人单位不应该放弃这个权利。如果规章未作规定的话,损失是否重大只好由裁判机关去判断,这将增加纠纷的不确定性和风险,使用人单位据此解除合同时缩手缩脚。此外,单位还应将"严重失职"的情形进行定义和列举,以便在员工发生相应行为时"有法可依"。违纪是不应为而为的过失行为,失职是应为而不为的过失行为,两者具有相关性,因此,关于失职解除的规章制度制定要点,可以参考上述违纪一节。

存在"严重失职,营私舞弊"行为但未造成重大损害,能否解除? 如何处理? 在适用该条时,需注意劳动者有严重失职、营私舞弊行为的,用人单位并不能理所当然地解除劳动合同,还得具备一个条件,即严重失职、营私舞弊给用人单位造成重大损害,未造成重大损害,用人单位不得解除劳动合同。如何认定重大损害? 司法实践中也没有具体的标准可以参考。

(四)利益冲突解雇实务操作

1.利益冲突的情形

随着社会经济的发展,社会分工日益精细,社会关系与利益冲突日趋多样复杂。就用人单位而言,利益冲突的出现亦是在所难免。那么如何在各种纷繁复杂的利益纠葛中,维护用人单位自身的权益,保证用人单位尽可能良性运转与运作,是当今用人单位的重大课题和需要直面的巨大挑战。本章节就兼职和双重劳动关系方面所引发的各种现象问题进行分析,并给出相关建议和措施。

（1）兼职

兼职，主要是指劳动者利用业余时间所从事的一种职业活动，它又被称为第二职业。兼职是随着经济的发展而产生的，兼职的出现是由各方面利益引导所致。从一定意义上说，兼职是社会劳动关系的有益补充。从社会角度看，兼职在一定程度上可以合理、优化配置劳动力资源，实现人才资源共享。从长远看，兼职的出现加剧了劳动者间的就业竞争，有利于提高劳动者素质。

对于兼职的划分，根据不同标准有不同表达。

第一，从是否取得报酬来看，兼职可分为获取报酬和不获取报酬两种形式，大多数兼职活动主要以获取报酬为主。

第二，从任职形式来看，可分为实职兼职和虚职兼职两种。实职兼职是指劳动者担任具体职务，如兼任经理、工程师、会计等；而虚职兼职是指劳动者不担任具体职务，如名誉院长、名誉教授、名誉工程师等。

第三，从具体提供劳动的方式，分为劳动者向用人单位提供不定时的技术或信息咨询服务和劳动者向用人单位提供定时的非全日制兼职劳动。劳动者向用人单位提供不定时的技术或信息咨询服务，是指劳动者在服务过程中具有自主性，和用人单位之间不存在管理与被管理的关系，双方是民事合同关系，例如律师顾问服务、会计顾问服务。而劳动者向用人单位提供定时的非全日制兼职劳动，主要指：一般每天工作不超过 4 小时，每周不超过24 小时的非全日制兼职劳动；一般每天超过 4 小时但不超过 8 小时的非全日制兼职；每周末或每周固定两天时间左右的非全日制兼职。

（2）双重劳动关系

所谓双重（多重）劳动关系，是指劳动者同时与两个以上用人单位建立劳动关系。双重劳动关系并不要求劳动者与每个用人单位之间都签订书面劳动合同，劳动者与一个或多个用人单位之间构成事实劳动关系也可以形成法律意义上的双重劳动关系。

劳动者同时与其他用人单位建立劳动关系，对完成本单位的工作、任务未造成严重影响，或者用人单位对此没有提出异议的，双重劳动关系不受影响。

在劳动合同法颁布之前，兼职与双重劳动关系的区别较大，但在劳动合同法颁布之后，兼职与双重劳动关系存在很大程度上的重叠与交叉。在兼职或者双重劳动关系中,可能出现的问题很多,诸如,从社保问题、工伤赔偿问题,乃至竞业禁止、知识产权侵权等均有可能。需要我们在日常的生产生活中加以注意,并建立相应的用人单位规章制度和纪律要求等加以规范和操作。

2.利益冲突的解雇方案

(1)解雇方案

第一,双方协商解除劳动关系。用人单位发现出现了利益冲突的情况,且该情况已经达到需要解除员工的程度。那么,首选操作是,双方协商一致解除劳动合同。虽然用人单位方已然不信任该员工,但双方关系又没有恶化至剑拔弩张的地步,完全可以采取双方协商沟通交流的方式解除劳动关系。双方可以就工资报酬、奖金补贴等方面自行进行磋商。该方案有利于用人单位与员工之间的和睦相处,并给用人单位带来良好的信誉与凝聚力。因此,双方协商一致解除劳动关系是最理想与最好的方式。

第二,要求员工主动离职。在无法双方协商的情况下,且员工又没有主动提出离职,用人单位方可以施加一定压力要求员工自动辞职,声明该员工的行为已经触犯到了用人单位的利益,告诉该员工自动离职。用人单位方可在 30 日后或在试用期内的 3 日后正式与劳动者解除劳动关系。

第三,用人单位单方解除劳动关系。除上述主要的两种方式之外,在该员工的行为严重影响用人单位利益时,用人单位可以直接以员工有重大过错为由给予解雇。过错性解雇也可称为过错性辞退、即时辞退,指用人单位可以不必依法提前预告而立即解除劳动合同的行为。在此情况下,原用人单位可以随时解除劳动合同,且无须向劳动者支付解除经济补偿金。

(2)举证

举证问题关系双方诉求之成败,在具体问题或纠纷的处理过程中应当及时保存好相关证据及资料。《关于确定劳动关系有关事项的通知》第 2 条规定,认定双方存在劳动关系时可以参照下列凭证:第一,工资支付凭证或记录、缴纳各项社会保险费的记录。第二,用人单位向劳动者发放的"工作证""服务证"等能够证明身份的证件。第三,劳动者填写的用人单位招工招聘"登记表""报名表"等招用记录。第四,考勤记录。第五,其他劳动者的证言等。实务中亦往往参照该规定认定劳动关系成立的形式标准。

除了认定劳动关系的基本证据资料外,用人单位还需要提供证据证明员工存在过错,即员工在与其他用人单位进行劳动的过程中,对本用人单位的本职工作、任务造成了严重影响，或者经本用人单位提出，拒不改正的，用人单位才解除劳动关系。即用人单位应当提供该兼职或双重劳动关系给完成本单位工作任务造成影响，或者虽然没有造成重大影响，但用人单位已经提出，劳动者拒绝改正的证据。因此，用人单位在发现员工存在兼职或双重劳动关系等严重与公司有利益冲突的情况下，相关人员应当及时出面，并做好相关资料与证据的保存。

3.利益冲突解雇的转化方式与风险规避

（1）转化方式

第一，禁止兼职或双重劳动关系，并可以要求员工作出相关保证或承诺。在用人单位发现员工存在兼职或出现双重劳动等已经影响到本职工作任务的正常运作的利益冲突的现象，则用人单位可以要求员工停止该行为。此方式为双方均作出了一定的妥协与让步，可以比较好地解决用人单位与员工的关系。可视具体情况而定，用人单位还可以要求员工作出相关保证与承诺，不影响本单位的本职工作。

第二，调动岗位。对于一些要求较高、具有较大作用与影响的工作岗位，用人单位还可以通过调动岗位的方式进行调整。

第三，要求辞职或给予辞退。在双方无法再共事的情况下，最终可以选择解除劳动关系的方式解决利益冲突问题。

（2）风险规避

第一，以合同形式明确约定。契约是最好的说明。将劳动者与用人单位的权利义务明确化，无疑是最好的方式和办法。双方在确定劳动关系之前或在用工之前，就应当就一些具体注意事项予以明确，并在订立合同时在合同中明确约定和表达，若违反合同则需要承担相应的违约责任。

劳动者应与兼职单位签订书面兼职合同，以明确双方的权利和义务，由此保障双方的合法权益，提高双方履行合同的自觉性，减少争议的发生。从兼职劳动者个人而言，兼职劳动应签订书面劳动合同，明确约定双方权责关系，尤其是涉及知识产权、商业秘密的劳动行为，要遵守有关的法律法规，明确违约责任；从用人单位而言，要在遵守有关法律法规，特别是要遵守知识产权法、反不正当竞争法的前提下，尊重劳动成果、尊重劳动者，依法签订劳动合同，这样有利于对劳动关系进行规范和统一。

第二，以用人单位规章制度、工作纪律规范规定。在用人单位的规章制度或工作纪律中，用人单位方可以明确劳动者的权利义务，尤其是劳动者的

"忠实义务"。诸如,用人单位可以要求若员工与其他单位存在劳动关系,则需在入职前或入职时告知单位,如未告知单位,一经发现,则视为违反合同约定、违反用人单位制度,用人单位有权作出相关措施。

"劳动义务"和"忠实义务"是劳动者对用人单位承担的两项最基本的义务,是兼职法律关系建立的目的和必然要求。因此,劳动者必须根据双方劳动合同的约定以及相关法律的规定,承担对用人单位相应的义务,并衷心维护原用人单位的合法权益,不得因为兼职而侵害原用人单位的合法权益,避免违法兼职。加强对兼职劳动者遵守用人单位的制度、为用人单位保守秘密等义务性相关规定,切实保护兼职劳动过程中各方的权利和义务,更好地依法规范兼职劳动或双重劳动。

第三,社会保险问题。使用兼职劳动者,如果构成非全日制用工劳动关系,用人单位无须为其缴纳养老、失业、医疗、生育等社会保险,但用人单位应当为其缴纳工伤保险。另外,兼职劳动关系应当受劳动基准法的约束,如最高工作时间制度、休假制度、最低工资保障制度以及延长工作时间的补偿制度的限制。

第四,禁止兼职的一些行业和职务。公务员法、公司法中均规定了禁止一些劳动者兼职的情形。比如,国家公务员禁止在用人单位或者其他营利性组织中兼职;担任公司、用人单位的董事、经理等高级经理人员禁止兼任同类用人单位的职务。而在一些地方,教育管理部门严禁公办教师兼职。对于用人单位来说,为避免在不知情的情况下招用与其他用人单位尚未解除或者终止劳动合同的劳动者,承担连带赔偿责任,用人单位招用职工时应查验终止、解除劳动合同证明。

(五)员工欺诈行为的解除实务操作

1.员工常见欺诈行为

(1)无责任情形的员工欺诈行为。在实际工作之中,员工是否实施了欺诈行为是需要用人单位根据其构成要件结合员工行为进行分析的,不能因为员工的一些行为让人觉得是不诚实的,或是存在欺骗性质的,就据此认定员工实施了"欺诈"行为。在实务管理中,必须要做到具体问题具体分析。首先要区分工作行为与私人行为,其次及时将员工出于维护用人单位利益需要的"欺诈"行为鉴别出来,员工不能因为这些行为而承担责任。在这种情形下最突出的例子就是员工在应聘中隐瞒了个人婚史的情况。员工隐瞒婚史的行为并不影响员工劳动关系的建立与工作职责的履行,并不真正属于合规管理中的"欺诈"行为,充其量只能被看作是不诚信的表现。用人单位不能以此认定员工存在欺诈行为,并予以纪律处分,这是违反我国劳动法强制性规范的。

(2)承担内部责任的员工欺诈行为。内部责任主要是指,用人单位内部通过规章制度、行为准则等规范所确定的调整员工工作行为等的内部处分,包括警告、调岗等形式。一般认为,员工在与用人单位签订了劳动合同之后,便默认同意了用人单位对自身在工作中的管理。此时承担该责任的依据是用人单位内部的"法",单位内部已建立相关规章制度,明确将某些员工的欺诈行为界定为一般违纪行为,并规定了相应内部处罚措施,并据此给予诸如警告的相应纪律处分。

(3)承担解约责任的员工欺诈行为。《劳动法》第 25 条"用人单位可以解除劳动合同"规定中的第 2 项只规定"严重违反劳动纪律或者用人单位规章制度",而《劳动合同法》第 26 条关于劳动合同无效情形规定中的第 1 款第 1 项规定是,以欺诈、胁迫的手段或者乘人之危,使对方在违背真实意思的情况下订立或者变更劳动合同的。《劳动合同法》对《劳动法》的"用人单位可以单方解除过错员工劳动合同的情形"予以扩充完善,并直接将劳动合同订立过程中所发生的欺诈行为规定为用人单位可以直接解除劳动合同的情形。

(4)承担刑事责任的员工欺诈行为。刑事责任是指行为人对其实施犯罪所引起的刑罚后果能提供衡量标准并能够体现国家对行为人进行否定评价的刑事实体性义务。承担刑事责任的依据是国家相关的刑事法律,本部分所涉及的刑事责任主要是指职务犯罪方面。职务犯罪,是指国家机关、国有公司、企事业单位、人民团体工作人员利用已有职权,贪污、贿赂、徇私舞弊、滥用职权、玩忽职守,侵犯公民人身权利、民主权利,破坏国家针对公务活动制定的规章规范,依照刑法应当予以刑事处罚的犯罪。根据《刑法》的有关规定,职务犯罪被划分为三大类,分别位于《刑法》分则第四章国家机关工作人员利用职权实施的侵犯公民人身权利、民主权利犯罪,第八章贪污受贿罪以及第九章渎职罪,共有 53 个罪名。刑法中关于公司用人单位人员受贿罪、职务侵占罪的具体规定,是实施欺诈行为并造成一定后果的员工最容易碰触的刑事"高压线",此时对其责任的认定已经超出用人单位内部的权限范围,需要依靠国家公权力实施。用人单位需要配合有关司法机关妥善处理好相关事宜,也可以据此直接要求实施欺诈行为的员工承担相应的解约责任。

2.欺诈行为解雇的操作要点

对于用人单位而言,必须了解合同欺诈的含义与界限,既不要从事合同欺诈行为,也要防止被别人欺诈,并且要学会利用我国法律关于合同欺诈的民事法律责任的规定来维护自己的合法权益。

(1)欺诈的构成要件

《劳动部关于〈中华人民共和国劳动法〉若干条文的说明》第18条规定,"欺诈"是指:一方当事人故意告知对方当事人虚假的情况,或者故意隐瞒真实的情况,诱使对方当事人基于对方当事人的陈述而作出错误意思表示的行为。据此,员工常见的欺诈行为须同时具备以下四个要件:

第一,员工主观上具有欺诈的故意。

第二,员工在客观上实施了欺诈行为,例如该欺诈行为发生在员工与用人单位签订劳动合同时,即员工在签订劳动合同时实施了欺诈行为,主要是指员工隐瞒了真实情况或者提供了虚假信息并希望以此谋取个人的非正当利益。

第三,用人单位因为员工提供的欺诈信息作出了违反自身真实意愿的行为,例如在与员工签订劳动合同时,该欺诈信息对该劳动合同的签订起到了正面的促进作用,也即员工提供真实情况后用人单位不与员工订立劳动合同,用人单位的这种做法合法。

第四,用人单位因为自己作出的错误行为而造成了自身的损失,即用人单位的损失(包括实际损失与不良影响等)与员工的欺诈行为有因果关系。

(2)劳动合同欺诈问题的界限

劳动合同欺诈的认定有一定的界限。《劳动合同法》第8条规定了缔结劳动合同的忠实告知义务,告知义务因主体不同范围也有所不同。用人单位需要主动履行告知义务,告知的范围包括工作内容、工作条件、工作地点、职业危害、安全生产状况、劳动报酬,以及劳动者要求了解的其他情况。而劳动者承担被动告知义务,且范围仅限于用人单位有权了解劳动者与劳动合同直接相关的基本情况。如此,在认定欺诈成立时,我们就需要区分不同的主体:用人单位的欺诈构成范围较广,如其未履行告知义务或者告知情况不符合实际导致劳动者形成错误认识并与之缔结劳动合同,则形成欺诈;劳动者的欺诈范围较窄,仅限于应用人单位要求提供虚假信息或隐瞒真实情况时才能形成欺诈。

实践中，经常出现劳动者和用人单位一方均存在欺诈（即混合欺诈），在此种情况下就劳动合同法而言，对因欺诈订立的劳动合同，分别于《劳动合同法》第 38 条第 5 项、第 39 条第五项赋予劳动者和用人单位单方解除劳动合同的权利。就权利的性质而言，第 38 条和第 39 条的规定均为赋权性条款，即法律虽然规定了单方解除权，但是否行使由劳动者或用人单位自主决定。因此，在双方均存在欺诈的情况下，先行使解除权的一方因解除权的行使导致双方之间劳动关系的消灭，也同时导致相对方解除权失去了行使的基础。

（3）因欺诈行使劳动合同解除权的期限

劳动合同因欺诈无效是借鉴合同法中的规定，但与合同法不同的是劳动合同法中并未区别合同绝对无效和相对无效，且对无效合同的处理是通过解除的方式予以消灭。民法典将欺诈引起的合同无效归于相对无效，并规定相对方享有一年期的撤销权。未在一年期内行使撤销权，则认定合同有效。反观《劳动合同法》并未作出类似规定，这就导致可能出现劳动者或用人单位对欺诈保持缄默，一旦双方之间出现纠纷就以欺诈为由行使单方解除权，也导致这种劳动关系长期处于不稳定的状态。这类情形的改善有待于立法机关在以后的立法中逐步完善。当然，用人单位应当及时行使解除权。

（4）劳动合同效力以及认定

《劳动合同法》第 26 条规定：以欺诈、胁迫的手段或者乘人之危，使对方在违背真实意思的情况下订立或者变更劳动合同的，劳动合同无效或者部分无效。对劳动合同的无效或者部分无效有争议的，由劳动争议仲裁机构或者人民法院确认。劳动合同违反法律强制性规定的部分（因劳动者隐婚隐孕便可单方解除劳动合同或者是不允许劳动者就职期间结婚或生育等）无效，其他部分仍然有效。

（六）员工被依法追究刑事责任的解除要点

员工因犯罪行为被司法机关依法追究刑事责任，致使员工无法再正常参与用人单位生产工作，此时，用人单位应当如何运用法律解除与该员工的劳动关系，维护自身的合法权益呢？

1.被追究刑事责任的界定标准

被司法机关依法追究刑事责任的标准一般是被判处刑事处罚，但也有某些特殊情况，劳动部办公厅印发《关于〈劳动法〉若干条文的说明》的通知

第 25 条规定,"本条中被依法追究刑事责任"具体是指:1.被人民检察院免予起诉的。2.被人民法院判处刑罚,刑罚包括:主刑:管制、拘役、有期徒刑、无期徒刑、死刑;附加刑:罚金、剥夺政治权利、没收财产的。3.被人民法院依据刑法第 32 条免予刑事处分的。具体分析如下:

（1）被人民法院判处刑罚的,包括被判处管制、拘役、有期徒刑、无期徒刑、死刑等实际执行刑的;被单处罚金、剥夺政治权利、没收财产等刑事处罚的;对于外国人被独立适用驱逐出境的。

（2）被人民检察院不起诉的。不起诉是检察机关对虽构成犯罪,但依法不需要判处刑罚或者可以免除刑罚的被告人作出的免予追究刑事责任的决定,但该条规定被有关规定所取消（见后面分析）。

（3）被人民法院依据《中华人民共和国刑法》第 37 条免予刑事处罚的。① 免于刑事处罚指出因某些原因犯下罪行,被追究刑事责任,需要承担刑事处罚,但因为某些情节,导致不用接受刑事处罚的情形,此时劳动者仍被视为被追究刑事责任。

2.员工因追究刑事责任解雇的要点

（1）劳动者被刑事拘留或逮捕期间,用人单位依据刑事拘留通知书或逮

---

① 免于刑事处罚包括以下情形:（1）犯罪以后自动投案,如实供述自己的罪行的,是自首。对于自首的犯罪分子,可以从轻或者减轻处罚。其中,犯罪较轻的,可以免除处罚。（2）犯罪分子有揭发他人犯罪行为,查证属实的,或者提供重要线索,从而得以侦破其他案件等立功表现的,可以从轻或者减轻处罚;有重大立功表现的,可以减轻或者免除处罚。犯罪后自首又有重大立功表现的,应当减轻或者免除处罚。（3）又聋又哑的人或者盲人犯罪,可以从轻、减轻或者免除处罚。（4）正当防卫明显超过必要限度造成重大损害的,应当负刑事责任,但是应当减轻或者免除处罚。（5）紧急避险超过必要限度造成不应有的损害的,应当负刑事责任,但是应当减轻或者免除处罚。（6）为了犯罪,准备工具、制造条件的,是犯罪预备。对于预备犯,可以比照既遂犯从轻、减轻处罚或者免除处罚。（7）在犯罪过程中,自动放弃犯罪或者自动有效地防止犯罪结果发生的,是犯罪中止。对于中止犯,没有造成损害的,应当免除处罚;造成损害的,应当减轻处罚。（8）在共同犯罪中起次要或者辅助作用的,是从犯。对于从犯,应当从轻、减轻处罚或者免除处罚。（9）对于被胁迫参加犯罪的,应当按照他的犯罪情节减轻处罚或者免除处罚。（10）行贿人在被追诉前主动交代行贿行为的,可以减轻处罚或者免除处罚。（11）非法种植罂粟或者其他毒品原植物,在收获前自动铲除的,可以免除处罚。（12）个人贪污数额在五千元以上不满五万元的,处一年以上七年以下有期徒刑;情节严重的,处七年以上十年以下有期徒刑。个人贪污数额在五千元以上不满一万元,犯罪后有悔改表现、积极退赃的,可以减轻处罚或者免予刑事处罚,由其所在单位或者上级主管机关给予行政处分。（13）介绍贿赂人在被追诉前主动交代介绍贿赂行为的,可以减轻处罚或者免除处罚。

捕通知书,依法中止劳动合同。在中止劳动合同期间,单位停止支付工资报酬,停止缴纳各类社会保险、公积金,但不能据此直接解除劳动合同;即使要解除劳动合同,也需要有规章制度依据,比如规定"刑事拘留或逮捕等导致未能正常出勤达到 5 日以上的,单位可以解除劳动合同"。但事业单位工作人员和机关工人被取保候审、监视居住、刑事拘留、逮捕期间,停发工资待遇,按本人原基本工资的 75％计发生活费,不计算工作年限。经审查核实,公安机关撤销案件或人民检察院不起诉或人民法院宣告无罪、免予刑事处罚,未被收容教育、强制隔离戒毒、劳动教养、行政拘留,且未受处分的,恢复工资待遇,减发的工资予以补发,被采取强制措施期间计算工作年限。①

(2)依照法定程序解除劳动合同。依据法院生效裁判文书,对被依法追究刑事责任的劳动者,单位在征求工会意见后(最好书面征求意见),依法自判决生效之日起解除劳动合同,并向其劳动者出具解除劳动合同通知书。同时,如单位已知晓劳动者被追究刑事责任,但没有及时处理,比照《事业单位工作人员处分暂行规定》第 29 条"给予事业单位工作人员处分,应当自批准立案之日起 6 个月内作出决定,案情复杂或遇有其他特殊情形的可以延长,但办案期限最长不得超过 12 个月"的规定,原则上在知晓 12 个月后,单位不应再就追究刑事责任一事对劳动者进行处理或解除劳动合同。同时,对于事业单位工作人员处理则不同,《事业单位工作人员处分暂行规定》第 22 条规定:"事业单位工作人员被依法判处刑罚的,给予降低岗位等级或者撤职以上处分。其中,被依法判处有期徒刑以上刑罚的,给予开除处分。行政机关任命的事业单位工作人员,被依法判处刑罚的,给予开除处分。"对于事业单位工作人员,应根据刑罚的轻重给予不同的处理,被判处有期徒刑以上的,给予开除处分,如果是有期徒刑以下的,包括管制、拘役、罚金、剥夺政治权利、没收财产等刑事处罚的,给予降低岗位等级或者撤职以上处分。但行政机关任命的事业单位工作人员,只要被依法判处刑罚的,不论轻重,都要给予开除处分。

(3)事业单位工作人员(行政机关任命的除外)和机关工人被判处有期徒刑以上刑事处罚,处分决定机关尚未作出开除处分决定的,从人民法院判决生效之日起,取消原工资待遇。被判处管制、拘役或拘役被宣告缓刑期

---

① 见《中共中央组织部人力资源社会保障部监察部关于事业单位工作人员和机关工人被采取强制措施和受行政刑事处罚工资待遇处理有关问题的通知》第 1 条第 4 项规定。

间,如单位未给予开除处分的,停发工资待遇,不计算工作年限。如在拘役被宣告缓刑期间安排了临时工作的,按本人基本工资的60%计发生活费。期满后的工资待遇,根据所受处分相应确定。行政机关任命的事业单位工作人员受到刑事处罚,处分决定机关尚未作出开除处分决定的,从人民法院判决生效之日起,取消原工资待遇。[①]

(4)劳动合同中止、解除后,单位要送达本人并交由其本人签收。对无法送达本人的,可交其同住成人亲属签收。直接送达有困难的,可以邮寄送达,以挂号查询回执上注明的收件日期为送达日期。通过上述方式无法送达的,单位可采取新闻媒介通知公告送达,自发出公告之日起,经过30日,即视为送达。

(5)在解除劳动合同15日内,单位及时做好档案等转移工作。在实践中,由于劳动者被追究刑事责任后,法院一般不将判决书送达单位,加之一些单位在管理中不规范、不严谨,有时会出现劳动者被依法追究刑事责任后,但由于单位不知晓,从而未及时或甚至较长时间未对劳动者给予处理的现象,直到单位开展专项核查或别人举报后才发现劳动者曾被依法追究刑事责任,由此产生单位对多年前被依法追究刑事责任的劳动者劳动合同如何处理的问题。在法律法规和规章制度未明确的情况下,鉴于在单位知晓前,劳动者已提供正常劳动合同,且单位已支付工资报酬,依法缴纳社会保险费的实际,单位可以自知晓劳动者被追究刑事责任之日起解除劳动合同,并依法做好告知、档案转移等手续。

3.实践中操作的几个难点、疑点

(1)员工由于涉嫌犯罪被刑事拘留或逮捕,最终因情节轻微检察机关作出不起诉决定,公司能否解除合同?

最先对"被追究刑事责任"这一问题进行说明的是原劳动部《关于贯彻执行〈中华人民共和国劳动法〉若干问题的意见》(劳部发〔1995〕309号)。该《意见》第29条规定:"劳动者被依法追究刑事责任的,用人单位可依据劳动法第二十五条解除劳动合同。'被依法追究刑事责任'是指:被人民检察院免予起诉的、被人民法院判处刑罚的、被人民法院依据刑法第三十二条免予刑事处分的。劳动者被人民法院判处拘役、三年以下有期徒刑缓刑的,用

---

① 见《中共中央组织部人力资源社会保障部监察部关于事业单位工作人员和机关工人被采取强制措施和受行政刑事处罚工资待遇处理有关问题的通知》第1条第4项规定。

人单位可以解除劳动合同。"该《意见》采取最为广义的理解，将人民检察院免予起诉、被人民法院判处刑罚以及因情节轻微等被人民法院免予刑事处分三种情况均纳入追究刑事责任范畴，但同时又补充规定被判处拘役以及3年以下有期徒刑缓刑的，可以解除。

此后，原劳动和社会保障部《关于职工被人民检察院作出不起诉决定用人单位能否据此解除劳动合同问题的复函》（劳社厅函〔2003〕367号）对"人民检察院作出不起诉决定是否可以解除劳动合同"问题又给出了具体答复：人民检察院根据《中华人民共和国刑事诉讼法》第142条第2款规定作出不起诉决定的，不属于《劳动法》第25条第4项规定（对应《劳动合同法》第39条第6项）的被依法追究刑事责任的情形。《复函》直接排除了对人民检察院作出不起诉决定不能解除劳动合同进行了明确。应该说，这是对1994年《通知》的修正。因情节轻微等被人民法院免予刑事处分此种情形能否解除呢？2003年的《复函》没有明确，按照1994年《通知》的规定，仍应属于可以解除的情形。因此，"人民检察院根据《刑事诉讼法》第142条第2款（犯罪情节轻微等）规定作出不起诉决定的"，用人单位不可以解除劳动合同。

（2）劳动者被刑事拘留、逮捕或行政拘留、司法拘留、被采取强制教育措施的操作要点

既然不属于被依法追究刑事责任，用人单位就不能以此为由解除劳动合同，那单位应该怎么处理呢？具体操作要点如下：

①劳动者被限制人身自由期间，单位可以中止履行劳动合同，即单位可以不发工资、不缴纳社保，不承担劳动合同规定的用人单位的义务，劳动者也不用出勤，待刑事案件出台最终的处理结果后再处理。原劳动部的《关于贯彻执行〈中华人民共和国劳动法〉若干问题的意见》第28条规定："劳动者涉嫌违法犯罪被有关机关收容审查、拘留或逮捕的，用人单位在劳动者被限制人身自由期间，可与其暂时停止劳动合同的履行。暂时停止履行劳动合同期间，用人单位不承担劳动合同规定的相应义务。劳动者经证明被错误限制人身自由的，暂时停止履行劳动合同期间劳动者的损失，可由其依据《国家赔偿法》要求有关部门赔偿。"对于事业单位国家作出了特殊规定，《中共中央组织部　人力资源社会保障部　监察部　关于事业单位工作人员和机关工人被采取强制措施和受行政刑事处罚工资待遇处理有关问题的通知》（人社部发〔2012〕69号）规定："事业单位工作人员和机关工人被取保候审、监视居住、刑事拘留、逮捕期间，停发工资待遇，按本人原基本工资的

75％计发生活费,不计算工作年限。经审查核实,公安机关撤销案件或人民检察院不起诉或人民法院宣告无罪、免予刑事处罚,未被收容教育、强制隔离戒毒、劳动教养、行政拘留,且未受处分的,恢复工资待遇,减发的工资予以补发,被采取强制措施期间计算工作年限。"

②转化成严重违反单位规章制度来处理。可在规章制度中规定:"劳动者因为涉嫌违法行为被刑事拘留、行政拘留、司法拘留、强制教育等导致未能正常出勤达到 5 日以上,视为严重违反规章制度。单位可以解除合同。"用人单位在制定规章制度时,可以将劳动者违反治安管理规定并被依法限制人身自由的情形界定为"严重违反规章制度"的行为,一旦劳动者被依法限制人身自由(不包括违法犯罪事实的调查阶段)的,用人单位可以根据规定解除劳动合同。二是若规章制度未规定"劳动者被限制人身自由的,可以解除劳动合同",那么用人单位也可在劳动者被依法限制人身自由期间中止劳动合同。

四、用人单位预告解雇实务操作

(一)患病员工劳动合同解除实务操作

1.“医疗期”的界定与期限的计算

医疗期是指用人单位职工因患病或非因工负伤停止工作治病休息不得解除劳动合同的时限。医疗期的长短计算方法如下:

第一,连续医疗期的计算方法:实际工作年限 10 年以下的,在本单位工作年限 5 年以下的为 3 个月,5 年以上的为 6 个月。实际工作年限 10 年以上,在本单位工作年限 5 年以下的为 6 个月;5 年以上 10 年以下的为 9 个月;10 年以上 15 年以下的为 12 个月;15 年以上 20 年以下的为 18 个月;20年以上的为 24 个月。

第二,累计医疗期的计算方法:医疗期 3 个月的按 6 个月内累计病休时间计算;6 个月的按 12 个月内累计病休时间计算;9 个月的按 15 个月内累计病休时间计算;12 个月的按 18 个月内累计病休时间计算;18 个月的按 24 个月内累计病休时间计算;24 个月的按 30 个月内累计病休时间计算。医疗期计算应从病休第 1 天开始累计计算。如:享受 3 个月医疗期的职工,如果从 2018 年 5 月 15 日起第一次病休,那么该职工的医疗期应在 5 月 15

日至 11 月 15 日之间确定,在此期间累计病休 3 个月即视为医疗期满。其他依此类推。

2.患病员工劳动合同解除的实务操作

(1)法律依据

《关于发布〈用人单位职工患病或非因工负伤医疗期规定〉的通知》第 6 条规定:用人单位职工非因工致残和经医生或医疗机构认定患有难以治疗的疾病,在医疗期内医疗终结,不能从事原工作,也不能从事用人单位另行安排的工作的,应当由劳动鉴定委员会参照工伤与职业病致残程度鉴定标准进行劳动能力的鉴定。被鉴定为一至四级的,应当退出劳动岗位,终止劳动关系,办理退休、退职手续,享受退休、退职待遇;被鉴定为五至十级的,医疗期内不得解除劳动合同。

《关于贯彻执行〈中华人民共和国劳动法〉若干问题的意见》第 35 条规定:请长病假的职工在医疗期满后,能从事原工作的,可以继续履行劳动合同;医疗期满后仍不能从事原工作也不能从事由单位另行安排的工作的,由劳动鉴定委员会参照工伤与职业病致残程度鉴定标准进行劳动能力鉴定。被鉴定为一至四级的,应当退出劳动岗位,解除劳动关系,办理因病或非因工负伤退休退职手续,享受相应的退休退职待遇;被鉴定为五至十级的,用人单位可以解除劳动合同,并按规定支付经济补偿金和医疗补助费。

《劳动合同法》第 40 条规定,有下列情形之一的,用人单位提前 30 日以书面形式通知劳动者本人或者额外支付劳动者 1 个月工资后,可以解除劳动合同:劳动者患病或者非因工负伤,在规定的医疗期满后不能从事原工作,也不能从事由用人单位另行安排的工作的。

(2)医疗期满要解除或终止劳动合同的条件

医疗期内用人单位不得解除或终止劳动合同,根据《劳动合同法》第 42 条的规定,患病或非因工负伤,在规定的医疗期内的,用人单位不得依照本法第 40 条、第 41 条的规定解除劳动合同。医疗期届满,用人单位可依法解除或终止劳动合同,并支付经济补偿金和医疗补助费。《违反和解除劳动合同的经济补偿办法》①第 6 条规定,劳动者患病或者非因工负伤,经劳动鉴定委员会确认不能从事原工作,也不能从事用人单位另行安排的工作而解除劳动合同的,用人单位应按其在本单位的工作年限,每满 1 年发给相当于

---

① 该规定已经废止。

1 个月工资的经济补偿金,同时还应发给不低于 6 个月工资的医疗补助费。患重病和绝症的还应增加医疗补助费,患重病的增加部分不低于医疗补助费的 50%,患绝症的增加部分不低于医疗补助费的 100%。据此,患病员工劳动合同解除需要符合以下条件:①属于患病或者非因工负伤;②医疗期满;③不能从事原工作,也不能从事由用人单位另行安排的工作;④提前三十日以书面形式通知或者额外支付劳动者一个月工资;⑤须支付经济补偿金和医疗补助费。

（3）如何证明患病员工不能从事原工作,也不能从事由用人单位另行安排的工作？

当员工医疗期满时,需要判断其是否可以从事原工作,实际上就是判断该员工健康的损伤是否直接导致不能工作,且无法通过培训等手段补救,此时可以视为"医疗期满不能从事原工作"。实践中,"不能从事原工作"主要表现为:员工医疗期满后,医院出具的诊断证明继续建议员工休息治疗;员工丧失了对岗位较为重要的从业条件;员工完全丧失劳动能力;员工患病或受伤后,因健康原因向用人单位主动提出调整岗位。

（4）公司另行安排工作是否需与员工协商一致？

调岗是用人单位用工自主权的体现,需要依据用人单位与员工签订的劳动合同具体内容和《劳动法》《劳动合同法》相关规定进行,应当针对具体情况采取不同的法律措施进行应对。对部分员工调整工作岗位,须有符合法律规定的客观理由,同时在具体工作实践中,应注意和员工进行良好沟通、协商。《劳动合同法》第 40 条第 1 项规定,劳动者患病或非因工负伤,在规定的医疗期满后不能从事原工作,也不能从事由用人单位另行安排的工作的,用人单位可以单方解除劳动合同。根据该规定,劳动者患病或者非因公负伤不能从事原工作的,用人单位可以另行安排工作,调整工作岗位,对劳动合同进行变更。这可以由用人单位单方变更,当然与劳动者协调一致更妥当。一旦发生争议,用人单位对劳动者不能胜任工作应当承担举证责任。

（二）员工不能胜任工作的解除实务操作

1."不能胜任工作"的认定

原劳动部《关于〈劳动法〉若干条文的说明》中对"不能胜任工作"表述为:"不能按要求完成劳动合同中约定的任务或者同工种、同岗位人员的工作量。用人单位不得故意提高定额标准,使劳动者无法完成。""不能胜任工作"在用人单位管理中需要有一个关键依据——考核制度来认定,考核制度需要同时满足三个条件:一是用工双方明确岗位职责;二是管理方履行告知义务,让员工知晓公司的考核制度以及考核方式;三是公司对员工考核的核心是围绕其岗位职责进行的。

所谓"不能胜任工作",是指劳动者不能按要求完成劳动合同中约定的任务或者同工种、同岗位人员的工作量。但是,用人单位不得故意提高定额标准,使劳动者无法完成。劳动者没有具备从事某项工作的能力,不能完成某一岗位工作任务的,用人单位可以对其进行职业培训,提高其职业技能,也可以把其调换到能够胜任的工作岗位,协助劳动者适应新的岗位。如果用人单位尽了这些义务,劳动者仍然不能胜任工作,说明劳动者不具备在该用人单位的职业能力,用人单位可以在提前 30 日书面通知或者额外支付劳动者 1 个月工资的前提下,解除与该劳动者的劳动合同。需要注意的是,用人单位不能随意调动劳动者工作岗位或提高工作强度,借口劳动者不能胜任工作而解除劳动合同。

用人单位无法胜诉的一个常见原因是用人单位未能证明员工不能胜任其工作。一般来说,如果员工的劳动合同里没有写明工作职责,并且用人单位也没有设定任何的绩效考核标准,那么用人单位组织的绩效考核很有可能被认定为是主观和武断的,从而无法作为评价员工是否胜任的依据。

2.员工不能胜任工作的解除实操

(1)员工不能胜任工作应先行单方调岗或进行相应培训

《劳动法》《劳动合同法》均规定了用人单位可以解除劳动合同的情形,但是实际上是劳动者不能胜任工作,用人单位可以变更劳动者工作岗位的法律依据。在劳动者不能胜任工作的情况下,用人单位可以对劳动者进行相应的技能培训,或者对劳动者的工作岗位进行相应的调整,不能直接解除劳动合同,否则将构成违法解除劳动合同。

当劳动者不能胜任工作岗位时,用人单位可以调岗,条文中并无调岗前协商一致的要求。根据原劳动部《关于职工因岗位变更与用人单位发生争议等有关问题的复函》(劳办发〔1996〕100 号)的规定:"……因劳动者不能胜任工作而变更、调整职工工作岗位,则属于用人单位的自主权……"故当员工不胜任工作时,用人单位可单方面对员工予以调岗,无须征得员工同意。但用人单位调整后的岗位要具有合理性,如财务经理不胜任工作,用人单位把他调整为技术类的工作,则因财务经理的工作技能不足以胜任技术类的工作,会被认定为调岗不合理。此外,调岗的时候,应向员工发出调岗通知书,调岗通知书中要明确调岗的事由为不胜任工作,并让员工签收,那么,一定程度上也可以佐证员工不胜任工作的事实。

(2)建立合法有效的绩效考核制度

绩效考核制度是认定不能胜任工作的依据,绩效考核具备的法律意义,不要仅仅为了考核结果而进行考核。绩效考核制度要依据民主程序进行制定,必须公示或者通知劳动者。绩效考核制度必须具备一套完整的制度,从最初的考核目标设定到结束的绩效改进,要求做到公开、公平、公正、合理。在员工入职环节,要和员工确认《岗位职责说明书》,员工的《岗位职责说明书》是用人单位绩效考核的基础。绩效考核要注意以下问题:

第一,绩效任务目标的设定要具有合理性,不能设定根本不可能完成的任务目标,所设定的任务目标要求是同岗位的其他劳动者可以完成的。同时,设定的任务目标要与岗位职责是相关的,且设定的任务目标要跟薪酬水平有一定的相当性。

第二,绩效任务目标客观上最好能够量化。对于销售员,规定1个月的销售任务和回款额是多少金额这样一个可以量化的指标。如果客观上不能量化的指标,则尽可能在主观上也量化它或使之可以行为化,如行政岗位,可以用其他部门对行政部门服务的投诉次数以及用人单位各阶层员工的评价来进行衡量。

第三,绩效考核期间要合理。评判一个员工是否胜任工作,应该以一定期间内的工作表现作为判断依据,这个考核期间一定要合理,如果太短,很可能会被裁判机关认为属于偶发性的不良工作绩效,不足以认定员工不胜任工作。一般而言,考核期间3个月以上为合适。

(3)要进行有效培训。培训的内容要具有针对性,要根据员工在绩效考核中不如意的地方进行培训。更重要的是培训一定要完备相关记录,包括但不限于培训通知书、培训签到表、培训结果反馈等。相关培训材料一定要标明是不胜任工作的培训,并且要有员工确认签字。如果遇到不愿意签字的员工,那可以灵活一些处理,培训签到表先不要写培训主题,让员工先签字确认其签到参加培训了,可以沟通说,这个作为考勤的依据,基本上员工都会签字的,完了自己再把培训主题写上。

(4)收集保管相关考核材料等证据。上级与员工之间有关工作过程、工作失误等进行沟通的往来邮件,员工提交的工作改进计划等。绩效考核结果尽量要让员工签字确认。但是,实务中,绩效考核结果之所以难以被裁判机关所采信,主要就是当员工看到绩效考核结果对其不利时,其不愿意在绩效考核评估表上签字,由此会存在着一定的法律风险。这种情况下,用人单位可以在绩效考核制度中规定:员工需要对绩效考核结果进行签字确认,如果员工不签字,用人单位可以张贴公告公布绩效考核结果,员工如果有异议,可以在3个工作日内提交书面的申辩意见,逾期不提交申辩意见的,则视为员工对绩效考核结果确认。

(5)可在劳动合同中约定调岗调薪。从《劳动合同法》《劳动法》条文中看,法律规定用人单位的单方调岗权,并未对用人单位调薪进行规定。但由于不能胜任工作的调岗,通常是由上而下调整,一般会带来职级的变化,也势必会导致薪酬等级的变化,从这个角度分析,因劳动者不能胜任工作导致的调岗,用人单位按照岗位的变化相应调整薪水应属应有之义,也是岗变薪变原则的体现。但由于缺乏明确的法律依据,也会给一些裁判者带来法律适用上的困惑,从而给用人单位的管理行为带来法律风险。

为了解决这个问题,可以在劳动合同中事前约定清楚,这样,实务中被支持的概率就很大。比如:"乙方不胜任工作的,甲方有权调岗乙方到____岗位(或下一级别的工作岗位)上工作,乙方的月工资标准按____元执行(或按原工资标准下调15%执行),乙方应服从甲方的调岗安排,如不同意甲方的岗位调整,视为乙方严重违反公司规章制度,甲方有权解除劳动合同并不支付任何经济补偿。"通过这样的事先约定,解决调岗后调薪的依据问题。

3.以员工不能胜任工作解除的常见败诉点分析

以员工不能胜任工作解除需提前30日书面通知员工或支付1个月工资的代通知金,需支付经济补偿,用人单位以此为由解除败诉率高,往往变成违法解除。败诉原因多集中在举证困难,或解除程序存在问题方面,比如未履行培训或调整工作岗位程序即直接解除。为此需要证明具体的岗位要求;有不能胜任工作的证据,一般是考核结果;考核制度系经民主程序制定且已公示;履行培训或调岗程序;证明经培训或调岗后仍不能胜任工作;作出解除决定并通知工会、听取工会意见;向员工送达解除通知。

4.公司通过"末位淘汰"或者"竞争上岗"等形式单方解除合同是否合法?

"末位淘汰制"作为一种特殊的用人单位规章制度出现,但并不意味着用人单位对业绩居于末位的劳动者可以单方面解除劳动合同。用人单位单方解除劳动合同的情形是法定的,即只有存在劳动合同法规定的用人单位可以解除劳动合同情形的,用人单位才可以单方解除劳动合同,"末位淘汰制"不能作为用人单位解除劳动合同的依据。

最高人民法院民一庭认为:"末位"总是存在的,用人单位必须将"不能胜任工作而处于末位"和"胜任工作却处于末位"区分开来。如果劳动者确实不能胜任工作,用人单位须对其进行培训或调整工作岗位,劳动者仍然不能胜任工作,则单位可以依法解除劳动合同;如果劳动者仅是业绩居于"末位"而并非不胜任工作,则用人单位不能依据"末位淘汰制"或者"竞争上岗"等形式单方解除劳动合同。

(三)"客观情况发生重大变化导致合同无法履行"解除实务操作

1."客观情况发生重大变化"的认定

《劳动合同法》第40条规定了三种用人单位可以单方行使劳动合同解除权的情形,其中"在劳动合同订立时所依据的客观情形发生重大变化,致使劳动合同无法履行"这一规定让很多用人单位在解除劳动合同无门时眼前一亮。对此,需要结合《民法典》的有关规定来理解,《民法典》第533条规定:"合同成立后,合同的基础条件发生了当事人在订立合同时无法预见的、不属于商业风险的重大变化,继续履行合同对于当事人一方明显不公平的,受不利影响的当事人可以与对方重新协商;在合理期限内协商不成的,当事人可以请求人民法院或者仲裁机构变更或者解除合同。人民法院或者仲裁机构应当结合案件的实际情况,根据公平原则变更或者解除合同。"据此,劳动法中"客观情况"的判断标准主要是五个方面:不可预见性、不可归责性、基础性、时间要件和实质要件。具体分述如下:

(1)不可预见性。即在劳资双方订立劳动合同时,双方都无法预料该客观情况的发生。这种不可预见一方面是指变化的客观性,不是因劳资双方主观原因所产生的;另一方面是指缺乏预见的可能性或虽然能够预见,但难以避免。并且这种缺乏并非双方在签署合同时所能预见,如果当事人虽然没有预见,但依据当事人的认知水平有预见的可能性,那么也不属于情势变更的情况。

(2)不可归责性。即劳资双方当事人,尤其是据以解除劳动合同的用人单位无法控制该情况的发生。情势变更原则是其他法律规则都无法适用的情况下才得以适用的法律原则,如果当事人的自主行为导致了该结果的发生，则应适用其他法律法规的规定，由该当事人承担责任。

（3）基础性。即该情况必须是足以动摇劳动合同履行基础的，足以导致劳动合同履行的利益失衡和根本目的无法实现，否则不足以作为情势变更原则的理由。

（4）时间要件。即情势变更的事实发生于合同成立之后，履行完毕之前。签订劳动合同时，如果已经发生了情势变更，劳资双方都不可主张适用本原则。

（5）实质要件。即因情势变更而使得原合同的履行有失公平，如果继续按照原合同规定履行义务，将会对合同主体一方产生有失公平的后果，此时适用情势变更是为了平衡当事人之间的利益，避免因该变更带来更大的不公平，因此给予用人单位解除合同的权利。

原劳动部办公厅在《关于〈中华人民共和国劳动法〉若干条文的说明》（劳办发〔1994〕289 号）的第 26 条里就对"客观情况"进行了解释，"客观情况"是指发生不可抗力或出现致使劳动合同全部或部分条款无法履行的其他情况，如用人单位迁移、被兼并、用人单位资产转移等。并且排除用人单位濒临破产进行法定整顿期间或者生产经营状况发生严重困难，确需经济性裁员的情况。

结合相关劳动争议纠纷的司法实践以及上述法律规定，"客观情况"包括了自然条件因素、政治行为、社会历史因素、客观的政治情况发生变化、客观的法律法规发生变化等因素。除"用人单位迁移、被兼并、用人单位资产转移"属于用人单位对于自身经营的调整之外，用人单位改制、部门撤并、经营方向或经营重大战略调整、用人单位产品结构调整等，属于用人单位对于自身的自主经营调整，可以认为属于"劳动合同订立时所依据的客观情况发生重大变化"。具体而言，包括以下几种情形：

第一，不可抗力。此处的不可抗力包括地震、海啸、台风等自然原因，也包括征收、征用等政府行为，还包括罢工、骚乱等社会异常事件。不可抗力与情势变更有许多相似之处，譬如两者都具有外在性、客观性和不可预见性；也都是发生在合同成立后，履行终止前；都会免除当事人未按照原合同履行的违约责任。虽然《民法典》将不可抗力[①]与情势变更做了区分，但在

[①] 《民法典》第 180 条规定：因不可抗力不能履行民事义务的，不承担民事责任。法律另有规定的，依照其规定。不可抗力是不能预见、不能避免且不能克服的客观情况。

劳动法领域中将不可抗力归入情势变更仍然有其合理性。这主要是因为在劳动法领域中,如果也依照《民法典》中规定的情形将不可抗力排除在情势变更之外,一旦发生不可抗力的情形,根据民法和合同法的规定则完全免除了用人单位的责任;而将不可抗力归入情势变更的情形,则对用人单位的要求更为严格,即使遭遇不可抗力,用人单位仍然有可能继续履行劳动合同或者为解除劳动合同而承担更大的补偿责任。

第二,主体变化。即用人单位发生分立、合资、改制等情况。此时需要结合实际情况来判断,如果分立、改制等并未影响到原劳动合同的履行,则应当由承继原单位的新主体来继续履行劳动合同。原劳动部办公厅在《关于〈中华人民共和国劳动法〉若干条文的说明》中关于用人单位被兼并、用人单位资产转移的表述,在《劳动合同法》实施后已经被《劳动合同法》第34条和第41条第1款第3项所取代,该类情况按照《劳动合同法》的规定执行。

第三,用人单位搬迁。此处千万不可机械地认定为用人单位地址变化就一定构成情势的变更,要结合迁移的实际距离、交通情况等衡量。如虽然用人单位进行了搬迁,但给员工配备了交通、住宿等条件,实质上并未增加用人单位劳动者履行劳动合同的成本,就不能简单地认定为客观情况发生了重大的变化。

第四,岗位取消或者调整。即用人单位的经营策略、产品结构、生产任务、技术革新和改造等导致劳动力需求发生变化。此处需要结合劳动者岗位实际判定,如钢铁厂改制为纺织厂,原冶炼部门的撤销就可以被认定为是合理的,而其财务岗位则不受此变化的影响,那么财务岗位的变化就不能适用情势变更原则。

第五,其他情况。"客观情况"的程度须达到"致使劳动合同无法履行"。有些情况下,即使用人单位客观情况发生重大变化,但不必然导致劳动合同无法继续履行。例如公司部门撤销,劳动者所在的岗位不复存在,但不等于劳动合同无法履行,用人单位应提供其他的相类似的岗位选择,只要劳动者愿意变更工作岗位,劳动合同仍可继续履行。又例如《劳动合同法》第33条、第34条规定中的情形,公司的合并、分立等可属于"客观情况发生重大变化",但劳动合同仍应继续履行。

2."客观情况发生重大变化"解雇的程序性要求

(1)须与劳动者进行协商,且协商未达成协议的。当用人单位确实属于法定的客观情况发生重大变化,且导致劳动合同无法履行的,用人单位应与劳动者是否就变更劳动合同进行协商。而且,协商过程可以是用人单位提供相类似的岗位选择给劳动者,听取劳动者的意见。最后,双方经协商而未能达成一致协议的,用人单位才能解除劳动合同。

(2)据《劳动合同法》第 40 条第 3 项的规定,应遵循两个法定程序:一是"用人单位提前 30 日以书面形式通知劳动者本人或者额外支付劳动者一个月工资后";二是依照《劳动合同法》第 43 条规定的"用人单位单方解除劳动合同,应当事先将理由通知工会"。

用人单位只有同时具备上述条件,并按照上述法定程序与劳动者就劳动合同的变更事宜进行协商,在协商未达成协议的情况下,才能以"客观情况发生重大变化"为由解除劳动合同。在未符合上述四项条件的情况下而贸然解除与劳动者的劳动合同,有可能就需要承担违法解雇支付双倍赔偿金的法律风险。

3.客观情况发生重大变化解雇的操作要点

(1)如用人单位遇到发生客观情况发生重大变化,应首先将客观情况重大变化的情况,采用书面形式将情况变化固定下来,如属于用人单位经营战略发生重大变化,公司是否被合并分立。一般说来,用人单位举证客观情况发生重大变化并不困难,但法律要求协商变更合同内容,这也是认定此种理由解除合法性的重要基础。

(2)发生客观情况重大变化的,用人单位还需要和劳动者协商变更劳动合同,而协商变更过程,应采用书面形式通知员工,并提供协商变更的工作岗位、工作地点等变更内容,协商的过程和结果也应有书面记录,或者录音,表明已与员工尽力协商。

(3)以书面形式通知工会,并获得工会的书面回函。在与员工协商时,若双方无法达成一致意见,决定与劳动者解除劳动合同,也要将协商的情况通知工会,征求工会意见。在诉讼实践中,有很多用人单位都是因为缺少了通知工会这一环节,使得解除合同的程序违法,从而承担败诉责任。

(4)为了避免被认定为单位有能力履行合同而不履行合同,对于客观情况发生重大变化的,比如工作地点跨区域的重大变更,用人单位应当首先采取措施,将客观情况重大变化给劳动合同履行带来的实质性障碍予以消除,如搬迁中提供通勤班车、提供上下班交通补助、调整工作时间、提供食宿便利等措施,尽到应尽的义务。如此发生纠纷时单位的举证表明已尽义务,从而减少被认定恶意解除合同的风险。

（5）为了减少纠纷的可能性，建议单位在制定员工手册时，即制定客观情况发生重大变化从而解除劳动合同的条款，并对客观情况发生变化的情况作一列举和说明，以约定的形式表明双方达成合意，从而为日后的解除提供依据。

(四)代通知金的适用

1.代通知金的界定

（1）代通知金，即平时常说的"N＋1"补偿方案中的"1"。依据《劳动合同法》第40条规定，用人单位在法定情形下解除员工劳动合同，如未提前30日书面通知员工，则应以支付1个月工资作为该30日通知期的替代。用人单位终止固定期限劳动合同未提前30日书面通知员工，依据地方规定应给予赔偿金，其法律性质并非代通知金。

（2）代通知金的适用前提是用人单位在法定情形下①合法解除劳动合同且未提前30日书面通知员工。用人单位在法定情形下合法解除劳动合同但未提前30日书面通知员工的，除应依法向员工支付经济补偿金外，还得支付1个月工资的代通知金，即员工可兼得"鱼"和"熊掌"。

（3）代通知金支付的标准。依据《劳动合同法实施条例》第20条规定，企业依照《劳动合同法》第40条，选择以支付1个月工资的代通知金方式解除劳动合同的，该代通知金应当按照该员工上1个月的工资标准确定。结合劳动法和劳动合同法的立法精神，上个月的工资标准，应当是劳动者的正常工资标准，该月工资过高或过低都是不公平的。

2.代通知金适用的难点、疑点

（1）是选择提前30日通知还是选择支付代通知金？

劳动者存在《劳动合同法》第40条规定的三种情形时，用人单位需要提前30日通知或者向劳动者额外支付1个月工资，而且用人单位如果没有履

---

①　《劳动合同法》第40条规定：有下列情形之一的，用人单位提前30日以书面形式通知劳动者本人或者额外支付劳动者1个月工资后，可以解除劳动合同：（一）劳动者患病或者非因工负伤，在规定的医疗期满后不能从事原工作，也不能从事由用人单位另行安排的工作的；（二）劳动者不能胜任工作，经过培训或者调整工作岗位，仍不能胜任工作的；（三）劳动合同订立时所依据的客观情况发生重大变化，致使劳动合同无法履行，经用人单位与劳动者协商，未能就变更劳动合同内容达成协议的。

行提前 30 日通知的义务,则可以额外支付 1 个月工资的形式替代,此处所谓的"提前通知义务"与"代通知金的支付义务"并非并列关系,而是非此即彼的选择关系。那么用人单位怎么选择? 选择代通知金可能增加用人单位负担,那么是否选择提前 30 日通知劳动者就是最佳选择呢? 对此,要具体分析,要结合用人单位当时的具体情况作出选择。如果用人单位希望快速与员工解除劳动合同,以免"节外生枝""夜长梦多",在用人单位财务状况允许的情况下,则选择代通知金是最佳选择。在提前 30 日的这段时间里,员工可能会出现各种情况,一旦出现《劳动合同法》第 42 条规定的情形,则用人单位无法解除劳动合同,由此则达不到用人单位及时解除劳动合同的目的。

(2)代通知金是否可以放弃?

如用人单位已书面通知员工劳动合同于 30 日后解除,但员工认为自己可立即离职或者可提前离职,用人单位是否还得支付 1 个月工资代通知金呢? 支付代通知金是用人单位的法定义务,而对于员工来说则是法定权利,而权利是可以放弃的,该放弃行为并不违反法律法规之规定。为避免员工提前离职之后就代通知金问题再行向用人单位主张,建议双方可就提前离职问题通过协商文件或类似文件予以确定,以明确系员工主动放弃代通知金。

(3)用人单位违法解除劳动合同的,员工是否可以要求用人单位支付代通知金?

《劳动合同法》对用人单位解除劳动合同的条件、程序等予以明确规定,用人单位解除劳动合同需依法为之,否则即构成违法解除。因此,即便员工存在不胜任工作、医疗期届满后不能从事原工作或者存在劳动合同订立时所依据的客观情况发生重大变化等情形,但用人单位未按法律法规规定的程序、条件而直接解除劳动合同的,则照样构成违法解除劳动合同,比如:针对员工不胜任工作的,用人单位无证据证明;或者虽有证据证明员工不胜任工作,但未对其培训或者未调整工作岗位就直接解除劳动合同等等。至于实践中不少用人单位认为只要向员工支付 1 个月工资的代通知金就可以解除劳动合同的做法,则更不可取,这种做法忽视和违反了法律法规关于解除劳动合同的条件和程序等。

用人单位违法解除劳动合同的法律后果,则是应按员工的选择而支付赔偿金或者继续履行劳动合同,即对于用人单位违法解除劳动合同,《劳动合同法》并未将代通知金与赔偿金或继续履行劳动合同予以捆绑或打包儿。因此,员工除向用人单位主张违法解除劳动合同的 2N 赔偿金外,要求支付代通知金无法律依据,至于实践中员工要求用人单位应支付 2(N＋1)的赔偿则更是无任何法律依据。因此,劳动者可以根据劳动合同解除、终止的具体情况,向用人单位主张经济补偿(N)、经济补偿加代通知金(N＋1)、赔偿金(2N),但是不能主张赔偿金加代通知金(2N＋1)。

五、经济性裁员实务操作

(一)经济性裁员法定情形

关于经济性裁员的法定情形,只适用于以下四种情况:依照用人单位破产法规定进行重整的;生产经营发生严重困难的;用人单位转产、重大技术革新或者经营方式调整,经变更劳动合同后,仍需裁减人员的;其他因劳动合同订立时所依据的客观经济情况发生重大变化,致使劳动合同无法履行的。

(二)经济性裁员的实操要点

1.人数要求

裁减人员须达到 20 人以上或者裁减不足 20 人但占用人单位职工总数10％以上才可启动裁员程序;如果裁减人数少于该法定人数的,用人单位就只能按照协商解除劳动合同或《劳动合同法》第 40 条第 3 项的规定处理。

2.时间要求

用人单位提前 30 日向工会或者全体职工说明情况。说明情况的时间是提前 30 日,提前 30 日应当是指裁员方案正式实施前的 30 日。说明情况的对象是工会或全体职工。这里的工会应当指单位的工会,此时比较好操作,向工会发出函件,工会出具收到函件的回执即可。如果单位没有工会,要向全体职工说明情况。说明情况的内容应当包括:裁员的法定情形,裁员的范围、数量及比例,被裁减人员的标准;裁员的时间及实施步骤、被裁人员的经济补偿标准及发放时间等。

3.听取工会或者职工的意见

听取工会意见比较好操作,工会予以相应的回函即可。听取职工的意见要注意进行相关记录,可以要求员工以书面形式提出意见,即可以证明听取了职工的意见。需要注意的是,法律只是规定要听取工会或职工的意见,并没有规定要同意工会或职工的意见,所以,是否裁员的最终决定权还是在用人单位手中。

4.报备要求

用人单位在进行裁员之前,应当将裁减人员方案向劳动行政部门报告即可,此时用人单位应当注意,目前法律并没有要求必须经劳动行政部门批准后才可以裁员,只要履行报告程序就可以了。但用人单位在实施之前最好提前与劳动行政部门进行沟通,在取得了劳动行政部门的备案回执并同意的情形下,再实施裁员方案。报告的内容应当包括:裁员方案;确定的裁员名单;提前说明情况的材料;听取意见的材料;采取的减少裁员、稳定岗位的措施;经济补偿等资金的落实情况等。需要再次强调的是,程序与实体同样重要,满足了实体条件后,未履行程序要求,同样是违法解除。

5.经济性裁员的特殊保护

关于强制性规定,裁减人员时,应当优先留用下列人员:与本单位订立较长期限的固定期限劳动合同的;与本单位订立无固定期限劳动合同的;家庭无其他就业人员,有需要扶养的老人或者未成年人的。法律规定了优先留用的人员,反过来其实就是确定裁撤人员。

以下人员不得进行经济性裁员:从事接触职业病危害作业的劳动者未进行离岗前职业健康检查,或者疑似职业病病人在诊断或者医学观察期间的;在本单位患职业病或者因工负伤并被确认丧失或者部分丧失劳动能力的;患病或者非因工负伤,在规定的医疗期内的女职工在孕期、产期、哺乳期的;在本单位连续工作满 15 年,且距法定退休年龄不足五年的;法律、行政法规规定的其他情形。

需要注意的是,以上人员不适用经济性裁员,但如果在裁员过程中有严重违反用人单位规章制度等《劳动合同法》第 39 条规定情形的,用人单位还是可以解除劳动合同的。

6.裁员后优先招用

用人单位裁减人员后 6 个月内重新招用人员的,应当通知被裁减的人员,并在同等条件下优先招用被裁减的人员。

(三)经济性裁员的替代方案

1.用"辞退"替代"裁员"

辞退是由于员工的原因引起的、用人单位解除劳动合同的行为。用人单位根据员工的问题,辞退不适合用人单位发展要求的员工,这种行为叫减员。

《劳动合同法》对于减员的条件有明确的规定:对于严重违纪的员工,用人单位可以减员。对于严重违纪的标准,《用人单位职工奖赏条例》规定连续旷工 15 天或者一年内累计旷工 30 天,经批评教育无效即以除名。现行《劳动合同法》没有明确规定,用人单位可以自行制定标准,形成规章制度,并向员工公示,作为减员的法律依据。用人单位要以严重违纪的原因减员,需具备两方面的条件:首先,要有完善的、健全的、程序上合法的规章制度;其次,用人单位要有员工违纪的相关证据。

在实践中,以下几类员工通常是减员的对象:

第一,试用期的员工。法律对于试用期员工的辞退规定相对简单,只要用人单位能举证该员工不能满足公司的发展要求,便可以将其辞退。

第二,同时在其他公司工作的员工。按照《劳动合同法》规定,员工的这种行为严重影响本职工作,用人单位可以直接辞退;或者虽然没有严重影响本职工作,但经公司提出警告仍拒不改正,用人单位也可直接解雇。

第三,消极怠工、严重失职的员工。员工的消极怠工或失职给用人单位造成重大经济损失的,用人单位可以与之解除劳动合同,不需要赔偿。

第四,工作能力较差者,在考核一次不合格之后,经过公司培训或者换岗,仍然考核不合格。在这种情况下,用人单位可以与之解除劳动合同,但是法律要求用人单位需提前 1 个月通知,并支付相关的工龄补偿金。

2.用"协商解除"替代"裁员"

法律对于"协商解除"没有严格的限制,不论员工合同期限长短、是否生病,只要双方签订协议,用人单位便可解除劳动合同,且不需要向工会、劳动部门报告。用人单位使用协商解除基本不用承担法律风险,但是需有两个基本前提:一是该协议是员工自愿签署的,没有受到强迫;二是用人单位支付的补偿不能低于法定的最低标准。

3.用"终止"替代"裁员"

终止替代裁员有三种做法：

第一，合同到期终止。对于合同快要到期的员工，用人单位提前1个月通知其合同到期不再续签即可。这种做法的成本要低于裁员的成本，而且比较安全。但是在一种情况下，用人单位不能到期终止劳动合同，那就是员工的工龄达到10年，且不同意合同终止，这时员工有权要求与公司签订无固定期限的劳动合同。

第二，退休终止。按照《劳动合同法》规定，对于连续工龄到达15年，距退休5年以内的员工，用人单位不能对其实施裁员。但是如果员工的工龄不到15年，且接近退休年龄，用人单位则可以采取退休终止的方法解除劳动合同。某员工在本公司的工龄为6年，距离退休还有1个月时间，用人单位如果对其裁员的话，需要支付6个月的工资作为补偿；如果选择退休终止，则只需支付1个月的工资。

第三，用公司注销的方式来终止。这种方法也被称为"休克疗法"，主要是通过解散、破产等方式注销公司的法人资格，从而结束与员工之间的劳动关系。在这种情况下，公司也要支付工龄补偿金，但是赔偿金额要根据用人单位破产清算之后剩余的资金进行确定。这种做法在实际生活中运用得较少。

4.结束各种非劳动关系用工

这种做法主要针对实习生。用人单位与实习生之间是实习关系，而非劳动关系，结束实习关系应按照《民法》处理。属于非劳动关系的还有退休员工的返聘、停薪留职人员和在其他单位协保人员的雇佣。对于这类人员，用人单位只需提前通知对方即可，《民法》没有规定支付补偿金，但是如果双方协议中有约定的话，则要按照协议约定执行。

此外，非劳动关系也包括非全日制的用工，即钟点工。法律对于钟点工的规定是：平均每天的工作时间不超过4个小时，每周累计不超过24个小时。按照《劳动合同法》规定，用人单位可以随时解雇钟点工，而且不需要支付任何经济补偿金。

5.结束或缩减招聘

在实际工作中，经常看到某些用人单位一边裁员一边招聘。这样的做法是不合理的：首先，用人单位会面临法律风险，员工可能会起诉用人单位没有达到裁员的法定条件;其次,用人单位不仅要承担裁员成本,还要承担招聘成本和新员工的培训成本,不仅达不到控制成本的目的,反而会加重用人单位的成本负担。用人单位的正确做法应该是结束招聘、缩减招聘。比如,用人单位冻结招聘计划,最近不招人,愿意辞职的员工可以辞职,但用人单位不主动裁员。实际上,这也是变相的减员。

6.取消录用通知或就业协议书

受金融危机的影响,用人单位裁员在实际操作中有两个选择:一是对已签订劳动合同的员工实施裁员;二是在校园招聘的毕业生没有上班之前,用人单位对就业协议书违约,这样要比劳动合同违约风险小、成本低。就业协议关系属于《民法》范畴,法律中没有规定相应的赔偿责任,用人单位的主要责任就是赔付违约金,违约金的赔付按照协议中的约定执行。

有些用人单位招聘社会在职人员,面试通过之后发放了录用通知书或者邀请函,但邀请函刚发出不久,用人单位因为受金融海啸影响而订单骤降,对于这种情况,用人单位往往会选择将刚发出的录用通知作废。这种行为是由于用人单位的原因给应聘人员造成了一定的损失,用人单位要承担违约责任,应聘者有权进行索赔,但这部分损失主要包括来往的交通费、住宿费等,成本远远低于裁员成本。所以,取消录用通知或就业协议书可以达到减员的目的,而且成本低、风险小。

7.协议内退、停薪留职等

用人单位里往往存在一些很难裁掉的员工,这些员工大多工龄较长,再找新工作比较困难,他们难以接受用人单位的裁员方案。对于这类人员,用人单位要学会适当变通,与其协商内退或者协议停薪留职。协议内退或停薪留职可以实现减员的目的,虽然也要支付一定的成本,但相对于裁员或者一直保持劳动关系来讲,成本降低了很多。而且,这种方法还可以化解一些矛盾,消除不满情绪,避免隐性成本产生。协议内退或停薪留职与结束非劳动关系用工是存在区别的。如果用人单位对员工实施内退,需要先进行协商,支付最低生活标准,并继续办理社保到其退休。如果用人单位雇用其他用人单位内退的员工,之后再将其辞退的话,则属于结束非劳动关系,无须协商,也不需要支付任何赔偿金。

六、劳动合同终止实务操作

（一）劳动合同终止的法定情形

1.劳动合同期限届满

双方当事人的权利和义务已经履行完毕,劳动合同自行终止。这主要适用于固定期限劳动合同和以完成一定工作任务为期限的劳动合同两种情形。劳动合同期满,除依法续订劳动合同和依法应延期的以外,劳动合同自然终止,双方权利义务结束。以完成一定工作任务为期限的劳动合同,其合同期限为约定的工作任务完成。根据劳动和社会保障部的规定,劳动合同终止的时间,应当以劳动合同期限最后一日的 24 时为准。但法律还规定了劳动合同期限虽然届满,但仍不能终止劳动合同的特殊情形。劳动合同逾期终止的情形:

《劳动合同法》第 42 条规定的下列情形之一的,劳动合同到期也不得终止,应当续延至该情形消失时终止。这些情形包括:①从事接触职业病危害作业的劳动者未进行离岗前职业健康检查,或者疑似职业病病人在诊断或者医学观察期间的;②患病或者非因工负伤,在规定的医疗期内的;③女职工在孕期、产期、哺乳期的;④在本单位连续工作满 15 年,且距法定退休年龄不足 5 年的;⑤法律、行政法规规定的其他情形。

2.劳动关系主体消灭

劳动关系主体消灭分为劳动者主体资格消灭和用人单位主体资格消灭。劳动者主体资格消灭:其一,劳动者开始依法享受基本养老保险待遇的;其二,劳动者死亡或者被人民法院宣告死亡或者宣告失踪。

用人单位主体资格消灭包括以下情形:其一,用人单位被依法宣告破产的。根据《用人单位破产法》的规定,用人单位一旦被依法宣告破产,就进入破产清算程序,用人单位的主体资格随机归于消灭,因为用人单位已经无法按照劳动合同履行其权利和义务,只能终止劳动合同。其二,用人单位被吊销营业执照、责令关闭、撤销或者用人单位决定提前解散的。所谓吊销营业执照,是指用人单位被剥夺营业资格,从而失去继续从事生产或者经营的资格。所谓责令关闭,是指用人单位因为违法了法律、法规,被行政机关作出停止生产或经营的处罚决定。所谓被撤销,是指行政机关撤销了公司的等级。用人单位被依法吊销营业执照、责令关闭、撤销,都无法继续生产经营,以该用人单位为一方的劳动合同终止。所谓用人单位决定提前解散,是指持有公司全部股东表决权 10% 以上的股东,请求人民法院接受公司解散申请的情形下,用人单位提前于公司章程规定的公司终止时间而解散公司。

(二)实操要点

1.不得扣押劳动者的档案或者其他物品

《劳动合同法》第 50 条规定,用人单位应当在终止劳动合同同时出具终止劳动合同的证明,并在 15 日内为劳动者办理档案转移和社会保险关系转移手续。劳动者依法解除或者终止劳动合同,用人单位扣押劳动者档案或者其他物品的,由劳动行政部门责令限期退还劳动者本人,并以每人 500 元以上 2000 元以下的标准处以罚款;给劳动者造成损害的,应当承担赔偿责任。

2.劳动合同终止后的经济补偿

依法支付经济补偿,根据《劳动合同法》第 46 条的规定进行支付。

以完成一定工作任务为期限的劳动合同终止问题。以完成一定工作任务为期限的劳动合同是指季节性、临时性、阶段性用工。用人单位与劳动者签订的以完成一定任务为期限的劳动合同期满后,在同一岗位不能再连续签订以完成一定任务为期限的劳动合同。《劳动合同法实施条例》第 13 条明确规定:"用人单位与劳动者不得在劳动合同法第四十四条规定的劳动合同终止情形之外约定其他的劳动合同终止条件。"之前《劳动法》规定的可以约定劳动合同终止条件的规定被新法取代,双方不得约定终止条件,但可以约定在完成一定工作任务后终止,因为这不是"终止条件",而是约定的"合同期满"。

《劳动合同法实施条例》第 22 条规定,以完成一定工作任务为期限的劳动合同因任务完成而终止的,用人单位应当依照《劳动合同法》第 47 条的规定向劳动者支付经济补偿。

3.劳动合同终止后用人单位的其他义务

根据《劳动合同法》第 50 条的规定,用人单位应当在解除或者终止劳动合同时出具解除或者终止劳动合同的证明,并在 15 日内为劳动者办理档案和社会保险关系转移手续。用人单位依照本法有关规定应当向劳动者支付经济补偿的,在办结工作交接时支付。用人单位对已经解除或者终止的劳动合同的文本,至少保存两年备查。用人单位违反规定未向劳动者出具解除或者终止劳动合同的书面证明,由劳动行政部门责令改正;给劳动者造成损害的,应当承担赔偿责任。

(三)操作难点

1.用人单位能约定劳动合同的终止条件吗?

一些用人单位想通过这种另行约定劳动合同终止情况的办法,混淆解除和终止的概念,主要是想逃避经济补偿金。更有些用人单位是想通过这个约定,逃避非法解雇的赔偿责任或规避裁员的程序,以达到随意解雇的目的。

虽然,《劳动法》第 23 条规定劳动合同期满或者当事人约定的劳动合同终止条件出现,劳动合同即行终止。但是,《劳动合同法》第 44 条规定了劳动合同期满、劳动者开始依法享受基本养老保险待遇等六种劳动合同终止的情形。《劳动合同法实施条例》第 13 条规定,用人单位与劳动者不得在《劳动合同法》第 44 条规定的劳动合同终止情形之外约定其他的劳动合同终止条件。根据新法优于旧法的原则,用人单位与劳动者之间不得约定劳动合同终止的情形,其约定是违法的。也就是说,除了以上这些法定情形,单位不得假以"协商一致"的名义另行约定终止条件。因此,其属于无效条款。

2.已达到退休年龄,终止劳动合同需要支付经济补偿金吗?

根据《劳动合同法》第 44 条规定,对比第 44 条和第 46 条可知,其中第 44 条符合第 46 条规定应支付经济补偿金的只有第 1 项、第 4 项和第 5 项,因此第 2 项规定,劳动者开始依法享受基本养老保险待遇也即达到退休年龄的,不需要支付经济补偿金。

3.劳动合同终止后,员工得知怀孕,能否要求恢复劳动关系?

如果合同期限届满,用人单位不续签,合同终止后女员工发现怀孕的话,根据《劳动合同法》第 45 条规定:女职工在孕期、产期、哺乳期内,劳动合同期限届满时,用人单位应当将劳动合同的期限顺延至孕期、产期、哺乳期期满为止。根据该条规定,女职工怀孕是劳动合同延续的法定事由,在女职工"三期"内,如果劳动合同届满,用人单位应当将其劳动合同的期限顺延至孕期、产期、哺乳期期满为止。因此,如果离职女员工能够证明其怀孕是在劳动合同终止前,用人单位应与其恢复劳动关系,续签劳动合同至哺乳期结束,当然,女员工已经领取的补偿金也应当退还公司。

4.员工在医疗期、孕期、产期或哺乳期,劳动合同期届满,能否终止劳动关系?

根据《劳动合同法》第 42 条规定,员工在医疗期内,女职工在孕期、产期、哺乳期内的,用人单位不得根据《劳动合同法》第 40 条、第 41 条解除劳动合同。也就是说,员工在医疗期内,女职工在"三期"内的,用人单位不得依据劳动者不胜任工作、客观情况发生重大变化或者经济性裁员为由单方面解除劳动合同。只有当医疗期、孕期、产期、哺乳期届满,才能终止劳动合同。但对于双方协商解除劳动合同的,法律并不禁止。

5.劳动合同期满而终止劳动合同,是否需要提前 30 日通知员工?

劳动合同到期后,应当及时办理续签或终止手续。用人单位可以设置劳动合同到期前提醒程序。在劳动合同期满后,如果是劳动者不愿意续签劳动合同的,作为用人单位应该注意收集相应的书面证据,不应在合同期满后未有任何的手续,因为如果用人单位难于证明是劳动者不同意续签的,则会面临需支付经济补偿金的风险。因此,为了避免不必要的损失,用人单位应当依法防范不再与员工续签劳动合同的风险。

6.劳动合同期满未续签,也未终止劳动关系,能否随时解除劳动关系?

《劳动合同法实施细则》第 23 条规定:用人单位招用劳动者应当自用工之日起 1 个月内订立书面劳动合同。从第 2 个月到第 12 个月内订立书面劳动合同的,用人单位应当向劳动者每月支付两倍的工资。从第 12 个月开始,视为与劳动者订立了无固定期限劳动合同,不再支付两倍的工资。劳动合同到期后未续签劳动合同,劳动者继续为用人单位提供劳动的,按照上述规定执行。劳动合同期满未续签,也未终止劳动关系的,劳动者可以随时解除劳动关系,用人单位不需要支付经济补偿金;但用人单位不能随时解除劳动关系。

7.用人单位或员工在劳动合同期限届满时,一方能否强制要求对方续签劳动合同?

用人单位劳动合同期满即行终止,不存在任何附带条件。确定是因生产或工作的需要,可以续订合同,但必须征得双方当事人的同意,任何一方无权强迫另一方续订合同。否则,所续订的合同是无效的,续订行为本身也是违法的。

8.未签订书面劳动合同情况下的终止劳动合同

自用工之日起 1 个月内,经用人单位书面通知后,劳动者不与用人单位订立书面劳动合同的,用人单位应当书面通知劳动者终止劳动关系,无须向劳动者支付经济补偿,但是应当依法向劳动者支付其实际工作时间的劳动报酬。

用人单位自用工之日起超过 1 个月不满 1 年未与劳动者订立书面劳动合同的,应当依照《劳动合同法》第 82 条的规定向劳动者每月支付两倍的工资,并与劳动者补订书面劳动合同;劳动者不与用人单位订立书面劳动合同的,用人单位应当书面通知劳动者终止劳动关系,并依照《劳动合同法》第 47 条的规定支付经济补偿。前款规定的用人单位向劳动者每月支付两倍工资的起算时间为用工之日起满 1 个月的次日,截止时间为补订书面劳动合同的前一日。

用人单位自用工之日起满 1 年未与劳动者订立书面劳动合同的,自用工之日起满 1 个月的次日至满 1 年的前一日应当依照《劳动合同法》第 82 条的规定向劳动者每月支付两倍的工资,并视为自用工之日起满 1 年的当日已经与劳动者订立无固定期限劳动合同,应当立即与劳动者补订书面劳动合同。

综上,用人单位与劳动者未签订劳动合同,但存在事实劳动关系的,用人单位应当与员工签订劳动合同,劳动合同期限由双方协商确定,不能协商一致的,任何一方均有权提出终止劳动关系。但由员工提出终止劳动关系的,用人单位需要书面通知劳动者终止劳动关系,用人单位可以不支付经济补偿金。

七、离职环节的程序操作要点

(一)HR 解雇前评估

解雇理由是否成立。原劳动部办公厅《对〈关于如何确定试用期内不符合录用条件可以解除劳动合同的请示〉的复函》中对试用期内不符合录用条件的劳动者,用人单位可以解除劳动合同;若超过试用期,则用人单位不能以试用期内不符合录用条件为由解除劳动合同。

证据是否已经收集充分,在证据确实充分的条件下才可以解雇。

解雇依据的规章制度制定程序是否合法,有无公示。《劳动合同法》规定单位可以无偿解雇的条款只有第 39 条规定的六种情形,其中一条就是严重违反用人单位的规章制度,所以对用人单位规章制度的合法性予以审查。

解雇程序的正当性保障,比如是否已经通知工会,即使单位没有工会,也要通知单位所在地的基层工会。《最高人民法院关于审理劳动争议案件适用法律若干问题的解释(一)》第 47 条规定:"建立了工会组织的用人单位解除劳动合同符合劳动合同法第三十九条、第四十条规定,但未按照劳动合同法第四十三条规定事先通知工会,劳动者以用人单位违法解除劳动合同为由请求用人单位支付赔偿金的,人民法院应予支持,但起诉前用人单位已经补正有关程序的除外。"

解雇成本的核算(主要是经济补偿或赔偿金)。《劳动合同法》第 47 条、第 87 条规定的经济补偿都是我们计算的参考依据。

判令恢复劳动关系的消极影响。用人单位的管理权威无疑会受到影响,另外经济成本方面,一旦判令恢复,则从作出解雇决定之日到判决恢复劳动关系期间的工资,单位都要按前 12 个月的工资标准全额支付。

解除劳动合同通知书的表述是否有法律风险。书写解除劳动合同通知书,尽量避免使用开除这样的字眼,关于解除理由,如果用人单位有把握劳动者的违纪一定是可以解除劳动合同的,可以具体写明违纪的具体情形;如果不能确定是违纪,就写明是违反了《劳动合同法》第 39 条规定的情形。

(二)解除通知的设计与送达方式选择

1.解除通知书的设计以及注意事项

(1)劳动合同解除通知书发出的相对方要明确、唯一。在解除通知书开始,至少应当包括劳动者名字、身份证号等,从而确保发出对象的准确性、唯一性。另外,建议用人单位在制作劳动合同解除通知书时,对其是否属于特殊人群进行必要性说明。原因在于用人单位如果根据《劳动合同法》第 40 条、第 41 条解除劳动合同时,对于特殊人群,如医疗期内、"三期"等人群应进行特殊说明,证明劳动者不属于法律规定的特殊保护的人员。

(2)劳动合同解除通知书中应当明确解除的劳动合同的具体情况。在劳动合同解除通知书中,至少应当包括劳动合同订立的日期、期限、劳动合同的具体名称等,确保解除劳动合同的特定性。如果双方并未签订劳动合同,应当将具体用工的方式、用工时间等予以明确,说明双方解除的是事实劳动关系或非全日制劳动关系。

(3)劳动合同解除通知书中应当明确劳动合同的解除理由以及程序:劳动合同解除通知书必须根据《劳动合同法》第39条、第40条以及第41条所列明的解除理由,且应当确保解除事实与法律对应。至于劳动合同解除的理由是否可以同时写多个,要根据具体情况分析,因为多列理由意味着需承担更多的举证责任。另外,用人单位也不能不写明解除劳动合同的理由。如果用人单位解除理由中涉及调岗、培训、协商等程序性事项的,建议在劳动合同解除通知书中予以说明。如果用人单位有工会的,应写明具体征求工会意见的情况。

(4)劳动合同解除通知书中应当写明是否需要支付补偿金,并明确各类待遇的支付,具体包括工资、经济补偿金、加班费、未休年休假等。当然,这部分内容本身不必然影响单方解除劳动合同的合法性,但将这部分内容说清楚,有利于尽量避免双方误会,减少纠纷的发生。同时,在解除通知书中应当说明社会保险、住房公积金缴纳的截止时间,并提示员工注意衔接,避免不必要的争议。如果有其他福利待遇的,请根据用人单位实际情况说明,尤其建议对于员工离职后不再享有的福利待遇予以明示。

(5)劳动合同解除通知书中应当明确劳动合同解除的时间以及工作交接等事项。因劳动合同解除通知需要送达劳动者方能生效,所以,劳动合同解除的时间表述就是一个问题,不能当然地说明解除通知书成文之日即为劳动合同解除时间。具体时间要综合考虑送达方式以便确认,或者写明:劳动合同解除通知书送达之日起生效。工作交接核心是两个方面的问题:首先,用人单位出具离职证明,要求员工配合档案转出;其次,应当告知劳动者按时如约办理工作交接,并说明不办理工作交接的法律责任。

(6)劳动合同解除通知书应当说明是否启动竞业限制等条款:解除签订有竞业限制协议的员工时,应当说明是否启动竞业限制条款;对于部分有期权等的员工,最好也注明相关期权条款的具体效力和执行方式。

(7)劳动合同解除通知书中尽量注明如果需要办理失业保险的,单位将积极配合:用人单位单方解除劳动合同属于非因本人意愿中断就业的情形,具备相关条件(如缴纳社保时间等条件具备后),劳动者登记失业可以申领失业保险，为避免劳动者日后可能的追偿，建议在劳动合同中对此予以说明。

（8）劳动合同解除通知书的落款处写明用人单位名称，并加盖公章，同时注明通知发出的时间；用人单位在发放解除通知时，一定要核实劳动合同签署情况、实际用工单位是否一致，尤其对于关联用工的用人单位，避免实际发出解除主体不适导致解除的无效。另外，如果涉及劳务派遣的，用工单位应当是退回，而不能直接解除。

（9）用人单位应当区分劳动合同的解除与终止，根据情况确定准确用词；基于解除与终止在劳动法上的不同含义，用人单位通知一定注意准确用词，用"终止"的主要情形为《劳动合同法》第 44 条规定的情形。[①]

（10）劳动合同解除通知书盖章页最好与员工签收页放在同一页，且确保空白页不能再行增加其他内容，以避免劳动者在空白页增加内容，如果是两页或者多页的，建议加盖骑缝章，虽然单位解除通知书员工实际签收由单独（往往通过邮寄等）方式送达，但我们仍然建议留有相应的签字页。

2.送达方式

首先，应采取直接送达的方式，将《解除劳动合同通知书》当面送交本人，若本人拒绝签收或直接送达有困难，则应将当面送达的情况作出书面说明，以保留证据。如果员工不在公司，用人单位还可以派人根据员工确认的联系地址直接送达。但需要注意的是必须要有两人以上一同前往，一人为人力资源部工作人员，一人可以是工会或其他部门员工，送达员工并要求签收。如果员工本人不在家，也可以请员工同住的成人直系亲属签收有效。鉴于直接送达不成（或直接送达困难）是进行邮寄送达、公告送达的前提，在实践中，用人单位为了证明自己的"直接送达不成"，通常会组织相关部门人员会同工会人员一起送达通知。

直接送达被拒收，或者无法直接送达，应采取邮寄送达方式，最好通过邮局以特快专递的方式，向员工寄送《解除劳动合同通知书》。在快递单上必须写上送达的内容是什么。在快递寄出一段时间后，还需要到邮局去确

---

① 　（一）劳动合同期满的；（二）劳动者开始依法享受基本养老保险待遇的；（三）劳动者死亡，或者被人民法院宣告死亡或者宣告失踪的；（四）用人单位被依法宣告破产的；（五）用人单位被吊销营业执照、责令关闭、撤销或者用人单位决定提前解散的；（六）法律、行政法规规定的其他情形。

认快递是否送达,邮局会给予正式的反馈,需要保留已送达或被拒收的证据。若邮件被退回未能送达,则人力资源部应将退回的信件完整保存,这是一份十分重要的未邮寄送达的证据。

需要注意的是,解除劳动合同通知书寄往非劳动者确认的地址,解除行为不成立。如果劳动者已经书面确认了联系地址,在此情况下,用人单位仍私自向劳动者的其他地址邮寄送达相关手续,如果在劳动者本人未签收的情况下,则邮寄的文件对劳动者不会发生效力,也就导致解除行为对劳动者不发生法律效力。例如:某公司并未按照员工在劳动合同中填写的住址送达解除劳动合同通知书,而仅仅向其户籍所在地邮寄,公司没有证据证明解除通知被签收,则公司送达行为并不符合法律规定,进而解除行为不发生法律效力。

只有在受送达职工下落不明,或者用直接送达、邮寄送达方式无法送达的情况下,方可公告送达,即张贴公告或通过新闻媒介通知。能用直接送达或者邮寄送达而未用,直接采用公告送达,视为无效,不发生解除劳动合同的法律效力。因为用人单位在此之前没有充分履行告知义务,不符合法定程序,用人单位的解除劳动合同行为存在程序瑕疵,解除属于违法解除。公告送达要注意选择的媒体,要选取在国内公开发行的报刊上刊登。在选择报纸时应考虑受送达人可能出现的区域,然后对公告报纸进行针对性的选择,同时应遵循公示面大的原则。采取公告的方式,自发出公告之日起,经过 60 日,即视为送达。

综上所述,为了防范法律风险,用人单位应合理选择解除劳动合同通知书的送达方式。用人单位在解除劳动合同,送达《解除劳动合同通知书》时,应当首先采用直接送达、邮寄送达等可以直接送达给劳动者本人的送达方式,只有在受送达职工下落不明,或者用直接送达、邮寄送达无法送达的情况下,才可以使用公告送达。

(三)程序要求以及法律风险控制

尽量通过"协商一致"解除劳动合同。也就是先由用人单位或者劳动者提出解除合同的事由,双方当事人再进行具体协商,协商一致后签订协议书再办理解除劳动合同的手续。

用人单位一定要提前书面通知劳动者解除或终止劳动合同,劳动合同上的用语也要务必规范。

用人单位单方解除劳动合同,应当事先将理由通知工会。用人单位违反法律、行政法规规定或者劳动合同约定的,工会有权要求用人单位纠正。用人单位应当研究工会的意见,并将处理结果书面通知工会。用人单位不履行通知工会的程序性规定,其解除劳动合同的行为会因存在程序瑕疵而无效。

对于从事有职业危害作业的员工还要进行健康检查。

要做好与劳动者的工作交接、薪资结算、档案和社保关系转移手续等事项,还要出具解除或终止劳动合同的证明并且最好当面交给员工要求其签字确认。劳动者符合失业条件的,应当协助劳动者办理失业登记手续;对于已经解除或者终止的劳动合同文本要妥善保管,至少保管两年备查。

根据解除合同原因的不同,用人单位要承担的责任也有所不同,那么怎样才能让用人单位的损失最小化甚至是零损失呢?不需要承担赔偿或补偿责任的解聘原因有很多,例如:不符合录用条件、严重失职、有双重劳动关系、有欺诈行为、被追究刑事责任等,其中有些解聘原因在实际操作中需要满足法定的条件才可以适用,主要是不符合录用条件以及医疗期满这两个原因。对于不符合录用条件的,用人单位必须有明确并且经过公示的录用条件,并且必须有证据证明劳动者不符合录用条件,该原因的适用还有一定的限制,即试用期满后不得再以不符合录用条件而解除劳动合同,因此只有在试用期间劳动者被证明不符合录用条件的,才无须支付经济补偿金。

在必须支付经济补偿金的情况下,还要知道如何正确计算经济补偿金的金额。经济补偿金是以工资和劳动者在本单位的工作年限为基数进行计算的,工作满 1 年的,每满 1 年支付 1 个月工资的经济补偿金,不满 1 年超过 6 个月的按 1 年算,不超过 6 个月的支付半个月工资。

(四)操作难点、疑点

1.尚未建立工会组织,在解除劳动合同时"事先通知工会"是否仍为必经程序?

《最高人民法院关于审理劳动争议案件适用法律若干问题的解释(一)》第 47 条仅规定了建立工会组织的用人单位依据劳动合同法第 39 条、第 40 条解除劳动合同的,应事先通知工会,否则属于违法解除劳动合同,应向劳动者支付赔偿金。但对于未建立工会组织的用人单位是否仍需"事先通知工会"却没有明确规定。对此,用人单位单方解除劳动合同的,宜事先向当

地总工会或产业工会征求意见,或者告知并听取职工代表意见。同时,还需注意以下几点:

第一,中华全国总工会办公厅《关于规范召开用人单位职工代表大会的意见》及地方人民政府发布的职工代表大会条例等对职工代表的选举方式、人数、人员比例均有严格规定。用人单位仅随意选择部分职工告知的,一般不被认定为履行了告知义务,仍属于违法解除劳动合同。

第二,通知工会组织或职工代表时,用人单位应以书面方式明确告知解除理由,研究工会组织或职工代表提出的意见并以书面形式反馈处理结果,同时注意保存相关证据,如快递单、解除劳动合同告知书、盖有工会公章的回函、工会或职工代表的意见书等。

第三,根据《最高人民法院关于审理劳动争议案件适用法律若干问题的解释(一)》第 47 条,用人单位在一审起诉前补正通知工会或职工代表程序的,即可不被认定为违法解除劳动合同,无须承担赔偿责任。

2.员工被解除劳动合同后要求恢复劳动关系,如何应对?

(1)适用继续履行劳动合同的条件

根据《劳动合同法》第 48 条规定,当用人单位违法解除或终止劳动关系时,劳动者有两种选择:一是选择不再继续履行劳动合同,而是要求用人单位支付双倍的经济补偿金作为赔偿金;二是要求用人单位继续履行劳动合同。

从继续履行的适用条件来看,强制用人单位继续履行劳动合同,须符合如下条件:用人单位已实施违法解除或者终止劳动合同的行为;劳动者有继续履行劳动合同的请求;用人单位具备继续履行劳动合同的条件,如出现用人单位濒临破产、依法解散或者被依法撤销等客观不能履行的情况时,并不能要求用人单位继续履行劳动合同。

(2)如何认定不能继续履行

"不能继续履行"认定涉及主客观方面,认定难,立法机关、司法机关、用人单位均有不同的看法。在《中华人民共和国劳动合同法释义》一书[①]中,提出了判断客观上不能履行的标准:在有的情况下,劳动合同客观上已经不能继续履行了,如原用人单位已经搬迁到外地、原工作部门已经被撤销等,此时即使劳动者想继续履行劳动合同也无法继续,因此,在用人单位支付经济赔偿金后,劳动合同解除或终止。在司法实践中,司法机关综合考虑以下

---

① 信春鹰:《中华人民共和国劳动合同法释义》,法律出版社 2007 年版,第 185 页。

情况,审慎判定"实际不能继续履行":一是继续履行劳动合同的可执行性,诸如用人单位是否被注销或吊销、是否继续经营、裁审期间劳动合同期限是否已经届满、劳动者的原岗位是否存在,特别是用人单位是否坚持拒绝恢复劳动关系等因素;二是劳动者在用人单位违法解除劳动合同后,是否已找到新的工作,入职新单位;三是劳动者在收到用人单位的解除通知后,是否已办理工作交接、签订离职协议、领取补偿金等接受解除合同事实的行为;四是劳动者提出继续履行劳动合同是否在合理期限之内,是否超过用人单位所能预计的承担违法解除后果的合理期限。

3.公司向员工发出解除劳动合同通知,后又撤销该决定,能否避免违法解除的后果?

解除劳动合同通知一般在送达后即发生解除后果。但也有一些情况是在送达一段时间后解除。例如非过失性辞退情形,用人单位可以提前一个月通知解除。由此便派生出一个问题,在解除通知送达后、解除日期到达前,用人单位是否有权撤回解除通知?此问题法律并无明确规定。在规章制度未明确规定的前提下,可以允许用人单位撤回解除通知。针对用人单位的违法解除行为,劳动者有权选择主张违法解除劳动合同赔偿金,也有权选择继续履行劳动合同。由此可知,用人单位违法解除的行为应属效力待定状态,如劳动者选择违法解除赔偿金,则解除行为导致的劳动关系终止的结果已经明确,只不过用人单位需要对违法解除行为付出双倍赔偿金的代价;但如果劳动者要求继续履行劳动合同,则违法解除当属无效。因此,在解除通知时间届满之前,用人单位撤回的行为并未对劳动者的利益造成损害。据此,撤回违法解除劳动合同通知的行为应属用人单位对自身用工不当行为的及时纠正,应当允许。

第五章　离职后手续的办理和工作的交接

一、离职工作交接、档案、社保转移手续

（一）离职流程

申请（离职者）→离职面谈（单位负责人或单位 HR 或其他指定人员）→工作交接（接手人、单位指定监交人）＋财务事项核实（单位财务负责人）＋行政物品类交接（单位 HR 或其他指定人员）→批准（单位负责人）→核实材料和遗留事项（指定人员）→审核、审批（根据岗位性质按权限进行审核、审批）→离职薪金清算（单位 HR、财务人员、其他指定人员）→领取个人档案资料（离职者、档案保管者）→社保减员、人次数据统计（HR 或其他指定人员）（参见图 5-1）

（二）有关书面材料

主要书面材料包括：离职申请书（须按手印）；离职交接表（离职者、接手人、监督交接者、交接涉及的其他人员共同签字）；交接报告（离职者、接手人、监督交接者共同签字）；薪资清算单（离职者、制表者、财务、部门负责人等共同签字，公司和个人各留存一份）；解除劳动合同证明（离职手续办理完后单位出具此证明）。提报书面材料的同时，一并提报电子版材料。

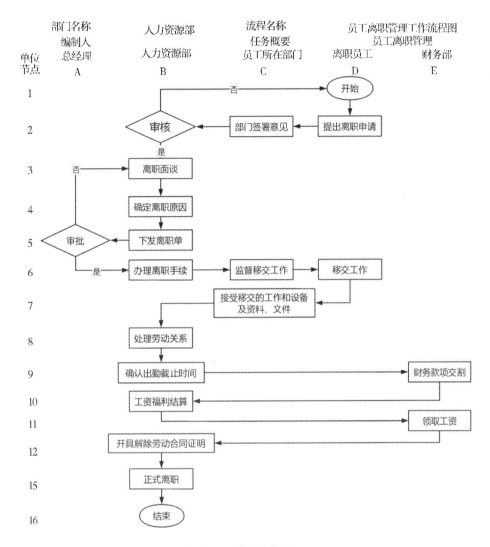

图 5-1　辞职流程表

(三)工作节点

面谈和沟通。得知员工拟离职的第一时间进行面谈和沟通,依据具体情况确定责任人进行离职面谈(各单位可自行组织);原则上,所有员工离职需由 HR 进行离职面谈。离职包括有机流失、无机淘汰两种情况,应做好沟通工作。

工作交接。依据工作性质确定时间(作为离职薪金结算的必要条件),特别是渠道、客户关系衔接,要进行电话衔接或根据需要带领至客户处衔接，这一点对掌握客户资源的人尤其重要和必要。

离职薪金结算。离职员工当月工作 15 日内，可不进行月度职责薪资考核，只与考勤挂钩；超过 15 日须进行月度职责考核，原则上需依据考核结果及考勤结算薪资（各用人单位可灵活掌握），无"离职交接表"不结算离职薪资。

个人人事档案领取。确定完成离职手续并无遗留问题后，领取个人人事档案，无"离职交接表"或清洁手续单不发放个人人事档案。

减员，异动为离职当月，社保为离职次月。

(四)具体事项的操作要点与说明

1.辞职申请的递交、审批

(1)辞职人员需要在离职 30 日前递交辞职申请；辞职人写书面申请书（用 A4 纸手写或打印后签字），主要是写上辞职原因，HR 要特别注意辞职原因等事项。

(2)分清员工离职原因，是因自身原因而辞职，还是因公司存在违反《劳动合同法》第 38 条情形而辞职。属于因自身原因而辞职的，还要审查是提前 30 天辞职还是立即准备走人。

(3)在辞职信的形式上，要审查员工是否签字，是否是本人的签字。在实务中，经常看到一些劳动者通过口头、打印或者邮件形式辞职，由于不利于举证，都要尽量避免。

(4)保存好辞职信的原件。辞职本人持"辞职申请书"送单位审批，辞职本人将辞职申请书交于部门经理（视各公司情况而定），也许会有一个谈话挽留之类，若挽留不成的，由他们审批后上递给再上一级的领导审批，一般需要经过两三个人，在等待审批的时间内，照常上班就行了，这段时间工资照发。审批同意后，由 HR 通知要辞职的人员到人事部门办理离职手续。

(5)清洁手续单。人事部给离职人员一张清洁手续单，事先告诉离职人员每个单位该找谁签字，一张 A4 纸上有很多单位，用框格隔开的，挨个儿找这些单位办理相关清洁手续，然后让这些单位的领导在单子上签字。办完这些后，需要与本部门办妥工作交接，离职员工需按照工作交接流程将各项工作内容在本部门与接收人逐一进行交接，对重要事项进行详细说明，对未完工作的有关事项要有文字说明。

将各单位领导签过字的清洁手续单、工作证交到人事部签收。人事部核查离职人员档案及劳动合同，确定无误并做统一归档。本人签订解除劳动合同书,然后负责人凭此到用人单位备案,并申领解除劳动关系书的红头文,至此,人事部将离职人员的档案直接转到单位所在城市的人才交流中心或劳动就业中心,离职人员本人须去人才中心或劳动就业中心办理相关手续。

2.离职工作交接

(1)用人单位在办理员工入职手续时即应要求提供并核实清楚员工的相关证件材料,以备追查员工线索。

(2)在日常管理中应建立起相关工作制度与物品管理制度,对于办公物品的管理、领用、使用实行登记备案制度。

(3)用人单位应分析员工的离职心理,找到员工离职的动机。

(4)员工带走公司财物,数额较大的,将构成侵占公司财产的犯罪行为,用人单位应及时向公安机关报案以维护用人单位利益,而不可拖延,贻误了处理事件的时机。

(5)如果是掌握商业秘密的员工,可在解除协议中明确规定竞业限制条款,并支付经济补偿,合法操作,以避免员工离职造成用人单位商业秘密外泄。

(6)对于违反培训服务期或竞业限制约定的员工,要求其支付违约金。

(7)合理核算员工辞职给用人单位带来的损失,要求员工赔偿。由于《劳动合同法》对违约金的适用范围做了非常严格的限制,规定违约金仅限于竞业限制和出资培训两种情形,这就意味着用人单位一般无法用违约金来制约员工的跳槽。用人单位在不能与员工约定违约金时,可以通过对员工违约行为所给单位造成实际损失的举证,来有效地维护自身的合法权益。

(8)离职手续文件的签署。在员工离职时,用人单位应要求离职员工签署离职文件,履行必要的内部手续。

3.薪资处理

(1)工资结算。用人单位应在员工离职时,向其一次付清工资。对于按照法律规定,用人单位应当向劳动者支付经济补偿金的情形,也应在员工离职时一并付清,以免引起诉讼,否则,用人单位不仅要支付补偿金,还得额外地支付双倍的赔偿金。需要说明的是,用人单位向离职员工结清工资应是离职手续中的一项,这是规范的做法。有些用人单位习惯于要求离职员工在用人单位下月正常发薪日来领取工资而不是离职时予以结清,这样办理容易留下隐患。

（2）经济补偿金和赔偿金的支付。在员工离职时,劳动关系双方应依据劳动法律法规、政策及双方的劳动合同约定,明确用人单位是否需要向员工支付经济补偿金及存在劳动关系一方是否有向另一方支付赔偿金的义务。不论是法定义务还是约定义务,用人单位都不应推脱,应切实保障离职员工的正当合法权益,否则,容易导致劳动纠纷的发生。

（3）其他薪酬福利事项的处理。员工在用人单位工作期间,用人单位为员工缴纳各项社会保险及住房公积金等,在员工办理离职时,用人单位应与员工协商确定转移手续的办理时间及双方如何配合办理等。

4.人事档案、社会保险转移以及其他手续办理

根据《劳动合同法》第 50 条的规定,用人单位应当在解除或者终止劳动合同时出具解除或者终止劳动合同的证明,并在 15 日内为劳动者办理档案和社会保险关系转移手续。如用人单位未出具离职证明,给劳动者造成损害的,应承担赔偿责任。

（1）办理人事档案转移手续

人事档案转移员工因与用人单位解除劳动合同或其他原因而离职,用人单位有义务为员工办理必要的相关手续,包括向员工出具离职证明、转移员工个人人事档案等。在实践中,经常有用人单位以员工在离职时不向用人单位交付培训费用等理由扣留员工的个人档案,也不给员工办理有关离职手续,实际上用人单位是以非法的手段维护自己的利益,这是错误的。用人单位无权以任何理由来扣留已离职员工的档案。用人单位只有依法处理事务才可以防范可能出现的法律风险;若员工拒绝承担违约责任或赔偿责任不辞而别,用人单位应通过提起劳动争议仲裁申诉这种法律途径来维护自己的合法权益。

（2）办理社会保险、公积金转移手续,符合失业保险的,应协助办理失业保险申请。

（3）出具劳动合同解除或终止证明。

5.特别提示

用人单位应妥善保管上述离职文件,在内容及形式上均完整准确记录下离职环节。若员工离职后针对用人单位某项行为提起仲裁或诉讼,用人单位可予以从容应对,保障用人单位立于有利地位,最大程度减少法律风险。

二、经济补偿、赔偿等费用的支付与规避

一般情况下,用人单位享有一定的用工自主权,因此,用人单位依法解除劳动合同,是无须向劳动者支付经济补偿金或者赔偿金的。但是,保护劳动者的合法权益是劳动法的一项基本原则,用人单位如果没有依法解除劳动合同,或者操作不当,就需要向劳动者支付相应的经济补偿金或者赔偿金。

(一)用人单位应支付经济补偿金或赔偿金的情形

1.劳动者解除劳动合同,用人单位应当支付经济补偿金的 17 种情形

(1)用人单位未按照劳动合同约定提供劳动保护,劳动者解除劳动合同的;

(2)用人单位未按照劳动合同约定提供劳动条件,劳动者解除劳动合同的;

(3)用人单位无故拖欠工资,劳动者解除劳动合同的;

(4)用人单位克扣工资,劳动者解除劳动合同的;

(5)用人单位低于当地最低工资标准支付劳动者工资,劳动者解除劳动合同的;

(6)用人单位未依法为劳动者缴纳社会保险费,劳动者解除劳动合同的;

(7)用人单位的规章制度违反法律、法规的规定,损害劳动者权益,劳动者解除劳动合同的;

(8)用人单位以欺诈手段,使劳动者在违背真实意思的情况下订立或者变更劳动合同,致使劳动合同无效,劳动者解除劳动合同的;

(9)用人单位以胁迫手段,使劳动者在违背真实意思的情况下订立或者变更劳动合同,致使劳动合同无效,劳动者解除劳动合同的;

(10)用人单位乘人之危,使劳动者在违背真实意思的情况下订立或者变更劳动合同,致使劳动合同无效,劳动者解除劳动合同的;

(11)用人单位免除自己的法定责任、排除劳动者权利,致使劳动合同无效,劳动者解除劳动合同的;

(12)用人单位订立劳动合同违反法律、行政法规强制性规定,致使劳动

合同无效,劳动者解除劳动合同的;

(13)用人单位以暴力手段强迫劳动,劳动者解除劳动合同的;

(14)用人单位以威胁手段强迫劳动,劳动者解除劳动合同的;

(15)用人单位以非法限制人身自由的手段强迫劳动,劳动者解除劳动合同的;

(16)用人单位违章指挥危及劳动者人身安全,劳动者解除劳动合同的;

(17)用人单位强令冒险作业危及劳动者人身安全,劳动者解除劳动合同的。

2.用人单位解除或终止劳动合同,应当向劳动者支付经济补偿金的16种情形

(1)用人单位提出,双方协商解除劳动合同的;

(2)劳动者患病或者非因工负伤,在规定的医疗期满后不能从事原工作,也不能从事由用人单位另行安排的工作,用人单位解除劳动合同的;

(3)劳动者不能胜任工作,经过培训或者调整工作岗位,仍不能胜任工作,用人单位解除劳动合同的;

(4)劳动合同订立时所依据的客观情况发生重大变化,致使劳动合同无法履行,经用人单位与劳动者协商,未能就变更劳动合同内容达成协议,用人单位解除劳动合同的;

(5)用人单位依照用人单位破产法规定进行重整,依法裁减人员的;

(6)用人单位生产经营发生严重困难,依法裁减人员的;

(7)用人单位转产、重大技术革新或者经营方式调整,经变更劳动合同后,仍需裁减人员,用人单位依法定程序裁减人员的;

(8)其他因劳动合同订立时所依据的客观经济情况发生重大变化,致使劳动合同无法履行,用人单位依法定程序裁减人员的;

(9)劳动合同期满,劳动者同意续订劳动合同而用人单位不同意续订劳动合同,由用人单位终止固定期限劳动合同的;

(10)因用人单位被依法宣告破产而终止劳动合同的;

(11)因用人单位被吊销营业执照而终止劳动合同的;

(12)因用人单位被责令关闭而终止劳动合同的;

(13)因用人单位被撤销而终止劳动合同的;

(14)因用人单位决定提前解散而终止劳动合同的;

(15)因用人单位经营期限届满不再继续经营导致劳动合同不能继续履

行的;

(16)劳动合同被确认为无效,劳动者已付出劳动的。①

(二)可以解除劳动合同,不承担经济补偿金的八大情形

1.员工严重违反公司规章制度

(1)保证规章制度的合法性,须经民主程序制定,已向劳动者公示(由劳动者签署回执),且内容合法。

(2)注意收集证据,用人单位需提供劳动者严重违规的证据。

(3)规章制度中应该明确具体的"严重违反"标准,比如考勤情况,可以写入规章制度,并明确严重违反的标准,写明什么情况下公司有权解除劳动合同,并不构成任何补偿或者赔偿责任;如果规章制度对某类违纪行为并无规定,但基于诚信原则、职业道德以及普通人的判断标准员工某种过错行为已属"严重违纪"行为。建议使用劳动法中的"严重违纪"作为解雇理由。

2.员工在试用期间被证明不符合录用条件

(1)须注意试用期的期限规定,超过试用期不能再以"不符合录用条件"这个理由解雇,劳动合同期限 1 年以上不满 3 年的,试用期不得超过 2 个月。

(2)须注意举证责任,公司需提供证据证明员工不符合录用条件;需有录用条件的相关约定,否则难以说明员工不符合录用条件。因此,录用条件应当具体化、书面化、公示化、证据化。

3.员工严重失职,营私舞弊,给公司造成重大损害

强调员工违反忠实义务,给公司造成了"重大损害"的结果,因此,明确"重大损害"的标准尤为重要,须注意如下细节:

(1)可明确岗位职责,以便对严重失职行为进行举证;

(2)明确营私舞弊的行为类型;

(3)在规章制度中对重大损害进行量化以便操作,比如给公司造成经济损失达到 10000 元人民币以上。

---

① 《最高人民法院关于审理劳动争议案件适用法律问题的解释(一)》第 41 条:劳动合同被确认为无效,劳动者已付出劳动的,用人单位应当按照劳动合同法第 28 条、第 46 条、第 47 条的规定向劳动者支付劳动报酬和经济补偿。

4.员工与其他用人单位建立劳动关系,对完成本单位的工作任务造成严重影响,或者经公司提出,拒不改正

对员工"兼职"如何处理?公司有权禁止员工"兼职",经公司提出,拒不改正的可以解雇。须注意如下细节:

怎样才算"严重影响"?这个举证责任有点难,建议选择向员工提出改正要求,这样更容易操作,注意保存提出改正要求的证据。

实践中可书面通知员工,要求其在指定期限内提供其他用人单位出具的已解除劳动合同的证据。当然,个人认为最佳方案是在规章制度设计时对该条进行转化处理,转换为严重违规行为,也可以在劳动合同中"用人单位有权解除劳动合同,并不补偿或赔偿"的情形中列明。

5.员工存在欺诈、胁迫、乘人之危行为导致劳动合同无效

对员工来说,要胁迫或乘公司之危是难以操作的,实践中主要是欺诈,操作时须注意如下细节:

(1)劳动者的欺诈手段,基本上是提供虚假资料,如假文凭、假证件、假经历等。因此,公司应当建立行之有效的入职审查制度,并且适当运用知情权的法律规定。

(2)可在规章制度或劳动合同中明确哪些情形属欺诈行为。

6.员工被依法追究刑事责任

被追究刑事责任应由法院通过司法判决进行确认,被刑事拘留、治安拘留的时候别轻易动用这个解雇条款。但追究刑事责任过程漫长,在这个过程中,劳动关系如何处理?劳动者涉嫌违法犯罪被有关机关刑事拘留或逮捕的,用人单位在劳动者被限制人身自由期间,可暂停劳动合同的履行。暂时停止履行劳动合同期间,用人单位不承担劳动合同规定的相应义务。

7.员工提出与用人单位协商一致解除劳动合同

如果是用人单位提出协商解除劳动合同需要支付经济补偿,员工提出的可不支付经济补偿。建议在协议书中明确协商解除劳动合同的动议由谁提出。

8.员工提前 30 日以书面形式通知用人单位解除劳动合同

以下两种解除用人单位无须支付经济补偿:劳动者提前 30 日以书面形式通知用人单位解除劳动合同,劳动者在试用期内提前 3 日通知用人单位解除劳动合同。建议要求劳动者提交预告解除劳动合同的书面通知,或者要求劳动者提交辞职书面文书,并予以妥善保存,需特别注意辞职理由。

第六章 劳动用工争议处理

一、劳动争议协商、调解实务操作

(一)劳动争议协商、调解要点介绍

1.劳动争议协商

协商是指劳动者与用人单位就争议的问题直接进行协商,寻找纠纷解决的具体方案。与其他纠纷不同的是,劳动争议的当事人一方为单位,一方为单位职工,因双方已经发生一定的劳动关系而使彼此之间相互有所了解。双方发生纠纷后最好先协商,通过自愿达成协议来消除隔阂。但是,协商程序不是处理劳动争议的必经程序。双方可以协商,也可以不协商,完全出于自愿,任何人都不能强迫。《劳动争议调解仲裁法》第 4 条规定:"发生劳动争议,劳动者可以与用人单位协商,也可以请工会或者第三方共同与用人单位协商,达成和解协议。"除了劳动者和用人单位以外,协商还可能有工会的参与。工会不是第三方,而是劳动者利益的代表者,在协商中,工会要站在劳动者的立场上发表意见。

协商体现当事人的意志,贯穿劳动争议解决全过程,既包括争议发生后,调解、仲裁、诉讼前的协商,如《劳动争议调解仲裁法》第 4 条中的协商,也包括调解、仲裁、诉讼中的协商,《劳动争议调解仲裁法》第 41 条的仲裁前的自行和解就是体现。

协商是和调解、仲裁、诉讼并列的解决劳动争议的一种方式,具有自身

的特点。协商是可以选择的方式,但由于其灵活、简便、快捷的特点,决定了其是解决劳动争议的最好的方式,是当事人最好的选择。协商没有任何外来强制,方式的选择自愿,协商的时间、地点、形式、内容没有规范的要求,完全取决于当事人的意志,履行也取决于自觉、自愿,充分尊重了当事人的选择权,协商能最大限度地节省时间,方便、快捷,还有利于劳资双方以诚相见,继续合作,不伤和气,有助于维持劳动关系的和谐与稳定。

2.劳动争议调解

劳动争议调解,是指由劳动争议调解组织对争议当事人双方进行疏导、说服,促使双方在互谅互解的基础上达成调解协议的纠纷解决方式。劳动争议调解组织的调解虽不是劳动争议处理的必经程序,但却是劳动争议处理程序中的"第一道防线",具有突出的特点,不仅时间短、效率高,而且不伤和气,有助于维持劳资双方的合作,不至于因为劳动争议的发生导致劳动关系的解除或终止。

《劳动争议调解仲裁法》第 10 条规定:发生劳动争议,当事人可以到下列调解组织申请调解:①企业劳动争议调解委员会;②依法设立的基层人民调解组织;③在乡镇、街道设立的具有劳动争议调解职能的组织。

《劳动法》第 80 条规定"劳动争议经调解达成协议的,当事人应当履行",但对当事人没有履行的法律后果没有进一步规定。《最高人民法院关于审理劳动争议案件适用法律问题的解释(一)》第 51 条规定,当事人在调解仲裁法第十条规定的调解组织主持下达成的具有劳动权利义务内容的调解协议,具有劳动合同的约束力,可以作为人民法院裁判的根据。同时,根据《劳动争议调解仲裁法》的规定,因支付拖欠劳动报酬、工伤医疗费、经济补偿或者赔偿金事项达成调解协议,用人单位在协议约定期限内不履行的,劳动者可以持调解协议书依法向人民法院申请支付令。调解组织调解达成的劳动争议调解协议,可以申请仲裁确认或司法确认,该调解协议具有和仲裁或法院调解书同等强制执行效力,当事人不履行的,另一方可以申请法院强制执行。《解释(一)》第 52 条规定:"当事人在人民调解委员会主持下仅就给付义务达成的调解协议,双方认为有必要的,可以共同向人民调解委员会所在地的基层人民法院申请司法确认。"

(二)劳动争议协商、调解操作要点(见图 6-1)

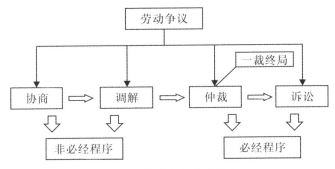

图 6-1　劳动争议处理程序

　　需要充分发挥和解、调解第一道防线的作用。劳动争议案件适宜通过和解、调解解决,由此可以最大程度减轻劳动争议对企业、对社会的影响,构建和谐劳动关系。为此,需要发挥企业内部和解、调解机制的作用,尽量将劳动争议化解在企业内部,解决在萌芽状态。同时,还应充分利用社会化调解机制的作用,劳动争议处理应不断下沉,将劳动争议案件化解在基层。

　　加大工会参与劳动争议协商力度,完善协商规则,建立内部申诉和协商回应制度,以缓解企业与职工之间的矛盾对立局面,为双方关系改善提供交流平台。2012 年实施的《企业劳动争议协商调解规定》要求在基层建立起劳动争议协商、调解机制,处理员工申诉及劳动纠纷。应当充分按照"预防为主、基层为主、调解为主"的工作方针,推动企业建立健全调解组织、建立预防工作机制、完善调解制度、落实保障措施,建立企业内部劳动争议协商解决机制,提升企业自主解决争议的能力。

二、劳动争议仲裁实务操作

(一)劳动争议仲裁要点简介

　　仲裁程序是劳动纠纷的一方当事人将纠纷提交劳动争议仲裁委员会进行处理的程序。该程序既具有劳动争议调解灵活、快捷的特点,又具有强制执行的效力,是解决劳动纠纷的重要手段。劳动争议仲裁委员会是国家授权、依法独立处理劳动争议案件的专门机构。申请劳动仲裁是解决劳动争议的选择程序之一,也是提起诉讼的前置程序,即如果想提起诉讼打劳动官司,必须要经过仲裁程序,不能直接向人民法院起诉。

1.受案范围

《劳动争议调解仲裁法》第 2 条采用概括式和列举式相结合的方式,对五类常见、频繁发生、关系到劳动者基本劳动权益的劳动争议进行了列举,具体、明确,便于理解和实施,同时,又以"兜底条款"的方式进行补充规定,留待以后的法律法规根据需要再将新的争议纳入受案范围,保持开放性。《劳动人事争议仲裁办案规则》将劳动仲裁和人事合并,实行统一的程序规则,该法第 2 条规定:①企业、个体经济组织、民办非企业单位等组织与劳动者之间,以及机关、事业单位、社会团体与其建立劳动关系的劳动者之间,因确认劳动关系,订立、履行、变更、解除和终止劳动合同,工作时间、休息休假、社会保险、福利、培训以及劳动保护,劳动报酬、工伤医疗费、经济补偿或者赔偿金等发生的争议;②实施公务员法的机关与聘任制公务员之间、参照公务员法管理的机关(单位)与聘任工作人员之间因履行聘任合同发生的争议;③事业单位与工作人员因除名、辞退、离职等解除人事关系以及履行聘用合同发生的争议;④社会团体与工作人员之间因除名、辞退、辞职、离职等解除人事关系以及履行聘用合同发生的争议;⑤军队文职人员聘用单位与文职人员之间因履行聘用合同发生的争议;⑥法律、法规规定由仲裁委员会处理的其他争议。同时,该法第 4 条规定:"劳动者一方在十人以上的争议,或者因履行集体合同发生的劳动争议,仲裁委员会可优先立案,优先审理。"将集体劳动争议和团体争议纳入其调整范围,表明劳动争议的调整范围在《劳动争议调解仲裁法》的基础上进一步扩大。

2.当事人的确定

发生劳动争议的劳动者和用人单位为劳动争议仲裁案件的双方当事人。劳务派遣单位或者用工单位与劳动者发生劳动争议的,劳务派遣单位和用工单位为共同当事人。与劳动争议案件的处理结果有利害关系的第三人,可以申请参加仲裁活动或者由劳动争议仲裁委员会通知其参加仲裁活动。发生争议的用人单位未办理营业执照、被吊销营业执照、营业执照到期继续经营、被责令关闭、被撤销以及用人单位解散、歇业,不能承担相关责任的,应当将用人单位和其出资人、开办单位或者主管部门作为共同当事人。劳动者与个人承包经营者发生争议,依法向仲裁委员会申请仲裁的,应当将发包的组织和个人承包经营者作为共同当事人。

3.管辖

《劳动争议调解仲裁法》第 20 条规定:" 劳动争议仲裁委员会负责管辖本区域内发生的劳动争议。劳动争议由劳动合同履行地或者用人单位所在地的劳动争议仲裁委员会管辖。双方当事人分别向劳动合同履行地和用人单位所在地的劳动争议仲裁委员会申请仲裁的,由劳动合同履行地的劳动争议仲裁委员会管辖。"对这一条可以作这样的理解:劳动合同履行地是指劳动者履行劳动合同义务的地点,也就是劳动合同中约定的工作地点,在劳动合同发生争议之后,可以依照劳动合同中约定的工作地点来确定劳动合同履行地。用人单位以它的主要办事机构为所在地。劳动争议仲裁委员会按照统筹规划、合理布局和适应实际需要设立,不按行政区划层层设立。劳动争议案件一般由劳动合同履行地和用人单位所在地仲裁机构管辖,这是一般地域管辖,当事人可以任选一个地方仲裁。当劳动合同履行地和用人单位所在地相互争夺管辖或推诿时,由劳动合同履行地仲裁机构管辖,也就是劳动合同履行地优先管辖,劳动争议仲裁不采用协定管辖和指定管辖。协定管辖是民商事仲裁应坚持的一项基本原则。但在劳动争议仲裁中不允许当事人双方协议劳动合同履行地或用人单位所在地的劳动仲裁机构,也不允许协议其他的劳动仲裁机构,以防止用人单位凭借强势地位滥用选择权。

《劳动人事争议仲裁办案规则》还规定,劳动合同履行地为劳动者实际工作场所地,用人单位所在地为用人单位注册、登记地。用人单位未经注册、登记的,其出资人、开办单位或主管部门所在地为用人单位所在地。

案件受理后,劳动合同履行地和用人单位所在地发生变化的,不改变争议仲裁的管辖。多个仲裁委员会都有管辖权的,由先受理的仲裁委员会管辖。仲裁委员会发现已受理案件不属于其管辖范围的,应当移送至有管辖权的仲裁委员会,并书面通知当事人。对移送的案件,受移送的仲裁委员会应依法受理。受移送的仲裁委员会认为受移送的案件依照规定不属于本仲裁委员会管辖,或仲裁委员会之间因管辖争议协商不成的,应当报请共同的上一级仲裁委员会主管部门指定管辖。

当事人提出管辖异议的,应当在答辩期满前书面提出。当事人逾期提出的,不影响仲裁程序的进行,当事人因此对仲裁裁决不服的,可以依法向人民法院起诉或者申请撤销。

4.劳动争议仲裁的时效

劳动争议仲裁时效,是指劳动争议当事人向劳动争议仲裁委员会提出仲裁申请,要求保护其合法权益的法定期间,即保障权利人通过仲裁实现请求权利的有效期限。《劳动争议调解仲裁法》第 27 条规定:"劳动争议申请仲裁的时效期间为一年。仲裁时效期间从当事人知道或者应当知道其权利被侵害之日起计算。"争议的发生需要以当事人一方知道其权利被侵害为前提,若当事人一方尚不知道其权利被侵害就不可能发生争议。"应当知道"是指按照社会公共的一般标准,在正常的情况下,当事人的事实的发生,只要尽了适当注意的义务,就应当知道行为的发生。"应当知道"是一种推定,并不意味着当事人确实知道,但因为当事人的疏忽等原因不知道,当事人应当对自己的疏忽负责。

劳动争议仲裁时效,因当事人一方向对方当事人主张权利,或者向有关部门请求权利救济,或者对方当事人同意履行义务而中断。从中断时起,仲裁时效期间重新计算。因不可抗力或者有其他正当理由,当事人不能在规定的仲裁时效的一年期间申请仲裁的,仲裁时效中止。从中止时效的原因消除之日起,仲裁时效期间继续计算。

工资时效具有特殊性,《劳动争议调解仲裁法》第 27 条第 4 款规定:"劳动关系存续期间因拖欠劳动报酬发生争议的,劳动者申请仲裁不受本条第一款规定的仲裁时效期间的限制;但是,劳动关系终止的,应当自劳动关系终止之日起一年内提出。"该法对劳动报酬的保护置于特别重要地位,即劳动者在劳动关系存续期间的任何时间都是有效期限,都可通过仲裁来实现请求的权利。劳动关系终止后,拖欠劳动报酬争议应当自劳动关系终止之日起 1 年内提出,不适用"知道或者应当知道"的起算点,也不适用时效的中断和中止。

5.劳动争议仲裁程序

申请、受理、仲裁准备、开庭、裁决,与一般民事诉讼程序类似,有以下几点需要说明:

(1)先行调解原则。仲裁庭在作出裁决前,应当先行调解。

(2)首席裁断。裁决应当按照多数仲裁员的意见作出,少数仲裁员的不同意见应当记入笔录。仲裁庭不能形成多数意见时,裁决应当按照首席仲裁员的意见作出。仲裁裁决的形成具有一般仲裁裁决的共性,即坚持"多数决断"和"首席决断"的原则。

（3）审限短。劳动争议仲裁委员会受理申请 5 日，被申请人答辩 10 日，劳动争议仲裁委员会收到答辩书后，应当在 5 日内将答辩书副本送达申请人。仲裁庭裁决劳动争议案件，应当自劳动争议仲裁委员会受理仲裁申请之日起 45 日内结束。案情复杂需要延期的，经劳动争议仲裁委员会主任批准，可以延期并书面通知当事人，但是延长期限不得超过 15 日。因此，劳动争议仲裁时限最长为 60 日。

6.一裁终局的解读和理解

（1）案件范围：追索劳动报酬、工伤医疗费、经济补偿或者赔偿金，不超过当地月最低工资标准 12 个月金额的争议；因执行国家的劳动标准在工作时间、休息休假、社会保险等方面发生的争议。

（2）一裁终局是针对用人单位，而不是针对劳动者，因此，一裁终局是有条件的。对劳动报酬、工作时间等劳动标准的仲裁裁决为终局裁决，裁决书自作出之日起发生法律效力。但如果劳动者对以上仲裁裁决不服，自收到仲裁裁决书之日起 15 日内向人民法院提起诉讼的，用人单位则不能起诉。

（3）一裁终局案件中用人单位虽然不能起诉，但可以申请撤销，即用人单位可以依照《劳动争议调解仲裁法》第 49 条规定向中级人民法院申请撤销仲裁裁决，中级人民法院作出的驳回申请或者撤销仲裁裁决的裁定为终审裁定。中级人民法院审理用人单位申请撤销终局裁决的案件，应当组成合议庭开庭审理。经过阅卷、调查和询问当事人，对没有新的事实、证据或者理由，合议庭认为不需要开庭审理的，可以不开庭审理。

（4）一裁终局的认定。仲裁裁决的类型以仲裁裁决书确定为准。仲裁裁决书未载明该裁决为终局裁决或者非终局裁决，用人单位不服该仲裁裁决向基层人民法院提起诉讼的，应当按照以下情形分别处理：经审查认为该仲裁裁决为非终局裁决的，基层人民法院应予受理；经审查认为该仲裁裁决为终局裁决的，基层人民法院不予受理，但应告知用人单位可以自收到不予受理裁定书之日起 30 日内向劳动争议仲裁机构所在地的中级人民法院申请撤销该仲裁裁决；已经受理的，裁定驳回起诉。

仲裁裁决书未载明该裁决为终局裁决或者非终局裁决，劳动者依据《劳动调解仲裁法》第 47 条第 1 项规定，追索劳动报酬、工伤医疗费、经济补偿或者赔偿金，如果仲裁裁决涉及数项，每项确定的数额均不超过当地月最低工资标准 12 个月金额的，应当按照终局裁决处理。

劳动争议仲裁机构作出的同一仲裁裁决同时包含终局裁决事项和非终局裁决事项,当事人不服该仲裁裁决向人民法院提起诉讼的,应当按照非终局裁决处理。

(5)劳动者依据《劳动调解仲裁法》第48条规定向基层人民法院提起诉讼,用人单位依据《劳动调解仲裁法》第49条规定向劳动争议仲裁机构所在地的中级人民法院申请撤销仲裁裁决的,中级人民法院应当不予受理;已经受理的,应当裁定驳回申请。被人民法院驳回起诉或者劳动者撤诉的,用人单位可以自收到裁定书之日起30日内,向劳动争议仲裁机构所在地的中级人民法院申请撤销仲裁裁决。

(6)劳动争议仲裁机构作出终局裁决,劳动者向人民法院申请执行,用人单位向劳动争议仲裁机构所在地的中级人民法院申请撤销的,人民法院应当裁定中止执行。用人单位撤回撤销终局裁决申请或者其申请被驳回的,人民法院应当裁定恢复执行。仲裁裁决被撤销的,人民法院应当裁定终结执行。用人单位向人民法院申请撤销仲裁裁决被驳回后,又在执行程序中以相同理由提出不予执行抗辩的,人民法院不予支持。

(二)劳动争议仲裁与诉讼证据规则

证明责任分配有形式分配标准和实质分配标准之分。形式分配标准是依据法律和司法解释的规定分配举证责任;实质分配标准是由法官根据具体案件的情况,自由裁量举证责任的分配。

1.形式分配标准

(1)"谁主张、谁举证"的一般原则。根据《劳动争议调解仲裁法》的规定,在劳动争议案件中,一般应当坚持谁主张、谁举证的准则。如果劳动者或用人单位对自己的主张不提供证据,原则承担不利的法律后果。

(2)强化用人单位证明责任的特殊原则。争议事项有关的证据属于用人单位掌握管理的,用人单位应当提供;用人单位不提供的,应当承担不利后果。不论证据能够证明的事实有利于劳动者还是用人单位,用人单位都应当提供。

2.实质分配标准

《最高人民法院关于民事诉讼证据的若干规定》第7条规定,在法律没有具体规定,依本规定及其他司法解释无法确定举证责任承担时,人民法院可以根据公平原则和诚实信用原则,综合当事人举证能力等因素确定举证责任的承担。在劳动争议案件中,劳动者处于弱势的地位,其在经济、信息等方面远逊于用人单位,同时,许多纠纷关系到劳动者的生存利益,这就更需要法官秉承公平的精神和理念合理划分举证责任,以期实现实质公平。为此,《劳动争议调解仲裁法》第 39 条规定:"当事人提供的证据经查证属实的,仲裁庭应当将其作为认定事实的根据。劳动者无法提供由用人单位掌握管理的与仲裁请求有关的证据,仲裁庭可以要求用人单位在指定期限内提供。用人单位在指定期限内不提供的,应当承担不利后果。"

对于经常发生的加班费的举证责任问题,《最高人民法院关于审理劳动争议案件适用法律若干问题的解释(一)》第 42 条规定:"劳动者主张加班费的,应当就加班事实的存在承担举证责任。但劳动者有证据证明用人单位掌握加班事实存在的证据,用人单位不提供的,由用人单位承担不利后果。"

(三)劳动争议仲裁实务操作

(1)仲裁请求要合理。当事人申请仲裁时,应根据客观事实和有关法律、法规,提出属于劳动争议仲裁受理范围的请求事项,对其不当的请求,劳动争议仲裁委将不予支持。

(2)不要超过仲裁时效。劳动争议申请仲裁的时效期间为 1 年,仲裁时效期间从当事人知道或者应当知道其权利被侵害之日起计算;当事人超过时效申请仲裁的,将不予支持其请求。

(3)注意申请管辖地。劳动合同履行地为劳动者实际工作场所地,用人单位所在地为用人单位注册、登记地;用人单位未经注册、登记的,其出资人、开办单位或主管部门所在地为用人单位所在地;案件受理后,劳动合同履行地和用人单位所在地发生变化的,不改变争议仲裁的管辖;多个仲裁委员会都有管辖权的,由先受理的仲裁委员会管辖。

(4)要按时出庭。无正当理由未到庭或者未经仲裁庭许可中途退庭的,对申请人按撤诉处理。

(5)要准备好证据再打官司。没有证据或提供的证据不足以证明其主张的,由负有举证责任的当事人承担不利的法律后果。

(6)当事人提出自己的主张应当实事求是,向仲裁委提交的证据,应为原件或原物或经仲裁委核对无异的复制件或复制品;当事人不得虚假陈述,不得作伪证,否则将负相应的法律责任。

（7）当事人增加、变更仲裁请求，或者提出反诉，应当在劳动仲裁委员会指定或许可的期限内提出，超过时限的，仲裁委将不予受理。

（8）劳务派遣单位或者用工单位与劳动者发生劳动争议的，劳务派遣单位和用工单位为共同当事人。

（9）劳动争议仲裁公开进行，但当事人协议不公开进行或者涉及国家秘密、商业秘密和个人隐私的除外。

（10）当事人在仲裁过程中有权进行质证和辩论，质证和辩论终结时，首席仲裁员或者独任仲裁员应当征询当事人的最后意见。

（11）仲裁庭对追索劳动报酬、工伤医疗费、经济补偿或者赔偿金的案件，根据当事人的申请，可以裁决先予执行，移送人民法院执行。

（12）对于劳动报酬、工伤医疗费、经济补偿或者赔偿金，金额分别不超过当地月最低工资标准 12 个月的争议案件和因执行国家的劳动标准在工作时间、休息休假、社会保险等方面的争议案件，一裁终结。劳动仲裁裁决后立即生效，用人单位不得起诉，但是可以依法撤销。但劳动者对"一裁终局"的仲裁裁决不服的，可以自收到仲裁裁决书之日起 15 日内向人民法院提起诉讼。

三、劳动争议诉讼实务操作

劳动争议诉讼是指劳动争议当事人不服劳动争议仲裁委员会的裁决，在规定的期限内向人民法院起诉，人民法院依法对劳动争议案件进行审理的活动。当事人对仲裁裁决不服的，可自收到仲裁裁决书之日起 15 日内向人民法院提起诉讼。劳动争议诉讼是处理劳动争议的最终程序，它通过司法程序保证了劳动争议的最终彻底解决。由人民法院参与处理劳动争议，从根本上将劳动争议处理工作纳入司法轨道，有利于保障当事人的诉权，有利于监督仲裁委员会的裁决。我国民事诉讼法没有对劳动争议审理作出具体的规定，为此，最高人民法院专门颁布四个司法解释，《最高人民法院关于审理劳动争议案件适用法律问题的解释（一）》（以下简称《解释（一）》）已于 2020 年 12 月 25 日由最高人民法院审判委员会第 1825 次会议通过，将四个司法解释予以合并。现将有关具体规定介绍如下：

(一)劳动争议诉讼管辖

《解释(一)》第 8 条规定:"劳动争议案件由用人单位所在地或者劳动合同履行地的基层人民法院管辖。劳动合同履行地不明确的,由用人单位所在地的基层人民法院管辖。法律另有规定的,依照其规定。"依该解释,在地域管辖上,劳动争议案件由用人单位所在地法院或劳动合同履行地法院管辖。在级别管辖上,劳动争议案件一律由基层人民法院管辖。

(二)劳动争议诉讼当事人

劳动争议当事人若对仲裁裁决不服,依法向人民法院起诉的,在诉讼程序中就成为诉讼当事人。当事人包括原告、被告和与劳动争议案件的处理结果有利害关系的第三人。如果只有一方不服仲裁裁决,依法向人民法院起诉的,则起诉方为原告。如果劳动者和用人单位双方均不服仲裁裁决,并向人民法院起诉的,先起诉的一方当事人为原告,人民法院应当并案审理,双方当事人互为原告和被告。在诉讼过程中,一方当事人撤诉的,人民法院应当根据另一方当事人的诉讼请求继续审理。如果劳动争议一方当事人为多数人,而且只有部分当事人向人民法院起诉的,则起诉的当事人为原告,对方当事人为被告,没有起诉的当事人不是诉讼当事人。

实践中对于劳动力使用者发生合并、分立后的诉讼地位,双重劳动关系中的劳动力使用者、承包经营者在劳动诉讼中的地位等问题,都存在很大的争议。最高人民法院在《解释(一)》中对这些问题作了特别规定。

(1)关于劳动力使用者发生合并、分立后的诉讼地位问题。《解释(一)》第 26 条规定:"用人单位与其他单位合并的,合并前发生的劳动争议,由合并后的单位为当事人;用人单位分立为若干单位的,其分立前发生的劳动争议,由分立后的实际用人单位为当事人。用人单位分立为若干单位后,具体承受劳动权利义务的单位不明确的,分立后的单位均为当事人。"

(2)关于双重劳动关系中的劳动力使用者的诉讼地位问题。《解释(一)》第 27 条规定:"用人单位招用尚未解除劳动合同的劳动者,原用人单位与劳动者发生的劳动争议,可以列新的用人单位为第三人。原用人单位以新的用人单位侵权为由提起诉讼的,可以列劳动者为第三人。原用人单位以新的用人单位和劳动者共同侵权为由提起诉讼的,新的用人单位和劳动者列为共同被告。"

(3)关于承包经营者的诉讼地位问题。《解释(一)》第 28 条规定:"劳动者在用人单位与其他平等主体之间的承包经营期间,与发包方和承包方双方或者一方发生劳动争议,依法提起诉讼的,应当将承包方和发包方作为当事人。"

(4)关于未办理营业执照、营业执照被吊销或者营业期限届满仍继续经营的用人单位的诉讼地位问题。《解释(一)》第 29 条规定:"劳动者与未办理营业执照、营业执照被吊销或者营业期限届满仍继续经营的用人单位发生争议的,应当将用人单位或者其出资人列为当事人。"

(5)关于未办理营业执照、营业执照被吊销或者营业期限届满仍继续经营的用人单位,以挂靠等方式借用他人营业执照经营的诉讼地位问题。《解释(一)》第 30 条规定:"未办理营业执照、营业执照被吊销或者营业期限届满仍继续经营的用人单位,以挂靠等方式借用他人营业执照经营的,应当将用人单位和营业执照出借方列为当事人。"

(6)关于仲裁裁决遗漏了必须共同参加仲裁的当事人的诉讼地位问题。《解释(一)》第 31 条规定:"当事人不服劳动争议仲裁机构作出的仲裁裁决,依法提起诉讼,人民法院审查认为仲裁裁决遗漏了必须共同参加仲裁的当事人的,应当依法追加遗漏的人为诉讼当事人。被追加的当事人应当承担责任的,人民法院应当一并处理。"

(三)劳动争议审判组织

对于劳动争议案件的审理,我国目前普遍的做法是由普通人民法院的民事审判机构行使审判权。由于劳动争议案件在性质上不同于民事纠纷案件,劳动争议诉讼的一些程序和制度也有别于民事诉讼程序和制度,因此,由普通人民法院的民事审判机构承担劳动争议案件审理工作的模式已经不能适应形势发展的需要,建立适合劳动争议案件特点的专门的审判机构已成必然,这也与其他国家、地区的劳动争议审判机构模式趋于一致。

(四)受案范围

1.积极范围

(1)劳动者与用人单位在履行劳动合同过程中发生的纠纷;

(2)劳动者与用人单位之间没有订立书面劳动合同,但已形成劳动关系后发生的纠纷;

（3）劳动者与用人单位因劳动关系是否已经解除或者终止，以及应否支付解除或者终止劳动关系经济补偿金发生的纠纷；

（4）劳动者与用人单位解除或者终止劳动关系后，请求用人单位返还其收取的劳动合同定金、保证金、抵押金、抵押物发生的纠纷，或者办理劳动者的人事档案、社会保险关系等移转手续发生的纠纷；

（5）劳动者以用人单位未为其办理社会保险手续，且社会保险经办机构不能补办导致其无法享受社会保险待遇为由，要求用人单位赔偿损失发生的纠纷；

（6）劳动者退休后，与尚未参加社会保险统筹的原用人单位因追索养老金、医疗费、工伤保险待遇和其他社会保险待遇而发生的纠纷；

（7）劳动者因为工伤、职业病，请求用人单位依法给予工伤保险待遇发生的纠纷；

（8）劳动者依据《劳动合同法》第85条规定，要求用人单位支付加付赔偿金发生的纠纷；

（9）因企业自主进行改制发生的纠纷。

2.消极范围

（1）劳动者请求社会保险经办机构发放社会保险金的纠纷；

（2）劳动者与用人单位因住房制度改革产生的公有住房转让纠纷；

（3）劳动者对劳动能力鉴定委员会的伤残等级鉴定结论或者对职业病诊断鉴定委员会的职业病诊断鉴定结论的异议纠纷；

（4）家庭或者个人与家政服务人员之间的纠纷；

（5）个体工匠与帮工、学徒之间的纠纷；

（6）农村承包经营户与受雇人之间的纠纷。

（五）起诉和受理

当事人向人民法院提起劳动争议诉讼，应该符合以下条件：①起诉方为劳动争议中的一方当事人；②劳动争议已经经过劳动争议仲裁委员会裁决；③仲裁的事项属于人民法院受理的案件范围；④当事人应当在收到仲裁裁决书之日起15日内向人民法院提起诉讼。对当事人不服仲裁裁决而向人民法院提起诉讼的劳动争议案件，人民法院应当对当事人的起诉进行审查，认为符合受理条件的，应当受理；认为不符合条件的，人民法院不予受理，并应告知当事人理由。

如果仲裁委员会对劳动争议没有作出实体处理,而只是做了程序上的处理,例如仲裁委员会对当事人的起诉只是作出不予受理的裁决或决定,当事人能否向人民法院起诉?《解释(一)》规定:人民法院对当事人不服仲裁委员会所作的程序上的裁决、决定或通知而提起的诉讼,应根据不同情况分别作如下处理:

(1)劳动争议仲裁机构以当事人申请仲裁的事项不属于劳动争议为由,作出不予受理的书面裁决、决定或者通知,当事人不服依法提起诉讼的,人民法院应当分别情况予以处理:属于劳动争议案件的,应当受理;虽不属于劳动争议案件,但属于人民法院主管的其他案件,应当依法受理。

(2)劳动争议仲裁机构以无管辖权为由对劳动争议案件不予受理,当事人提起诉讼的,人民法院按照以下情形分别处理:经审查认为该劳动争议仲裁机构对案件确无管辖权的,应当告知当事人向有管辖权的劳动争议仲裁机构申请仲裁。经审查认为该劳动争议仲裁机构有管辖权的,应当告知当事人申请仲裁,并将审查意见书面通知该劳动争议仲裁机构;劳动争议仲裁机构仍不受理,当事人就该劳动争议事项提起诉讼的,人民法院应予受理。

(3)劳动争议仲裁委员会以当事人的仲裁申请超过法定时效为由,作出不予受理的书面裁决、决定或者通知,当事人不服,依法向人民法院起诉的,人民法院应当受理;对确已超过仲裁申请期限,又无不可抗力或者其他正当理由的,对方以此抗辩的,法院依法驳回其诉讼请求。

(4)劳动争议仲裁机构以申请仲裁的主体不适格为由,作出不予受理的书面裁决、决定或者通知,当事人不服依法提起诉讼,经审查确属主体不适格的,人民法院不予受理;已经受理的,裁定驳回起诉。

(5)劳动争议仲裁机构逾期未作出受理决定或仲裁裁决,当事人直接提起诉讼的,人民法院应予受理,但申请仲裁的案件存在下列事由的除外:移送管辖的;正在送达或者送达延误的;等待另案诉讼结果、评残结论的;正在等待劳动争议仲裁机构开庭的;启动鉴定程序或者委托其他部门调查取证的;其他正当事由。当事人以劳动争议仲裁机构逾期未作出仲裁裁决为由提起诉讼的,应当提交该仲裁机构出具的受理通知书或者其他已接受仲裁申请的凭证、证明。

(6)仲裁裁决的不予以执行。《解释(一)》第24条规定:"当事人申请人民法院执行劳动争议仲裁机构作出的发生法律效力的裁决书、调解书,被申请人提出证据证明劳动争议仲裁裁决书、调解书有下列情形之一,并经审查核实的,人民法院可以根据民事诉讼法第二百三十七条规定,裁定不予执行:(一)裁决的事项不属于劳动争议仲裁范围,或者劳动争议仲裁机构无权仲裁的;(二)适用法律、法规确有错误的;(三)违反法定程序的;(四)裁决所根据的证据是伪造的;(五)对方当事人隐瞒了足以影响公正裁决的证据的;(六)仲裁员在仲裁该案时有索贿受贿、徇私舞弊、枉法裁决行为的;(七)人民法院认定执行该劳动争议仲裁裁决违背社会公共利益的。人民法院在不予执行的裁定书中,应当告知当事人在收到裁定书之次日起三十日内,可以就该劳动争议事项向人民法院提起诉讼。"

此外,《解释(一)》还规定了人民法院对当事人的其他起诉的处理:

(1)劳动争议仲裁机构为纠正原仲裁裁决错误重新作出裁决,当事人不服依法提起诉讼的,人民法院应当受理。

(2)人民法院受理劳动争议案件后,当事人增加诉讼请求的,如该诉讼请求与讼争的劳动争议具有不可分性,应当合并审理;如属独立的劳动争议,应当告知当事人向劳动争议仲裁机构申请仲裁。

(3)劳动争议仲裁机构仲裁的事项不属于人民法院受理的案件范围,当事人不服依法提起诉讼的,人民法院不予受理;已经受理的,裁定驳回起诉。

(4)当事人不服劳动争议仲裁机构作出的预先支付劳动者劳动报酬、工伤医疗费、经济补偿或者赔偿金的裁决,依法提起诉讼的,人民法院不予受理。用人单位不履行上述裁决中的给付义务,劳动者依法申请强制执行的,人民法院应予受理。

(5)劳动者以用人单位的工资欠条为证据直接提起诉讼,诉讼请求不涉及劳动关系其他争议的,视为拖欠劳动报酬争议,人民法院按照普通民事纠纷受理。

(6)劳动争议仲裁机构作出的调解书已经发生法律效力,一方当事人反悔提起诉讼的,人民法院不予受理;已经受理的,裁定驳回起诉。

(7)劳动者依据《劳动合同法》第 30 条第 2 款①和《劳动争议调解仲裁

---

① 《劳动合同法》第 30 条　用人单位应当按照劳动合同约定和国家规定,向劳动者及时足额支付劳动报酬。用人单位拖欠或者未足额支付劳动报酬的,劳动者可以依法向当地人民法院申请支付令,人民法院应当依法发出支付令。

法》第 16 条规定①向人民法院申请支付令,符合《民事诉讼法》第十七章督促程序规定的,人民法院应予受理。依据《劳动合同法》第 30 条第 2 款规定申请支付令被人民法院裁定终结督促程序后,劳动者就劳动争议事项直接提起诉讼的,人民法院应当告知其先向劳动争议仲裁机构申请仲裁。依据《劳动争议调解仲裁法》第 16 条规定②申请支付令被人民法院裁定终结督促程序后,劳动者依据调解协议直接提起诉讼的,人民法院应予受理。

(8)用人单位与其招用的已经依法享受养老保险待遇或者领取退休金的人员发生用工争议而提起诉讼的,人民法院应当按劳务关系处理。

(9)企业停薪留职人员、未达到法定退休年龄的内退人员、下岗待岗人员以及企业经营性停产放长假人员,因与新的用人单位发生用工争议而提起诉讼的,人民法院应当按劳动关系处理。

(六)财产保全

根据《解释(一)》第 49 条的规定,在诉讼过程中,劳动者向人民法院申请采取财产保全措施,人民法院经审查认为申请人经济确有困难,或者有证据证明用人单位存在欠薪逃匿可能的,应当减轻或者免除劳动者提供担保的义务,及时采取保全措施。人民法院作出的财产保全裁定中,应当告知当事人在劳动争议仲裁机构的裁决书或者在人民法院的裁判文书生效后 3 个月内申请强制执行。逾期不申请的,人民法院应当裁定解除保全措施。

(七)判决

根据《解释(一)》第 53 条的规定,用人单位对劳动者作出的开除、除名、辞退等处理,或者因其他原因解除劳动合同确有错误的,人民法院可以依法判决予以撤销。对于追索劳动报酬、养老金、医疗费以及工伤保险待遇、经济补偿金、培训费及其他相关费用等案件,给付数额不当的,人民法院可以予以变更。

---

① 《劳动争议调解仲裁法》第 16 条 因支付拖欠劳动报酬、工伤医疗费、经济补偿或者赔偿金事项达成调解协议,用人单位在协议约定期限内不履行的,劳动者可以持调解协议书依法向人民法院申请支付令。人民法院应当依法发出支付令。

② 《劳动争议调解仲裁法》第 15 条 达成调解协议后,一方当事人在协议约定期限内不履行调解协议的,另一方当事人可以依法申请仲裁。

附录1:用工文书样式参考

劳动合同

为建立劳动关系,明确双方权利义务,依据中华人民共和国《劳动法》《劳动合同法》,在平等自愿、协商一致的基础上,订立本合同。

第一条　合同类型和期限

甲、乙双方选择以下第____种形式确定本合同期限:

1.固定期限:自____年____月____日起至____年____月____日止,共____年____月。

2.无固定期限:自____年____月____日起。

3.以完成一定的工作任务为期限。自____年____月____日至____工作完成时即终止,其完成的标志事件为____。

其中双方约定的试用期为____年____月____日至____年____月____日止。试用期包括在合同期内。

第二条　工作内容和工作地点

甲方根据工作需要,安排乙方在____工作岗位,工作地点为____。经双方协商同意,甲方可以调换乙方的工作岗位和工作地点。

第三条　劳动报酬

乙方试用期的工资为____元/月。

乙方试用期满后,甲方应根据本单位的工资制度,确定乙方实行以下第____种工资形式:

1.计时工资。乙方的工资约定为____元/月。本合同履行期间,乙方的工资调整按照甲方的工资分配制度确定;如乙方的工作岗位变动,按新的工资标准确定。

2.计件工资。甲方应制定科学合理的劳动定额标准,乙方的劳动定额为____,计件名称为____,计件单价约定为____元/件。

3.其他工资形式。具体约定可在本合同第九条中明确。

乙方按甲方规定完成工作任务的,甲方每月____日前以货币形式支付月工资。甲方支付乙方的劳动报酬不得低于当地政府规定的最低工资标准。

第四条　工作时间和休息休假

乙方实行的工时制为____。(1)标准工时工作制。(2)综合计算工时工作制。(3)不定时工作制。

甲方应按照国家和地方有关规定,合理安排乙方的工作时间和休息休假。

第五条　社会保险

甲方应按国家有关规定为乙方缴纳各项社会保险;乙方应当缴纳的社会保险费,由甲方从乙方工资中代扣代缴。

第六条　劳动保护、劳动条件和职业危害防护等按照法律法规、规章等规定执行。

第七条　劳动合同的终止与解除

双方解除或终止劳动合同应按法定程序办理,甲方为乙方出具终止、解除劳动合同的通知书或相关证明,符合国家规定的,支付乙方经济补偿。

第八条　劳动争议处理

甲乙双方因履行本合同发生的劳动争议,双方当事人可以依法申请调解、仲裁、提起诉讼,也可以协商解决。

第九条　双方约定的其他事项(住房公积金、社会保险等其他福利待遇……)

_____

_____

_____

_____

_____

第十条　其他未尽事项按国家及地方现行有关规定执行,或者通过协商以附件形式约定。

第十一条　本合同双方各执一份,涂改或未经授权代签无效。

第十二条　乙方确定下列地址____为劳动关系管理相关文件、文书的送达地址,如该地址发生变化,乙方应书面告知甲方。

第十三条　其他约定

(一)本合同未尽事宜,按国家和地方有关政策规定办理。在合同期内,如本合同条款与国家、省有关劳动管理新规定相抵触的,按新规定执行。

(二)甲方在订立劳动合同书时已经将下列文件交于乙方,以下文件为本合同附件:

1.(单位规章制度、薪资发放、细则等)_____

2._____

3._____

甲方(单位盖章)　　　　　　　　　　乙方(签名)

法定代表人(主要负责人)

或委托代理人(签名)

签订时间:　年　月　日　　　　　　签订时间　年　月　日

×年×月××有限公司员工工资发放表

单位:温州市××有限公司　　　　　　　　　　单位盖章:

序号	姓名	部门	出勤天数	应发栏								应发合计	扣款栏				预支	补发工资	实发工资	签名
				基本工资	加班工资		津贴补贴													
				基础工资	全勤奖	假日加班	平时加班	住宿补贴	伙食补贴	其他补贴			旷工(违纪)	事假	社保代缴	合计				
1	王××	文员	26	2200	130	800		150	150		3430			350					3080	
	合　　计																			

审批:　　　　　　复核:　　　　　　制表:　　　2021年3月30日

注:本表仅作参考附件,用人单位可根据各自实际制定员工工资发放明细表。

签订书面劳动合同通知书

____先生/女士：

感谢您加入本公司，根据《劳动合同法》、《劳动合同法实施条例》的规定，现请您于____年____月____日前携带以下材料至本公司人力资源部签订劳动合同。如逾期未签订劳动合同，公司将依据劳动合同法实施条例规定终止劳动关系。

1.与原单位解除劳动合同关系的证明文件正本；

2.入职体检报告；

3.身份证原件及复印件一份；

4.学历证明文件原件及复印件一份；

5.职称证明文件原件及复印件一份(如有)；

6.实名制银行账户复印件；

7.两寸证件照2张；

8.其他____。

通知方(签名或盖章)：

年　　　月　　　日

签收回执

本人已收到单位于____年____月____日发出的《签订劳动合同通知书》。

被通知方(签名或盖章)：

年　　　月　　　日

续签劳动合同通知书

____(乙方)：

双方所签期限为____年____月____日至____年____月____日的劳动合同，因劳动合同期限即将届满，现按照原劳动合同约定条件通知你续签劳动合同。

你的意见:1.同意 2.不同意

请收到此通知书后 7 日内签署意见后交还人力资源部,未将本通知书交还的,原劳动合同将到期终止。

特此通知。

甲方签发人: 乙方签字:

(签名或盖章)

　　　年　　　月　　　日　　　　　　　　　　　年　　　月　　　日

签收回执

本人(乙方)已收到单位(甲方)于＿＿＿年＿＿＿月＿＿＿日发出的《续签劳动合同通知书》。请收到此通知书后 7 日内签署意见后交还人力资源部,未将本通知书交还的,原劳动合同将到期终止。

乙方签收人(签名或盖章):

年　　　月　　　日

终止劳动合同通知书

＿＿＿(乙方):

双方所签期限为＿＿＿年＿＿＿月＿＿＿日至＿＿＿年＿＿＿月＿＿＿日的劳动合同,因劳动合同期限届满,现在通知你终止劳动合同。

终止劳动合同时间为＿＿＿年＿＿＿月＿＿＿日。

请你于接到本通知后至终止劳动合同前,按照公司规定及时办理工作交接等相关手续,并按工作交接单领取经济补偿金。

你的工作年限为＿＿＿年＿＿＿月,你的经济补偿金额为＿＿＿元。

特此通知。

甲方签发人(签名或盖章):

签发时间:　　年　　月　　　日

签收回执

本人(乙方)已收到单位(甲方)于＿＿＿年＿＿＿月＿＿＿日发出的《终止劳动合同通知书》。

乙方签收人(签名或盖章)：

年　　　月　　　日

解除劳动合同协议书

甲方：＿＿＿＿＿＿＿＿＿＿＿＿＿＿＿＿＿＿＿＿＿＿＿＿＿＿＿＿＿＿＿

乙方：＿＿＿＿＿＿＿＿＿＿＿＿＿＿＿＿＿＿＿＿＿＿＿＿＿＿＿＿＿＿＿

甲乙双方于＿＿＿年＿＿＿月＿＿＿日订立期限自＿＿＿年＿＿＿月＿＿＿日起至＿＿＿年＿＿＿月＿＿＿日止的劳动合同,现＿＿＿方因为＿＿＿原因提出解除劳动合同。经双方协商一致,同意自＿＿＿年＿＿＿月＿＿＿日起解除劳动合同。工作年限计算为＿＿＿年＿＿＿月。

经济补偿金(1 或 2)

1.无经济补偿金。

2.发放经济补偿金＿＿＿元。

甲方(盖章)：　　　　　　　　　乙方(签名或盖章)：

法定代表人(委托代理人)　　　　(签名)：

＿＿＿年＿＿＿月＿＿＿日　　　　＿＿＿年＿＿＿月＿＿＿日

解除劳动合同通知书

_____:

你与本公司于____年____月____日签订/续订的劳动合同,因你的行为具有下列第____项情形(违反了《公司规章制度》第____条的规定),决定从____年____月____日起解除与你的劳动合同。

1.试用期内不符合录用条件。

2.严重违反公司规章制度。

3.严重失职,营私舞弊,给公司造成重大损害。

4.与其他用人单位建立劳动关系,严重影响工作或经公司提出仍不改正。

5.订立或变更劳动合同过程中有欺诈、胁迫、乘人之危的行为。

6.被依法追究刑事责任。

7.患病或者非因工负伤,医疗期满后,不能从事原工作也不能从事公司另行安排的工作。

8.不能胜任工作,经过培训或调整工作岗位,仍不能胜任工作。

9.劳动合同订立时所依据的客观情况发生重大变化,致使原劳动合同无法履行,经双方协商不能就变更劳动合同达成协议。

你的工作年限计算为____年____月。你的经济补偿金为(1或2)

1.无经济补偿金。

2.发放经济补偿金____元。

请你在办理离职交接手续以后,于____年____月____日前到人事部门办理劳动合同解除手续。

特此通知。

通知方(签名或盖章):

年　月　日

注:本劳动合同解除通知书一式两份,甲乙各持一份,同等有效。

签收回执

本人已收到公司于＿＿＿年＿＿＿月＿＿＿日发出的《解除劳动合同通知书》。

被通知方(签名或盖章)：

＿＿＿年＿＿＿月＿＿＿日

员工违纪处罚通知(需与用人单位规章制度配套使用)

员工姓名		所属部门		职务	
违纪事实：					
时间		地点		见证人	
违纪经过：					
当事人确认：					
处罚措施以及依据： 　　根据上述违规记录,您已违反公司《规章制度》第　　　条的规定,现处以以下纪律处分					
1.□口头警告　2.□书面警告　3.□严重警告　4.□解雇					
经办人：					
阁下过往一年内累计违规记录:口头警告　次;书面警告　次;严重警告　次					

特别提示:根据过往违规记录,倘若阁下在任职期间连续一年内受到三次口头警告(连本次警告在内),将计作一次书面警告,受到三次书面警告或两次严重警告(连本次警告在内),将被立即解雇而不获任何补偿。请阁下认真吸取教训,争取在今后工作中有良好的表现。

员工确认: 年　月　日	部门负责人: 年　月　日
人力资源部经理: 年　月　日	公司负责人: 年　月　日

附录 2：中小用人单位劳动管理规章制度参考样本

第一章 总 则

第1条 为规范中小用人单位和职工的行为，维护用人单位和职工双方的合法权益，根据劳动法及其配套法规、规章的规定，结合用人单位的实际情况，制定本规章制度。

第2条 本规章制度适用于用人单位和全体职工，职工包括管理人员、技术人员和普通职工；试用工和正式工。对特殊职位的职工另有规定的从其规定。

第3条 职工享有取得劳动报酬、休息休假、获得劳动安全卫生保护、享受社会保险和福利等劳动权利，同时应当履行完成劳动任务、遵守用人单位规章制度和职业道德等劳动义务。

第4条 用人单位负有支付职工劳动报酬、为职工提供劳动和生活条件、保护职工合法劳动权益等义务，同时享有生产经营决策权、劳动用工和人事管理权、工资奖金分配权、依法制定规章制度权等权利。

第二章 用人单位劳动用工制度

第一节 职工招用与培训教育

第5条 职工应聘用人单位职位时，一般应当年满18周岁（必须年满16周岁），并持有居民身份证等合法证件。

第6条 职工应聘用人单位职位时，必须是与其他用人单位合法解除或终止了劳动关系，必须如实正确填写《应聘人员登记表》，不得填写任何虚假内容。

第 7 条 职工应聘时提供的居民身份证、职业介绍信、职业资格证书、学历证、失业证或解除和终止合同证明等证件必须是本人的真实证件，不得借用或伪造证件欺骗用人单位。

用人单位录用职工不收取押金，不要求担保，不扣留居民身份证、暂住证、毕业证书、职业资格证书等证件。

第 8 条 用人单位加强职工的培训和教育，根据职工素质和岗位要求，实行职前培训、职业教育或在岗深造培训教育，培养职工的职业自豪感和职业道德意识。

第 9 条 用人单位提供专项培训经费选送职工专业技术脱产培训涉及有关事项，由劳动合同或培训协议另行约定。

第二节　劳动合同管理

第 10 条 用人单位招用职工实行劳动合同制度，自职工录用之日起 30 日内签订劳动合同，劳动合同由双方各执一份，报劳动部门备案一份。

第 11 条 劳动合同必须经职工本人、用人单位法定代表人（或法定代表人书面授权的人）签字，并加盖用人单位公章方能生效。

第 12 条 劳动关系自用工之日起建立，劳动合同自双方签字盖章时成立并生效。

第 13 条 用人单位对新录用的职工实行试用期制度，根据劳动合同期限的长短，设定试用期：合同期限不满 6 个月的，不设定试用期；合同期限满 6 个月不满 1 年的，试用期 1 个月；合同期限满 1 年不满 3 年的，试用期 2 个月；合同期限满 3 年以上的，试用期不超过 6 个月。试用期包括在劳动合同期限中。

第 14 条 用人单位与职工协商一致，可以订立无固定期限劳动合同。有下列情形之一，职工提出或者同意续订、订立劳动合同的，除职工提出订立固定期限劳动合同外，用人单位与职工一律订立无固定期限劳动合同：

（1）职工在用人单位连续工作满 10 年的；

（2）连续订立二次固定期限劳动合同，且职工没有《劳动合同法》第 39 条和第 40 条第 1 项、第 2 项规定的情形，续订劳动合同的。

第 15 条 用人单位与职工协商一致可以解除劳动合同，由用人单位提出解除劳动合同的,依法支付职工经济补偿金;由职工提出解除劳动合同的,不支付职工经济补偿金。

双方协商一致可以变更劳动合同的内容,包括变更合同期限、工作岗位、劳动报酬等。

第16条 职工有下列情形之一的,用人单位可以解除劳动合同:

(1)在试用期内被证明不符合录用条件的;

(2)提供与录用相关的虚假的证书或者劳动关系状况证明的;

(3)严重违反用人单位依法制定并公示的工作制度的;

(4)严重失职,营私舞弊,对用人单位利益造成重大损害的;

(5)劳动者同时与其他用人单位建立劳动关系,对完成本单位的工作任务造成严重影响,或者经用人单位提出,拒不改正的;

(6)被依法追究刑事责任或者劳动教养的;

(7)法律、法规、规章规定的其他情形。

用人单位依本条规定解除劳动合同,不支付职工经济补偿金。

第17条 有下列情形之一,用人单位提前30日书面通知职工本人,可以解除劳动合同:

(1)职工患病或非因工负伤,医疗期满后,不能从事原工作,也不能从事用人单位另行安排的适当工作的;

(2)职工不能胜任工作,经过培训或调整工作岗位,仍不能胜任工作的;

(3)劳动合同订立时所依据的客观情况发生重大变化,致使原劳动合同无法履行,经协商就变更劳动合同内容不能达成协议的。

用人单位依本条规定解除劳动合同,依法支付职工经济补偿金。

第18条 有下列情形之一,需要裁减人员20人以上或者裁减不足20人但占用人单位职工总数10%以上的,用人单位提前30日向工会或者全体职工说明情况,听取工会或者职工的意见后,裁减人员方案经向劳动行政部门报告,可以裁减人员:

(1)依照用人单位破产法规定进行重整的;

(2)生产经营发生严重困难的;

(3)用人单位转产、重大技术革新或者经营方式调整,经变更劳动合同后,仍需裁减人员的;

(4)其他因劳动合同订立时所依据的客观经济情况发生重大变化,致使劳动合同无法履行的。

裁减人员时优先留用下列人员:

(1)与本单位订立较长期限的固定期限劳动合同的;

(2)与本单位订立无固定期限劳动合同的;

(3)家庭无其他就业人员,有需要扶养的老人或者未成年人的。

用人单位依本条规定解除劳动合同,依法支付职工经济补偿金。

第 19 条 职工有下列情形之一,用人单位不得依据本规定第 17 条、第 18 条的规定解除劳动合同;劳动合同期满,劳动合同应当续延至相应的情形消失时终止:

(1)从事接触职业病危害作业的劳动者未进行离岗前职业健康检查,或者疑似职业病病人在诊断或者医学观察期间的;

(2)患职业病或因工负伤被确认完全丧失或部分丧失劳动能力的;

(3)患病或非因工负伤,在规定的医疗期内的;

(4)女职工在符合计划生育规定的孕期、产期、哺乳期内的;

(5)在本用人单位连续工作满 15 年,且距法定退休年龄不足 5 年的;

(6)法律、法规、规章规定的其他情形。

第 20 条 用人单位有下列情形之一的,职工可以随时通知解除劳动合同:

(1)未按照劳动合同约定提供劳动保护或者劳动条件的;

(2)未及时足额支付劳动报酬的;

(3)未依法为职工缴纳社会保险费的;

(4)用人单位的规章制度违反法律、法规的规定,损害劳动者权益的;

(5)因《劳动合同法》第 26 条第 1 款规定的情形致使劳动合同无效的;

(6)法律、行政法规规定劳动者可以解除劳动合同的其他情形。

用人单位以暴力、威胁或者非法限制人身自由的手段强迫职工劳动的,或者用人单位违章指挥、强令冒险作业危及劳动者人身安全的,职工可以立即解除劳动合同,不需事先告知用人单位。

职工依本条规定解除劳动合同,用人单位应依法支付职工经济补偿金。

第 21 条 职工提前 30 日以书面形式通知用人单位,可以解除劳动合同。职工在试用期内提前 3 日通知用人单位,可以解除劳动合同。

知悉用人单位商业秘密的职工,劳动合同或保密协议对提前通知期另有约定的从其约定。

职工依本条规定解除劳动合同,用人单位不支付职工经济补偿金。

第 22 条 职工有下列情形之一的,劳动合同终止:

(1)劳动合同期满的;

(2)职工开始依法享受基本养老保险待遇的;

(3)职工死亡、被人民法院宣告死亡或者宣告失踪的;

(4)用人单位被依法宣告破产的;

(5)用人单位被吊销营业执照、责令关闭、撤销或者用人单位决定提前解散的;

(6)法律、行政法规规定的其他情形。

其中除用人单位维持或者提高劳动合同约定条件续订劳动合同,职工不同意续订的情形外,终止固定期限劳动合同的;用人单位被依法宣告破产的;用人单位被吊销营业执照、责令关闭、撤销或者用人单位决定提前解散的,用人单位应依法支付经济补偿金。

第 23 条 用人单位违反规定解除或者终止劳动合同的,应当依照《劳动合同法》第 47 条规定的经济补偿标准的二倍向职工支付赔偿金。

第 24 条 职工违反规定解除劳动合同,对用人单位造成损失的,职工应赔偿用人单位下列损失:

1.甲方为其支付的培训费和招收录用费;

2.对生产、经营和工作造成的直接经济损失;

3.本合同约定的其他赔偿费用。

用人单位与职工双方对职工赔偿计算有异议,可按职工劳动合同未履行的期限,每满未履行 1 年赔偿 1 个月工资;不满 1 年满 6 个月赔偿 1 个月工资;不满未履行 6 个月赔偿半个月工资。

第 25 条 用人单位应当在解除或者终止劳动合同时出具解除或者终止劳动合同的证明,并在 15 日内为职工办理档案和社会保险关系转移手续。

职工应当按照双方约定,办理工作交接。用人单位依照有关规定向职工支付经济补偿的,在办结工作交接时支付。

第 26 条 经济补偿按职工在本单位工作的年限,每满 1 年支付 1 个月工资的标准向职工支付。6 个月以上不满 1 年的,按 1 年计算;不满 6 个月的,向职工支付半个月工资的经济补偿。

第三节　工作时间与休息休假

第 27 条　用人单位实行 8 小时工作制,对特殊岗位的职工实行不定时或综合计时工作制。

第 28 条　职工每天正常上班时间为:

上午　08:00—12:00　　下午　13:00—17:00

第 29 条　用人单位根据生产经营需要,经与职工协商可以依法延长日工作时间,但按国家规定执行。

第 30 条　其他休息休假按国家规定执行。

第四节　工资福利

第 31 条　职工基本工资不低于最低工资标准。

基本工资是职工完成法定工作时间应享有的工资报酬。

第 32 条　用人单位实行计时工资和计件工资,此外包括加班工资、奖金、津贴和补贴。计时工资和计件工资以劳动合同约定或单价协议书为准。

其中计件工资单价的计算公式:$G = \dfrac{Ga + Gb}{2 \times 168} \times T$

式中:G 是计件单价;Ga 是当地政府规定的最低工资标准;Gb 是当地用人单位平均工资;2 和 168 是常数,2 代表最低工资和社会平均工资的中间值,168 是月法定工作时间(以小时为单位);T 是以小时为单位的劳动定额,即工时定额。

第 33 条　安排职工加班的,用人单位按国家有关规定支付加班工资。加班加点采取协商的原则,用人单位不得强迫员工加班。加班加点前由部门主管汇总加班加点申请表,并于当日下班前交上级部门主管审批。未经报备核准,无须支付加班加点工资。

休息日安排职工加班,用人单位可以安排职工补休而不支付加班工资。

第 34 条　用人单位以现金形式发放工资或委托银行代发工资,用人单位在支付工资时向职工提供其本人的工资清单(一式二份),职工领取工资时应在工资清单上签名。

第 35 条　用人单位以货币形式按月足额支付职工工资;本月工资于次月 15 日前支付;依法解除或终止劳动合同时,在解除或终止劳动合同后 5 日内一次性付清职工工资。

第 36 条　非员工原因造成停工、停产、歇业,时间在一个工资支付周期内的,用人单位按照国家规定或者劳动合同约定的工资标准支付工资;停工、停产、歇业时间超过一个工资支付周期,员工没有提供正常劳动的,用人单位按照不低于当地人民政府确定的最低工资标准的 80% 支付工资;员工提供了正常劳动的,用人单位按照不低于最低工资标准支付工资。

第 37 条　因职工原因给用人单位造成经济损失的,用人单位可以要求职工赔偿,可从职工当月工资中扣除,但每月扣除的不超过职工当月工资的 20%,扣除后余额工资不低于最低工资标准。

第 38 条　有下列情况之一,用人单位可以代扣或减发职工工资而不属于克扣工资:

(1)代扣代缴职工个人负担的社会保险费;

(2)扣除依法赔偿给用人单位的费用;

(3)扣除代缴职工的个人所得税;

(4)法律、法规、规章规定可以扣除的工资或费用。

第 39 条　用人单位建立正常的工资调整机制,逐步改善和提高职工各项福利待遇,改善职工食宿条件和工作条件。

第五节　社会保险

第 40 条　用人单位按政府规定为职工办理养老保险、医疗保险、失业保险、工伤保险、生育保险等各项社会保险。

缴纳各项社会保险费依法由用人单位和个人分别承担。

第三章　职工劳动纪律制度

第一节　劳动纪律与职工守则

第 41 条　职工必须遵守如下考勤和辞职制度:

(1)按时上班、下班,不得迟到、早退;

(2)必须自己打卡,不得委托他人打卡或代替他人打卡;

(3)因公外出、漏打、错打等特殊原因未能打卡的,必须由本部门经理或主管签卡方能有效;

(4)有事、有病必须向部门经理或主管请假,不得无故旷工;

(5)请假必须事先填写《请假单》,并附上相关证明(病假应有医生证

明),在不得已的情况下,应提早电话、电报或委托他人请假,上班后及早补办请假手续;

(6)一次迟到或早退 30 分钟以上的,应办理请假手续,否则以旷工论处;

(7)未履行请假、续假、补假手续而擅自不到岗者,均以旷工论处;

(8)职工因故辞职,应提前 1 个月向部门经理或主管提交《辞职通知书》;

(9)职工辞职由部门经理或主管批准,辞职获准后,凭《离职通知书》办理移交手续。

第 42 条 职工必须遵守如下工作守则和职业道德:

(1)进入或逗留厂区,必须按规定佩戴厂牌和穿着工作服;

(2)敬业乐业,勤奋工作,服从用人单位合法合理的正常调动和工作安排;

(3)严格遵守用人单位的各项规章制度、安全生产操作规程和岗位责任制;

(4)工作期间,忠于职守,不消极怠工,不干私活,不串岗,不吃零食,不打闹嬉戏等,尽职尽责做好本职工作;

(5)平时养成良好、健康的卫生习惯,不随地吐痰,不乱丢烟头杂物,保持用人单位环境卫生清洁;

(6)爱护公物,小心使用用人单位机器设备、工具、物料,不得盗窃、贪污或故意损坏用人单位财物;

(7)提倡增收节支,开源节流,节约用水、用电、用气,严禁浪费公物和公物私用;

(8)搞好用人单位内部人际关系,团结友爱,不得无理取闹、打架斗殴、造谣生事;

(9)关心用人单位,维护用人单位形象,敢于同有损用人单位形象和利益的行为作斗争。

(10)上班时间一到即刻开始工作,下班之后无特别事务不得逗留;

(11)遵守用人单位的保密制度,不得泄露用人单位的商业秘密。

第 43 条 职工必须遵守如下安全守则和操作规程:

(1)生产主管和领班要做好机器设备的保养、维修和用前检查工作,在确保机器设备可安全使用后,方可投入使用;

（2）操作机器设备时，必须严格遵守技术操作规程，保证产品质量，维护设备安全及保障人身的安全；

（3）设备使用过程中，如发现有异常情况，操作工应及时告知车间主任和相关技术人员处理，不得擅自盲目操作；

（4）发现直接危及人身安全的紧急情况，要立即采取应急措施，并及时将情况向领班、部门主管或部门经理报告；

（5）工作场所和仓库的消防通道，必须经常保持畅通，不得放置任何物品；

（6）对消防设备、卫生设备及其他危险防止设备，不得有随意移动、撤走及减损其效力的行为；

（7）维修机器、电器、电线必须关闭电源或关机，并由相关技术人员或电工负责作业；

（8）非机械设备的操作人员，不得随意操作机械设备；

（9）危险物品必须按规定放置在安全的地方，不得随意乱放；

（10）车间和仓库严禁吸烟，吸烟要在指定场所，并充分注意烟火；

（11）严禁携带易燃易爆、有毒有害的危险物品进入用人单位；

（12）收工时要整理机械、器具、物料及文件等，确认火、电、气的安全，关好门窗、上好门锁。

第二节　奖励与惩罚

第44条　为增强职工责任感，调动职工积极性和创造性，提高劳动生产率和工作效率，用人单位对表现优秀、成绩突出的职工实行奖励制度。

奖励分为表扬、晋升、奖金三种。

第45条　职工品行端正，工作努力，忠于职守，遵规守纪，关心用人单位，服从安排，成为职工楷模者，给予通报表扬。

第46条　对有下列事迹之一的职工，除给予通报表扬外，另给予晋升、奖金的奖励：

（1）对于生产技术或管理制度，提出具体方案，经执行确有成效，能提高用人单位经济效益，对用人单位贡献较大的；

（2）节约物料，或对废料利用具有成效，能提高用人单位经济效益，对用人单位贡献较大的；

（3）遇有灾情，勇于负责，奋不顾身，处置得当，极力抢救，使用人单位利

益免受重大损失的;

(4)敢于同坏人、坏事作斗争,举报损害用人单位利益行为,使用人单位避免重大损失的;

(5)其他应当给予奖励的。

第 47 条 为维护正常的生产秩序和工作秩序,严肃厂规厂纪,用人单位对违规违纪、表现较差的职工实行惩罚制度。

惩罚分为警告、记过、解除劳动合同四种。

第 48 条 职工有下列情形之一,经查证属实,第一次口头警告;批评教育无效的,第二次以后每次书面警告 1 次,1 个月内被书面警告 3 次以上或 1 年内被书面警告 6 次以上的,予以解除劳动合同:

(1)委托他人打卡或代替他人打卡的;

(2)无正当理由经常迟到或早退(每次 10 分钟以上)的;

(3)擅离职守或串岗的;

(4)消极怠工,上班干私活的;

(5)非机械设备的操作者,随意操作机械设备的;

(6)擅带外人到生产车间逗留的;

(7)携带危险物品入厂的;

(8)在禁烟区吸烟的;

(9)违反用人单位规定携带物品进出厂区的;

(10)有其他与上述情形情节相当的情形。

第 49 条 职工有下列情形之一,经查证属实,第一次口头警告;批评教育无效的,第二次以后每次记过 1 次;1 个月内被记过 3 次以上或 1 年内被记过 6 次以上的,予以解除劳动合同:

(1)无理取闹,打架斗殴,影响用人单位生产秩序和职工生活秩序的;

(2)利用工作或职务便利,收受贿赂而使用人单位利益受损的;

(3)上班时间打牌、下棋的;

(4)将用人单位内部的文件、账本给用人单位外的人阅读的;

(5)在宿舍私接电源或使用电炉、煤气灶的;

(6)有其他与上述情形情节相当的情形。

第 50 条 职工有下列情形之一,经查证属实,批评教育无效的,予以解除劳动合同:

(1)连续旷工时间超过 15 日,或者 1 年以内累计旷工时间超过 30

目的；

（2）提供与录用有关的虚假证书或劳动关系状况证明，骗取用人单位录用的；

（3）违反操作规程损坏机器设备、工具，浪费原材料，造成用人单位经济损失 1000 元以上的；

（4）盗窃、贪污、侵占或故意损坏用人单位财物，造成用人单位经济损失 1000 元以上的；

（5）违反用人单位保密制度，泄露用人单位商业秘密，造成用人单位经济损失 1000 元以上的；

（6）有其他与上述情形情节相当的情形的。

第 51 条 职工违规违纪对用人单位造成经济损失，除按规定处罚外，还应赔偿相应经济损失。

第 52 条 对职工的违纪处理，由违纪职工所在的车间主任根据本规章制度相关条款提出书面处理意见，并提交人事部门，再由人事部门提交总经理室审批。经批准后，由人事部门向违纪职工送达处理决定书，处理决定必须包括职工违纪事实、违纪证据、处理原因、处理依据、处理结果等五项内容。整个处理过程不得超过 30 日。

第 53 条 职工对用人单位处理不服的，享有申诉权利。申诉程序：第一步向车间主任申辩事实与理由；第二步对车间主任再次处理不服的，向人事部门申辩事实与理由；第三步对人事部门再次处理不服的，向总经理室申辩事实与理由，总经理室作出的再次处理决定为本用人单位最终处理决定。

第四章　保密制度与竞业限制

第 54 条 为了维护用人单位利益，保护用人单位的商业秘密，特制订本保密制度，用人单位全体职工必须严格遵守。

第 55 条 本规定所称的商业秘密是指不为公众所知悉，能为用人单位带来经济利益，具有实用性并经用人单位采取保密措施的技术信息和经营信息，以及用人单位依法律规定或者有关协议的约定，对外承担保密义务的事项。

第 56 条 可能成为用人单位商业秘密的技术信息包括技术方案、工程设计、制造方法、配方、工艺流程、技术指标、计算机软件、实验数据、实验结果、图纸、样品、模型、模具、技术文档、操作手册等等。

第 57 条 可能成为用人单位商业秘密的经营信息包括客户名单、客户订单、营销计划、采购资料、财务资料、进货渠道、产销策略、经营目标、经营项目、管理诀窍、货源情报、内部文件、会议纪要、经济合同、合作协议等等。

第 58 条 严格遵守用人单位秘密文件、资料、档案的登记、借用和保密制度,秘密文件应存放在有保密设施的文件柜中,借用秘密文件、资料、档案须经总经理或办公室主任批准;不得在公共场所谈论用人单位秘密事项和交接秘密文件。

第 59 条 秘密文件、资料、档案不得私自复印、摘录和外传。因工作需要复印时,应按有关规定经总经理或办公室主任批准。

第 60 条 职工调职或离职时,必须将自己保管的秘密文件、资料、档案或其他东西,按规定移交给用人单位总经理或办公室主任,不得随意移交给其他人员。

第 61 条 用人单位根据实际情况和需要,与知悉或可能知悉用人单位商业秘密的职工另行签订《保密协议》,协议内容包括保密的内容、范围、权利、义务、期限、保密费和违约责任等事项。

第 62 条 未经用人单位同意,职工在职期间不得自营或者为他人经营与用人单位同类的营业。

第 63 条 用人单位根据实际情况和需要,与知悉或可能知悉用人单位商业秘密的职工另行签订《竞业限制协议》,约定职工从离开用人单位后的一定期限内,不得在生产同类且有竞争关系的产品的其他用人单位内任职,用人单位按月向职工支付一定数额的补偿费。

生产同类且有竞争关系产品用人单位的具体范围、竞业限制期、竞业限制补偿费和违约责任等事项按《竞业限制协议》约定。竞业限制期限最长不超过 2 年,竞业限制补偿费按年计算为职工离开用人单位前 1 年从用人单位获得报酬总额的 1/2 按月支付,职工违约金为补偿金的二倍。

第五章　附　　则

第 64 条 本制度是劳动法律、法规、规章规定的具体化,本规定与现行劳动法律、法规、规章有抵触的,以现行劳动法律、法规、规章的规定为准。

第 65 条 本制度与劳动合同有抵触的,以劳动合同为准。

第 66 条 本制度未尽事宜或法律规定更新时,通过通告的形式补充或更新。

第 67 条 本制度已由职工代表大会(或全体职工)讨论,并与工会协商后确定,并向全体职工公布。

本用人单位向每位职工发放本手册,职工签收以此作为已向职工公示的证明。

第68条 本制度自 年 月 日生效。

（单位公章）

年 月 日

附录3:用工争议十大典型案件①

❖ 案件一 ❖

未在法定期间内签订劳动合同需支付二倍工资赔偿

【案情简介】

张某于 2013 年 8 月 1 日进入某销售公司工作,任销售员。两个月后某销售公司向张某提出双方签订一份三年期的劳动合同,后因某销售公司人事部门人员变动,双方最终未签订劳动合同。2015 年 2 月开始,某销售公司发现张某业绩下滑,并且呈持续下滑的趋势。某销售公司在调查后发现张某竟然同时在为另一家公司做推销工作。在公司追究下张某对其行为没有否认。于是公司按照规章制度的相关规定于 2015 年 3 月 15 日对张某作出了因严重违纪而解除劳动关系的决定,张某于收到决定当日离开了公司。2015 年 4 月 25 日,张某申请劳动仲裁,要求某销售公司向其支付 2013 年 8 月 1 日至 2015 年 3 月 15 日期间的二倍工资。某销售公司向仲裁委提交了答辩意见,认为公司曾三番五次要求张某签订书面劳动合同,是张某再三推脱不愿签订,故未能签订书面劳动合同系张某造成;其次,张某是被公司因严重违纪而解除劳动关系的,所以应由张某来承担未签订劳动合同的后果,公司无须支付二倍工资。

---

① 案例由浙江省温州市总工会提供。

【处理结果】

仲裁委裁决某销售公司应向张某支付 2013 年 9 月 1 日至 2014 年 7 月 30 日期间的二倍工资;驳回张某其他仲裁请求。

【争议焦点】

某销售公司是否应向张某支付二倍工资?应支付哪段时间的二倍工资?二倍工资是否有时效性?视为双方已经订立无固定期限劳动合同期间,用人单位应否还需支付劳动者二倍工资?

【案例评析】

《劳动合同法》第 82 条第 1 款规定:用人单位自用工之日起超过 1 个月不满 1 年未与劳动者订立书面劳动合同的,应当向劳动者每月支付二倍的工资。《劳动合同法实施条例》第七条的规定:用人单位自用工之日起满 1 年未与劳动者订立书面劳动合同的,自用工之日起满一个月的次日至满 1 年的前 1 日应当依照《劳动合同法》第 82 条的规定向劳动者每月支付二倍工资,并视为自用工之日起满 1 年的当日已经与劳动者订立无固定期限劳动合同,应当立即与劳动者补订书面劳动合同。上述规定既是《劳动合同法》督促用人单位必须与劳动者订立劳动合同的措施之一,也是《劳动合同法》对用人单位不与劳动者签订劳动合同行为的惩罚措施。本案中某销售公司并未提供证据证明是张某再三推脱不愿签订劳动合同,也未因张某不愿签订劳动合同根据相关法律终止劳动关系,而是在没有签订劳动合同的情况下一直雇用张某,故双方未签订劳动合同的责任在某销售公司,依据《劳动合同法》和《劳动合同法实施条例》规定,该公司应当向张某支付二倍工资,支付的期间为自用工之日起满 1 个月的次日至满 1 年的前 1 日,即 2013 年 9 月 1 日至 2014 月 7 月 30 日需支付二倍工资;因法律规定用工之日起满 1 年的当日视为已经与劳动者订立无固定期限劳动合同,故某销售公司无须支付用工满 1 年后的二倍工资,即 2014 年 7 月 31 日之后的二倍工资某销售公司不需要向张某支付。同时《中华人民共和国劳动争议调解仲裁法》第 27 条第 1 款规定:劳动争议申请仲裁的时效期间为一年。因此本案中张某在视为双方已订立无固定期限劳动合同之日起一年内提出仲裁申请即可。同时,《劳动合同法》第 82 条规定的二倍工资的支付与用人单位是否与劳动者解除劳动关系以及如何解除劳动关系没有关联,故某销售公司提出的因劳动者严重违纪无须支付二倍工资的抗辩理由不成立。

❖ 案件二 ❖

以劳动者严重违反规章制度解除劳动合同应注意什么

【案情介绍】

王某于2014年2月进A公司工作,公司与其签订了三年的劳动合同,并告知了《员工手册》。2016年5月,车间管理人员张某发现王某在中午吃饭时间有喝酒行为,遂上前制止,王某称自己有喝酒习惯,喝一点不影响工作。张某将此事汇报给了公司领导。A公司以王某上班期间喝酒为由,根据《员工手册》第8.1条(员工在上班期间饮酒的,可以解除劳动合同)规定,与其解除了劳动合同。王某不服,提起仲裁,称张某与自己平时就有矛盾,自己并不存在喝酒行为,要求A公司支付违法解除劳动合同的赔偿金。仲裁委在审理案件中查明,A公司除了张某的出庭证言,没有提供其他证据证明王某存在严重违反规章制度的行为。

【处理结果】

仲裁委裁决A公司向申请人支付违法解除劳动合同的赔偿金。

【争议焦点】

以严重违反规章制度为由解除劳动合同,其所依据的事实如何判定?

【案例评析】

A公司以王某严重违反公司规章制度为由解除了双方的劳动合同,但A公司只提供了张某的出庭证言,因为张某系A公司员工,与A公司有利害关系,根据法律规定,与一方当事人有利害关系的证人出具的证言,不能单独作为认定案件事实的依据。因此本案中,王某违反公司规章制度的事实依据不足,A公司解除劳动合同行为属于违法解除。在A公司的解除劳动合同行为被认定为违法解除后,王某要求支付赔偿金的仲裁请求,符合《中华人民共和国劳动合同法》第48条、第87条的规定,仲裁委应予以支持。

【风险提示】

《劳动合同法》第39条第(2)项规定,劳动者严重违反用人单位的规章制度的,用人单位可以解除劳动合同。一个解除行为是否成立,应符合事实清楚、依据准确、程序合法三个条件,且用人单位对此负有举证责任。用人单位以"严重违反规章制度"解除劳动合同的,首先应提供单位的规章制度,且该规章制度制定必须合法,包括内容合法、程序合法、经过公示、员工知悉,并在规章制度中明确界定"严重违反规章制度"的情形;其次,必须有员工严重违反规章制度的充分证据,如违纪员工本人签字的检讨书、违纪情况说明书、处罚通知书、有关员工违纪所涉及的物证或视频资料、政府有关部门的处理意见、处理记录等等;最后,解除劳动合同的程序合法。依据《劳动合同法》第43条规定,用人单位单方解除劳动合同,应当事先将理由通知工会。如有的用人单位尚未建立基层工会,可通过告知并听取职工代表意见或者向当地工会组织(行业工会组织)征求意见等方式来履行告知义务。如用人单位未按照上述三条解除劳动合同,其解除行为将被认定为违法解除,劳动者有权按照《劳动合同法》第48条的规定要求继续履行劳动合同;劳动者不要求继续履行劳动合同或劳动合同已经无法继续履行的,劳动者也可选择要求用人单位支付违法解除的赔偿金。

❖ 案件三 ❖

用人单位是否可在试用期内随意解除劳动合同

【案情介绍】

李某于2016年2月17日成功应聘某橱柜公司市场营销岗位。同日双方签订了为期3年的劳动合同,合同约定试用期为3个月,试用期月工资3000元,工作岗位为市场营销。入职不久,李某与部门经理因琐事发生口角。2016年5月16日,橱柜公司向李某出具《关于试用期员工解除劳动关系的通知》,内容载明"因你工作态度一般,与同事关系不融洽,决定自即日起解除劳动合同"。李某不服申请劳动仲裁,请求违法解除劳动合同赔偿金3000元。

【处理结果】

仲裁委裁决橱柜公司支付李某违法解除劳动合同赔偿金3000元。

【争议焦点】

用人单位在试用期内解除劳动合同的行为是否符合法律规定。

【案例评析】

《劳动合同法》第39条第(1)项规定,劳动者在试用期内被证明不符合录用条件的，用人单位可以解除劳动合同。本案中，用人单位并未在录用李某时设置过录用条件，而且解除劳动合同的理由也并非李某在试用期内被证明不符合录用条件。李某虽然工作中存在瑕疵，但"工作态度一般，与同事关系不融洽"并未构成严重违纪的情形。用人单位以此为由解除劳动合同缺乏法律依据，系违法解除，李某要求支付违法解除劳动合同赔偿金，应予支持。

【风险提示】

用人单位与劳动者约定了试用期，并不意味着用人单位在试用期内可以随意解除劳动者劳动合同，只有当用人单位有证据可以证明劳动者不符合录用条件时，才可以解除。实务中，用人单位应当在招聘简章等招聘文书中向劳动者明示录用条件，并且注意保留相关证据。比如入职时要求员工签收《试用期不符合录用条件若干情形确认书》等，或者对报刊、网站发布、现场张贴的招聘广告进行保全。另外，经常有用人单位在试用期过后对劳动者的试用期表现进行考核，得出考核不合格不能胜任工作岗位的结论，进而以试用期内被证明不符合录用条件为由解除与劳动者的劳动合同，这种做法同样构成违法解除，用人单位将承担不利后果。

❖ 案件四 ❖

用人单位与职工是否可以"协商"不缴纳社会保险

【案情介绍】

王某于 2014 年 7 月进入某公司设于某商场的品牌专柜从事营业员工作。公司与王某签订书面劳动合同，其中就社会保险缴纳事项作出如下约定：王某自愿要求公司不缴纳社会保险费，由公司按每月 300 元标准支付社保补贴。2015 年 3 月，王某被诊断为恶性肿瘤。但因公司未给郑某缴纳社会保险费，郑某得不到医保报销，自费垫付了 13 万余元的医疗费。2015 年 6 月，郑某要求公司缴纳医疗保险费并承担医疗费用。公司则认为，可以酌情予以补助但没有义务承担医疗费用。协商未果，王某申请劳动仲裁，要求公司为其补缴 2014 年 7 月至 2015 年 6 月的社保和承担属于社保支付范围的医疗费。

【处理结果】

仲裁委裁决：公司为王某补缴 2014 年 7 月至 2015 年 6 月的社保，王某应向公司返还已领取的社保补贴；公司向王某支付医疗费 10 万元。

【争议焦点】

用人单位与职工约定不缴纳社会保险是否有效？

【案例评析】

《中华人民共和国劳动法》第 72 条规定："用人单位和劳动者必须依法参加社会保险，缴纳社会保险费。"依法缴纳社会保险是用人单位与劳动者共同法定义务，该义务具有强制性，用人单位和劳动者经协商约定不参加社会保险的做法属于违反法律强制性规定，自始无效。因此在劳动者反悔时，用人单位不能以该约定作为不参加社会保险的抗辩理由。换言之，即使该约定是劳动者真实意思的表示，劳动者事后仍可反悔，其要求用人单位为其补缴社会保险的请求仍能得到法律的支持。但用人单位可以向仲裁委员会提出要求劳动者返还已领取的社保补贴。用人单位未依法为劳动者参加基本医保或是缴纳基本医保费，但劳动者符合享受基本医保待遇的条件，应参照基本医疗保险待遇标准由用人单位承担保险医疗费用。

【风险提示】

依法缴纳社会保险费既是用人单位与劳动者共同的权利，也是双方共同的义务，不因双方的协议而免除。对于不依法参加社会保险的用人单位，如劳动者投诉举报或申请仲裁时，不仅不能免除用人单位应承担的社会保险缴纳义务，反而可能面临行政处罚；如因未缴社会保险给劳动者造成了社会保险待遇损失，还将面临更大的赔偿责任，如赔偿失业待遇损失、工伤保险待遇损失等。因此，用人单位应充分认识自身的劳动保障法律责任，依法及时足额为劳动者缴纳社会保险，如遇劳动者不愿缴纳的，应及时与该劳动者终止劳动关系。

❖ 案件五 ❖

用人单位是否享有"无理由解除权"

【案情介绍】

2015 年 10 月 16 日，朱某进入一家动漫公司上班，从事产品策划工作，双方订立了为期 1 年的劳动合同,明确约定劳动合同履行期内,朱某提前 30 日提出离职申请或者公司提前 30 日通知朱某离职均可以无理由解除劳动合同,双方不得追究对方解除劳动合同的责任。2015 年 12 月 5 日,动漫公司单方面通知朱某,要求其于 30 日之内完成工作交接并于 30 日之后离职。2016 年 1 月 6 日,动漫公司向朱某出具了解除劳动合同证明书,依据双方劳动合同约定的程序,解除与朱某之间的劳动合同。次日,朱某向劳动人事争议仲裁委员会申请仲裁,要求动漫公司支付违法解除劳动合同的赔偿金。

【处理结果】

经过调解,朱某与动漫公司达成协议,动漫公司支付朱某半个月工资作为补偿。

【争议焦点】

双方劳动合同中关于用人单位享有"无理由解除权"的条款是否有效?用人单位是否享有"无理由解除权"?

【案例评析】

《劳动合同法》第 39 条、第 40 条和第 41 条对于用人单位可以解除劳动合同的情形作出了明确具体的规定。本案中用人单位通过合同约定的形式,擅自对解除劳动合同的情形进行了扩大,赋予了自身法律之外的单方解除劳动合同权利。在劳动合同中约定用人单位享有"无理由解除权"的条款,应属于用人单位免除自己的法定责任、排除劳动者权利,属于无效条款,用人单位不能据此享有"无理由解除权"。

【风险提示】

由于劳动者与用人单位在博弈地位上的先天不平等,《劳动合同法》在立法中对于合同解除权做了倾斜性的规定,赋予了劳动者"无理由解除权",而对用人单位可以解除劳动合同的情形作出了诸多限制性规定,且不得擅自扩大。法律规定本身的目的即限制用人单位利用强势地位迫使劳动者接受不公平条款。在此告诫广大用人单位,解除劳动合同必须依照《劳动合同法》所规定的情形和程序操作。"无理由解除权"是劳动者的"特权",用人单位并不享有,如用人单位据此解除劳动合同,其行为即构成违法,将面临承担赔偿责任的风险。

❖ 案件六 ❖

用人单位规章制度未经民主程序和公示无效

【案情介绍】

申请人李某于 2013 年 3 月 8 日进入某物业公司担任保安工作,双方签订了为期三年的劳动合同,约定月工资 3000 元。2015 年 1 月 5 日李某上晚班时被公司总经理发现在睡觉,公司第二天即以李某严重违反公司的规章制度为由解除双方的劳动合同,李某不服该决定而向仲裁委申请仲裁,要求某物业公司支付违法解除劳动合同的赔偿金 12000 元。庭审中,某物业公司向仲裁委提交了单位的规章制度,根据规章制度中违法违纪规定,职工在上班期间睡觉,严重影响工作的属于严重违纪,公司有权提前解除劳动合同,但该规章制度在制定时没有经过职工代表大会或全体职工的讨论,且公司未将该规章制度向职工公示。

【处理结果】

仲裁委裁决某物业公司应向李某支付违法解除劳动合同赔偿金。

【争议焦点】

李某确实存在违纪的行为,且某物业公司对此类违纪行为如何处理也有制度规定,但公司的规章制度未经民主程序制订,且未向职工公示,是否足以构成违法解除?

【案例评析】

依据《中华人民共和国劳动合同法》第 4 条的规定,用人单位在制定、修改或者决定有关劳动报酬、工作时间、休息休假、劳动安全卫生、保险福利、职工培训、劳动纪律以及劳动定额管理等直接涉及劳动者切身利益的规章制度或者重大事项时,应当经职工代表大会或者全体职工讨论,提出方案和意见,与工会或者职工代表平等协商确定。用人单位应当将直接涉及劳动者切身利益的规章制度和重大事项决定公示,或者告知劳动者。该条规定即为用人单位制定规章制度时的民主性程序,但该条规定恰恰是目前许多用人单位不注意的条款,存在一言堂,即法定代表人或者实际经营者一人决定公司的一切事项,导致公司在制定规章制度时根本不会去顾及这些程序性的规定。本案中李某确实存在违纪的行为,其身为保安在工作中睡觉存在一定的隐患，但是，该物业公司在制定规章制度时既未经过民主程序，又未向职工公示，如公司员工不知道规章制度的内容，又如何去遵守呢？用人单位解除行为是否合法，应当从其解除行为在实体和程序上是否同时符合法律规定来判断。本案中某物业公司存在程序违法的情形，故仲裁委支持了李某的请求。

【风险提示】

随着依法治国的不断深入，经营者提高自身的法律意识尤为重要，在制定用人单位规章制度时，应严格按照《中华人民共和国劳动合同法》第 4 条的规定，经过职工代表大会或者全体员工的讨论通过，同时进行公示。虽然《劳动合同法》将保护劳动者的合法权益作为其立法宗旨之一，但是《劳动合同法》同时也赋予用人单位一定的自主权来维护其合法权益，其中制定规章制度以约束劳动者的行为即为一个重要的方面。希望广大用人单位能够提高自身的法制意识，注重实体公正和程序公正，保障自身合法权益，推动稳定和谐劳动关系的发展。

❖ 案件七 ❖

禁止使用童工

【案情介绍】

2016 年 5 月 30 日，投诉人小明（化名）举报某鞋厂使用童工；5 个工作日内我队正式立案调查此案件。2016 年 5 月 31 日向被投诉单位下发了《调查询问书》；经调查，该鞋厂在经营期间有四个月违法使用童工小张（化名）。

【处罚决定】

罚款人民币 20000 元。

【案件评析】

随着经济的快速发展和社会的激烈变迁，童工现象仍然是现实社会中不可忽视的重要问题。童工的危害不言而喻。其一是将原本应该接受更多教育的童工提早拉进就业队伍，因其受教育水平低下，他们往往只能从事廉价的体力工作。受到身心伤害不说，还很难得到合理的工资回报。而在个人发展后期，因为童工阶段没有完成应有的知识积累，在其青中年阶段自然而然地会继续徘徊在低工资的体力劳动阶段,难以实现人生转折。国务院令第 364 号公布了《禁止使用童工规定》,禁止用人单位招用不满 16 周岁的未成年人。根据规定,包括国家机关、社会团体、用人单位事业单位、民办非用人单位单位、个体工商户在内的用人单位,均不得招用不满 16 周岁的未成年人,也就是童工;同时禁止任何单位或个人为不满 16 周岁的未成年人介绍就业,禁止不满 16 周岁的未成年人开业从事个体经营活动。不满 16 周岁的未成年人的父母或其他监护人有义务保障其不被用人单位非法招用。

【风险提示】

在招工时必须核查被招用人员年龄,禁止招用未满 16 周岁的未成年人。审查被招用人员的真实年龄是用人单位必须履行的法定义务,确认求职者是否年满 16 周岁应以身份证、临时身份证及公安机关出具的户籍证明为准,不可凭目测、工作熟练度、他人陈述或保证等;即使被招用人故意隐瞒真实年龄,致使用人单位在不知情的情况下非法使用了童工也属于用人单位的责任。每使用一名童工每月处 5000 元罚款;不满 15 日的,每使用 1 名童工处以 2500 元的罚款;超过 15 日不满 1 个月的,按 1 个月的罚款标准计罚。

❖ 案件八 ❖

劳动者不胜任工作解除劳动合同如何做到合法

【案情介绍】

王某是某汽车销售公司的职员,2013 年加入该公司从事汽车销售工作。在工作过程中,王某工作经常拖沓敷衍,公司领导也曾多次指出,要求其改正,但王某仍然我行我素。因此,连续两年年终考核虽然王某都完成了工作任务,但公司领导对王某的考核结论都是不合格。2016 年 5 月,公司最终向王某下达了辞退函,提前一个月解除与王某的劳动合同。王某一怒之下将公司诉至仲裁委,认为公司解除劳动合同没有合法依据,要求公司承担违法解除劳动合同的赔偿金。

【处理结果】

仲裁委裁决用人单位属于违法解除劳动合同,应当支付赔偿金。

【争议焦点】

用人单位以劳动者不胜任工作解除劳动合同需要符合哪些条件？本案中单位有年终考核，劳动者在年终考核时被评定不合格，而且也提前1个月履行了解除劳动合同的通知义务，这样做是否合法？

【案例评析】

《劳动合同法》第40条第(2)项规定，劳动者不能胜任工作的，经调岗或培训后仍不能胜任工作的，用人单位可以解除劳动合同。根据该条规定，用人单位只有在证明劳动者存在二次"不胜任工作"的情况下，才能解除劳动合同。而在该案件中，用人单位没有明确王某的岗位职责，其据以解除的依据仅仅是单位的年终考核，而这个考核结论最终由单位领导决定，因此不具有提前公示性和客观性；同时，该单位也无证据证明其对王某进行了调岗或培训后，王某仍不能胜任工作。

【风险提示】

用人单位以劳动者不胜任工作为由解除劳动合同，必须证明该劳动者不能胜任工作，并对该劳动者进行了调岗或培训；该劳动者经调岗或者培训后仍然不能胜任工作，亦即二次"不胜任工作"。用人单位应对上述各步骤承担举证责任并向仲裁委提供相应的证据材料。如用人单位不能证明劳动者不胜任工作，或用人单位未经法定的程序（对劳动者进行调岗或培训；提前1个月通知劳动者或支付1个月的工资），用人单位的解除行为应认定为违法解除，劳动者有权按照《劳动合同法》第48条的规定要求继续履行劳动合同；劳动者不要求继续履行劳动合同或劳动合同已经无法继续履行的，劳动者也可选择要求用人单位支付违法解除的赔偿金。

❖ **案件九** ❖

对处于特殊期间劳动者的劳动关系应妥善处理

【案情介绍】

杨某系外来务工人员，在某物流公司工作已达12年，已缴纳社会保险。2015年7月8日开始，杨某因病就医、休息而未上班，并办理了请假手续。9月20日，杨某病假到期，但未再到公司续假，也未上班。人事部电话联系杨某，得知其已回老家，杨某表示会尽快补办手续或回单位上班。此后，人事部又曾两次致电杨某,但没有联系成功。2015 年 10 月下旬,物流公司中断了杨某的社会保险。2016 年 1 月,杨某以物流公司未缴纳社会保险为由要求物流公司解除劳动关系,并要求支付中断医疗保险后无法报销的医疗费、病假期间工资和经济补偿等共计 8 万余元。

【处理结果】

仲裁委裁决依法支持了杨某的仲裁请求。

【争议焦点】

用人单位在未解除劳动合同的情况下单方面中断劳动者社会保险缴纳的行为是否合法?

【案例评析】

《劳动合同法》对于身处医疗期、孕期产期哺乳期、工伤停工留薪期等特殊时期的劳动者作出了保护性规定。用人单位在处理身处特殊期间的劳动者的劳动关系时应当更加谨慎,本案中仲裁委审理后认为,2015 年 9 月 20 日之后,杨某仍需治疗和休息且处于规定的医疗期内,物流公司在此情况下中止社会保险缴纳,但又未曾合法解除劳动合同,故认定双方劳动关系持续至 2016 年 1 月杨某提出解除为止。杨某主动提出解除劳动合同的理由符合《劳动合同法》第 38 条的规定,用人单位应当支付经济补偿金等相关赔偿。

【风险提示】

1.用人单位用工管理过程中,如遇到劳动者不请假、不上班的情况,建议按照有效规章制度通知劳动者上班或办理请假手续,特别是对处于医疗期、孕期、产期、哺乳期、停工留薪期等特殊期间的劳动者,用人单位应当人性化处理,避免过于严苛。

2.用人单位联系、通知劳动者时,最好能通过书面形式保留证据;建议用人单位招用劳动者后,让劳动者填写联系方式确认单,明确联系电话、户籍地址、实际居住地、紧急联系人等信息,以便需要时可以通过有效方式联系劳动者。

❖ 案件十 ❖

工伤保险待遇与交通事故赔偿应如何衔接

【案情简介】

余某为甲市 A 公路养护工程公司工人，2009 年 10 月 4 日，余某在下班途中所乘坐的三轮摩托车与一拖拉机相撞，致余某等人受伤、车辆受损。余某向人民法院对事故机动车肇事司机傅某、郑某提起道路交通事故人身损害赔偿民事诉讼，法院判决肇事者赔偿医疗费、误工费、护理费、交通费、住院伙食补助费、营养费、残疾赔偿金、被抚养人生活费、鉴定费、精神损害抚慰金共计 74390.8 元，该案经法院执行，余某仅获得执行款 41500 元，因被执行人无其他可供执行财产而执行终结。之后余某经劳动行政部门认定为工伤，并经劳动能力鉴定为九级伤残。因 A 公司未为余某办理工伤保险，故余某要求 A 公司支付其工伤待遇，A 公司认为应按法院判决交通事故损害赔偿数额与工伤保险待遇数额进行补差，而余某认为交通事故损害赔偿中仅医疗费，残疾辅助器具费，停工留薪期间发生的护理费、交通费、住院伙食补助费可与工伤保险待遇相应项目抵扣，工伤保险待遇其余项目仍正常享受。双方调解不成，余某向劳动仲裁委员会申请劳动仲裁。

【申请人请求】

1. 终止双方劳动关系；

2. 被申请人 A 公路养护公司赔偿九级伤残一次性伤残补助金 16000 元、一次性工伤医疗补助金 8000 元、一次性伤残就业补助金 8000 元、医疗费 20340 元、鉴定费 280 元、停工留薪期工资 8000 元、住院伙食补助费 346 元、护理费 1062 元、交通费 300 元，共计 62328 元。

【处理结果】

仲裁委员会裁决如下：

1. 双方劳动关系终止；

2. 由被申请人 A 公路养护工程公司支付申请人余某停工留薪期待遇 6000 元、一次性伤残补助金 16000 元、一次性工伤医疗补助金 6528 元、一次性伤残就业补助金 6528 元、医疗费 280 元，共计 35336 元；

3. 驳回申请人的其他仲裁请求。

【争议焦点】

工伤事故赔偿与交通事故赔偿应如何衔接？

【案例评析】

在遭遇交通事故或其他事故伤害的情形下，劳动者因劳动关系以外的第三人侵权造成人身损害，同时构成工伤的，民法和劳动法各自从人身损害和社会保险的角度对工伤事故责任加以规范，从而使同一事故具有民事侵权和社会保险赔偿双重性质。劳动者同时存在两个赔偿请求权：一是基于工伤保险关系而享有的工伤保险待遇请求权；另一个是基于人身损害而享有的民事侵权损害赔偿请求权。

浙江省对于第三人侵权同时构成工伤的情形，工伤待遇的支付方式按照浙人社发〔2011〕253号文件《关于贯彻落实国务院修改后〈工伤保险条例〉若干问题的通知》第7项"因第三人侵权认定为工伤的待遇处理办法。在遭遇交通事故或其他事故伤害的情形下，职工因劳动关系以外的第三人侵权造成人身损害，同时构成工伤的，依法享受工伤保险待遇。如职工获得侵权赔偿，其享受待遇的相对应项目中应当扣除第三人支付的下列五项费用：医疗费，残疾辅助器具费，工伤职工在停工留薪期间发生的护理费、交通费、住院伙食补助费"执行。可见，除医疗费，残疾辅助器具费，工伤职工在停工留薪期间发生的护理费、交通费、住院伙食补助费五项外，其他项目均是重复享受的。

【风险提示】

工伤事故不仅仅发生在工作时间和工作场所，在用工的同时必须要为员工办理工伤保险以及其他社会保险，未依法办理社会保险的，相关的待遇损失将由用人单位承担。

后 记

    《企业用工管理》是法学专业高年级所开设的选修课,旨在提升学生的实践能力。尽管《劳动和社会保障法》是法学专业的核心课程,但偏重理论,对学生实践能力的关注和培养不够,且该课程主要是从劳动者的角度来处理劳动关系,强调改变劳动者的弱势地位,实现社会的公平正义,而对用人单位的用工管理关注少,难以为其提供有效指导。《企业用工管理》则从用人单位的角度思考劳动关系的协处,向学生传授企业用工管理的基础理论知识和技能,进而培养学生的法学思维方式、实务操作技能,以及如何平衡职工和用人单位的利益,构建和谐劳动关系。本书以企业用工为主线,通过讲解用人单位招聘管理、入职管理、在职管理、离职管理等,使学生理解用工全过程中的法律风险和问题,在维护职工合法权益的基础上,用法治思维和方式来管理用工,降低用工成本,寻找职工和用人单位利益的最佳结合点。

    很多高校开设企业法务方向的课程,但没有合适的特色课程。本书作为法学特色专业(企业法务)的重要支撑,以培养卓越企业法务人才为目标,推进企业尤其是中小企业、民营企业用工的规范化、法治化建设,为地方经济和社会发展服务。因此,本书不仅可以作为法学专业的特色教材,也可以作为管理类专业学生以及研究生的选修课教材,还可以作为企业法务人员以及管理人员的参考用书。

    笔者承担了本书的主要编写工作,其研究生刘红杰、王世梅等也参与有关章节的撰写,可以说本书是师生的共同心血。同时,本书还凝聚实务部门的智慧和心血,是一线人员处理劳动争议案件的经验总结。笔者与法院、劳动人事争议仲裁院、工会等一线办案人员深入进行探讨,与他们共同办理劳动争议案件,进企业宣传劳动法;对于他们提出的许多有益的意见和建议,笔者逐一采纳。因此,本书也凝聚了一线办案人员对构建和谐劳动关系的思考,体现了他们的责任和担当,在此表示感谢! 本书还借鉴和参考了学界和实务界同仁的成果,在此也一并表示感谢。

周湖勇谨识

2022 年 7 月 13 日

● 浙江省"十三五"产学研协同育人项目"劳动人事争议智能庭审实验室建设"

● 2019 年第二批教育部高教司产学研协同育人项目"浙江省温州市高教园区劳动人事争议预防调处实践教学基地"

● 浙江省社会科学规划项目"新业态从业人员劳动权益保障研究"(22NDYD049YB)